O DRAMA IMPOSSÍVEL

SERVIÇO SOCIAL DO COMÉRCIO
Administração Regional no Estado de São Paulo

Presidente do Conselho Regional
Abram Szajman
Diretor Regional
Danilo Santos de Miranda

Conselho Editorial
Áurea Leszczynski Vieira Gonçalves
Rosana Paulo da Cunha
Marta Raquel Colabone
Jackson Andrade de Matos

Edições Sesc São Paulo
Gerente Iã Paulo Ribeiro
Gerente Adjunto Francis Manzoni
Editorial Clívia Ramiro
Assistente: Maria Elaine Andreoti
Produção Gráfica Fabio Pinotti
Assistente: Ricardo Kawazu

O DRAMA IMPOSSÍVEL

O teatro modernista de
Antônio de Alcântara Machado,
Oswald de Andrade e Mário de Andrade

SÉRGIO DE CARVALHO

© Sérgio de Carvalho, 2023
© Edições Sesc São Paulo, 2023
Todos os direitos reservados

Preparação Alvaro Machado
Revisão André Albert e Mario Tommaso
Capa, projeto gráfico e diagramação Felipe Braga

Dados Internacionais de Catalogação na Publicação (CIP)

C128d	Carvalho, Sérgio de
	O drama impossível: o teatro modernista de Antônio de Alcântara Machado, Oswald de Andrade e Mário de Andrade / Sérgio de Carvalho. – São Paulo: Edições Sesc São Paulo, 2023. – 284 p.
	Bibliografia ISBN: 978-85-9493-245-7
	1. Teatro brasileiro. 2. História. 3. Política. 4. Teatro modernista. 5. Antônio de Alcântara Machado. 6. Oswald de Andrade. 7. Mário de Andrade. I. Título. II. Subtítulo.
	CDD 792.981

Ficha catalográfica elaborada por Maria Delcina Feitosa CRB/8-6187

Edições Sesc São Paulo
Rua Serra da Bocaina, 570 – 11º andar
03174-000 – São Paulo SP Brasil
Tel.: 55 11 2607-9400
edicoes@sescsp.org.br
sescsp.org.br/edicoes
 /edicoessescsp

Em memória de Elza Cunha de Vincenzo, estudiosa de teatro, professora amorável, militante feminista.

APRESENTAÇÃO 9
Danilo Santos de Miranda
PREFÁCIO 11
José Antonio Pasta Júnior

INTRODUÇÃO 25

PARTE I
O pensamento teatral de
Antônio de Alcântara Machado

1. MISÉRIA DO TEATRO NACIONAL 38
2. MODELOS DA RENOVAÇÃO ESTRANGEIRA 68
3. PESQUISA DA FORMA BRASILEIRA 112

PARTE II
Tentativas de uma
dramaturgia socializante

4. ASPECTOS FORMAIS DO TEATRO
DE OSWALD DE ANDRADE 166
5. A CONCEPÇÃO CÊNICA DE *CAFÉ*,
DE MÁRIO DE ANDRADE 220

ANEXOS

TEATRO DO BRASIL 263
Antônio de Alcântara Machado
RESPOSTA A UM CRÍTICO 267
Oswald de Andrade
CAFÉ: MARCAÇÃO 269
Mário de Andrade

REFERÊNCIAS 275
SOBRE O AUTOR 283

Apresentação

Danilo Santos de Miranda
Diretor do Sesc São Paulo

O teatro é manifestação que proporciona encontros, assentados sobre instantes específicos. Neles, um manancial de experiências anteriores oferece sustentação e perspectiva àquilo que presenciamos nos palcos. Recente, se comparada a outros contextos, a história teatral brasileira foi concebida a partir de reflexões e elaborações relacionadas às dinâmicas particulares das quais é fruto. O momento moderno é episódio relevante desse itinerário.

Movimento íntimo às engrenagens políticas, econômicas e culturais de seu tempo, o modernismo brasileiro partia de aproximações a tendências europeias para investigar e, eventualmente, fazer surgir expressões o quanto mais brasileiras. Em outras palavras, compreendia que a profusão de riquezas simbólicas e as contradições que formavam a sociedade eram poderosos fatores na equação que propunha o desenvolvimento de um cenário original, à medida que se irradiava em direção a diversas linguagens e estilos.

Nesse sentido, essa movimentação cultural, que teve na Semana de Arte Moderna de 1922 seu marco inicial e centro propulsor, contou com protagonistas que se valiam da escrita para abordar contextos sociopolíticos, além de propor a íntima relação entre essa e outras linguagens. Antônio de Alcântara Machado, Mário de Andrade e Oswald de Andrade são exemplares na concepção de diferentes modos literários, tais como o jornalístico e o dramatúrgico, e faziam de seus textos *locus* de crítica social e promoção cultural, inventividade criativa, entre outras possibilidades de fruições estéticas.

Diante de um Brasil repleto de inquietações e transformações, ainda que incipiente na busca por proporcionar predicados claramente modernos para seu teatro, os três autores enfrentam tal empreendimento em meios distintos. Buscam legar ao teatro nacional – linguagem que se revelará fundamental para a maneira de nos enxergarmos e nos reinventarmos – matéria que contribuísse para novos e, à época, ambiciosos voos.

O livro *O drama impossível*, que teve origem na tese de doutorado do diretor teatral e pesquisador Sérgio de Carvalho, percorre os trajetos desses três autores e de suas criações defronte à arte dramática brasileira. Nele, trata dos inúmeros artigos de jornal de Alcântara Machado, com estudos sobre a evolução técnica das vanguardas e propostas para a renovação do teatro brasileiro; assim como dos textos cênicos de Oswald e Mário de Andrade, que à época não chegaram a ser encenados, mas que se destacavam pelo empenho dos autores em se descolar dos ideais da elite comercial paulista e compreender a complexidade da luta de classes e a dura realidade social brasileira pós-crise de 1929.

O autor situa as produções desses três expoentes da cultura brasileira que dialogaram com o teatro nacional do início do século XX como vias para interpretar nossa sociedade, evidenciando, assim, a faceta política que o teatro brasileiro já tinha – e que conserva e, sobretudo, atualiza ao longo de sua história. Com um extenso catálogo de publicações que tratam das reflexões em torno do teatro, o Sesc o localiza no centro de expedientes que mantêm arte e legado em constante diálogo. Ao promover ações acerca do centenário da Semana de Arte Moderna, dos modernismos e seus protagonistas, joga luz sobre ideias e memórias para que possamos prosseguir com projetos de cenários pulsantes e plurais.

Prefácio

José Antonio Pasta Júnior
Da Universidade de São Paulo (USP)

Quem se abalance, com ânimo sincero, a procurar discernir o sentido[1] da experiência teatral brasileira, no conjunto ou no pormenor, observando-a tanto nela mesma quanto em sua refração na crítica e na historiografia, cedo encontrará motivos de desorientação e perplexidade. Sua marcha temporal, se assim se pode dizer, é recalcitrante, lacunar, sacudida por vaivéns e reversibilidades, marcada por "estabilizações" fungíveis, repleta de ultrapassagens que não superam, logo, muitas vezes paradoxal. Talvez nenhum outro setor das artes, no país, tenha espelhado de modo tão fiel sua "evolução por arrancos e por ciclos, em que se alternam, no tempo ou no espaço, prosperidade e ruína [...]", de que já falava Caio Prado Júnior.[2]

Arte pública que nunca se pode realmente consumar no gabinete privado, o teatro é certamente, entre as artes, a que mais se ressente da carência de uma esfera pública propriamente dita, assim como padece com a sociabilidade horrenda que o laço que atou capitalismo e escravidão instaurou no Brasil, e que até hoje não foi desatado.

Estamos ainda uma vez diante daquele famigerado passado que não passa, o qual — sem prejuízo de agregar ao seu infame legado a infinitude das coisas novas e ruins — se projeta sobre o presente, com frequência substituindo-se a ele, quando não fazendo as vezes de um futuro paradoxal, cuja substância é a pura regressão. Ninguém ignora que nenhuma das dimensões do tempo é pura ou absoluta, mas o jogo de espelhos, que as nossas sucessivas modernizações conservadoras armaram, produz miragens de difícil dissipação, e só não será único porque

---

1 "Sentido" vai, aqui, na acepção que recebe em Caio Prado Júnior, em cuja obra significa a "orientação" que se pode discernir em um conjunto de dados históricos, quando desbastado do que é acessório e inessencial. Cf. Caio Prado Júnior, *Formação do Brasil contemporâneo*, São Paulo: Brasiliense, 1983, p. 19.

2 *Ibidem*, p. 286.

encontrará paralelo em outras paragens da periferia do capitalismo. Também aqui, tal como se deu no caso da referida sucessão de ciclos de fastígio e ruína, foi o teatro a impregnar-se com particular intensidade dessa interversão de dimensões temporais, em que passado, presente e futuro passam um no outro e se vão tornando indiscerníveis.

Às voltas com essa câmara de espelhos, crítica e historiografia se veem um pouco na situação da machadiana Flora, de *Esaú e Jacó*, a qual, diante dos gêmeos Pedro e Paulo, diferentes porém iguais, assiste a "um espetáculo misterioso, vago, obscuro, em que as figuras visíveis se faziam impalpáveis, o dobrado ficava único, o único desdobrado, uma fusão, uma confusão, uma difusão...".[3] Para nos deixarmos orientar, ainda um momento, pelo guia alegórico machadiano dos dilemas brasileiros, o teatro, nessa visada transtemporal, à semelhança do defunto autor Brás Cubas, das *Memórias póstumas*, é declarado morto mas experimentado vivo, dado como instituído mas, simultaneamente, como inexistente e, no limite, vindo a ser pelo não ser (como será o caso do Modernismo).

Os exemplos das manifestações dessa reversibilidade brusca poderiam facilmente multiplicar-se , mas não creio enganar-me ao vê-los sumariados, com sinceridade incomum, no capítulo inicial, "Perspectivas", do *Panorama do teatro brasileiro*, de Sábato Magaldi,[4] livro que fez época e ainda hoje não se reduziu a mero documento histórico, no qual a franqueza do crítico e historiador lhe permitiu expor, com espírito desarmado, as contradições, os limites e as perplexidades que seu assunto – a história do teatro brasileiro – o fazia experimentar. Outro, mais *rusé*, não o faria.

Reduzindo muito e sem nenhuma pretensão de sistematizar, veja-se que, já em seu primeiro parágrafo, a comparação do teatro brasileiro com o europeu e o norte-americano explode finalmente na frase, muito citada, "o teatro brasileiro não existe".[5] O que imediatamente se segue não deixa dúvidas: "algumas peças isoladas não formam uma literatura dramática [...]". A dureza dessas conclusões não impede o historiador,

---

3 Machado de Assis, *Esaú e Jacó – obra completa*, Rio de Janeiro: Nova Aguilar, 1985, p. 1.049.
4 Sábato Magaldi, *Panorama do teatro brasileiro* (5 ed.), São Paulo: Global, 2001.
5 *Ibidem*, p. 9.

poucas linhas à frente, de afirmar que "hoje em dia o teatro brasileiro sofre as *mesmas* vicissitudes do teatro em Paris, Londres, Roma ou Nova York, e se irmana a ele em luta *idêntica* pela sobrevivência [...]",[6] assim como não o impedirá de concluir o raciocínio, expressando a certeza de que "nossas melhores peças são muito superiores à média das produções das temporadas estrangeiras".[7] Pouco adiante, o empuxo do entusiasmo o fará exclamar: "E pensar que, em quatro séculos, [...] salta evidente uma unidade real em todas as nossas manifestações dramáticas!".[8] Passando inteiramente do *pour au contre*, sentenciará, então, com alguma graça e não sem razão, que "há um quase esnobismo em negar-se a inexistência da nossa dramaturgia [...]".[9] O capítulo contém, aliás, boa cópia dessas negações, e, para ele, remeto aqui, expressamente, o leitor. Não se veja nesta breve evocação nenhuma ironia – *honi soit qui mal y pense* –, mas tão somente o reconhecimento da exemplaridade dessa expressão de um complexo ideativo que está um pouco por toda parte e que, no caso, felizmente, não se disfarça. Mesmo porque o autor tem razão nas suas afirmações antitéticas: embora não dialetizadas, o que as faz aparecer como simples contradição, elas registram, no modo enfático, a existência, no teatro brasileiro, tanto de realizações notáveis (e tanto mais notáveis quanto mais adversas são as suas condições de produção) quanto o sem-fundo no qual regularmente elas se precipitam. Tampouco me interessa enxergar, aí, o simples desrecalque localista, aliás, quase onipresente entre nós, mas, sim, a conjugação característica das perplexidades citadas, com algum nacionalismo e bastante militância em prol do teatro nacional (com a parcialidade crítica que tradicionalmente a acompanha) etc. Por último, mas não menos importante, vemos também repontar, aí, o pressuposto, pouco encoberto, responsável, em grande parte, pelos juízos negativos a respeito do teatro nestas baixas latitudes: o primado do texto, ou melhor, da "literatura dramática", e, com ela, o da forma do drama não só como índice da verdadeira existência de um teatro, mas também como critério de valor. Sob esse crivo, é grande a quantidade de manifestações cênicas

---

6 *Ibidem*, p. 10. Grifos meus.
7 *Ibidem*, p. 10.
8 *Ibidem*, p. 12.
9 *Ibidem*, p. 12.

brasileiras que não alcançam registro. *O drama impossível*, aliás, estabelece e examina, intensiva e extensivamente, a permanência e o sentido do "ideal dramático", ou da ideologia do drama, que persiste até mesmo no momento "antidramático" do teatro modernista. Até certo ponto, é a naturalização desse parâmetro, ou seja, a sua conversão em ideologia, que responde pelo capítulo seguinte do *Panorama*, cujo título celebrizou-se: "Vazio de dois séculos". Isso significa, conforme entende seu autor, que, uma vez encerrado, ainda nos Quinhentos, o ciclo do "teatro como catequese",[10] o curso da história do teatro no Brasil mergulharia numa espécie de vácuo, sucedâneo do nada, para só emergir já chegando aos meados do século XIX, com o teatro romântico (ocasião em que não tardaria a "morrer" novamente: "Produto do romantismo, o teatro brasileiro finou-se com ele", escreveu José Veríssimo[11]).[12]

Tal "vazio" não seria apenas documental, mas algo que "persiste" quando esses séculos, o XVII e o XVIII, são observados "sob o prisma da dramaturgia".[13] "Sentimo-nos em terreno mais firme diante de um texto preservado",[14] declara o autor. Tenho comigo, porém, que a lhaneza com que ele intitula o célebre capítulo do "Vazio de dois séculos"

---

10   Designação talvez imprópria desse teatro, conforme vem demonstrando em sua pesquisa em curso o próprio autor deste *O drama impossível*. Cf. Sérgio de Carvalho, "Teatro e sociedade no Brasil Colônia, a cena jesuítica do Auto de São Lourenço", *Sala preta*, São Paulo: ECA-USP, v. 15, n. 1, 2015.

11   José Veríssimo, *História da literatura brasileira*, Brasília: Ed. UnB, 1963, p. 282.

12   Para uma percepção de teor semelhante, do período modernista (1926), veja-se, neste mesmo *O drama impossível* (p. 67), o seguinte comentário de Alcântara Machado: "Todas as manifestações de arte sofreram no Brasil a sua evolução natural. [...] Todas: a poesia, a pintura, o romance, a crítica, até a escultura. Menos o teatro. O teatro nunca vingou. [...] Teatro assim não tem tendências. Ainda não se formou, não criou o seu eu, não pensa, não luta, não caminha. Gerações têm passado sem modificá-lo. Na história da literatura brasileira não há lugar para ele. Aparece há um século com o Romantismo (o que houve antes não conta). Mas aparece rastejando. Derivativo de poetas e romancistas, pondo de lado Martins Pena. Continua sendo com raríssimas exceções. É um esquecido. Não há teatro brasileiro. [...] Alheio a tudo, não acompanha nem de longe o movimento acelerado da literatura dramática europeia. O que seria um bem se dentro de suas possibilidades, com os próprios elementos que o meio lhe fosse fornecendo, evoluísse independente, brasileiramente. Mas não. Ignora-se e ignora os outros. Nem é nacional, nem é universal".

13   Sábato Magaldi, *op. cit.*, p. 27.

14   *Ibidem*, p. 30.

– bem vistas as coisas, uma enormidade – não se deveria tão somente às carências documentais e ao primado da "literatura dramática", mas, em um nível mais profundo, responderia também, não diria a uma "consciência", mas a um *sentimento* da paradoxal existência/inexistência de um teatro brasileiro, que a veemência do desejo e a acesa militância em seu favor antes denunciam que contradizem. Algo dessa ordem, salvo engano, responde também pelo título do livro, que não se quis uma *história* do teatro brasileiro, mas um *panorama* dele, como se uma temporalidade infinitamente problemática, isto é, formada por anacronias, dissincronias, acronias, subitamente se convertesse em espaço, estendendo-se na simultaneidade de um panorama.

Não custa lembrar, ainda, que Décio de Almeida Prado só muito tardiamente (1994-1998) veio a chamar uma de suas obras sobre a evolução do teatro no país de *História concisa do teatro brasileiro*.[15] Todavia, como se vê, não o fez sem agregar ao termo principal o qualificativo "concisa", o qual, além de remeter ao caráter efetivamente sucinto do estudo ou, talvez, também ao fato de que a obra se interrompe, precocemente, na passagem do século XIX para o XX, de certa forma também alivia a gravidade própria da designação *história*, com tudo o que ela supõe de unificação do campo, regularidade do método, fixação de parâmetros e critérios etc., sem o que seu uso seria mais ligeiro, de corte antes consuetudinário que rigoroso.

Se uma percepção ou um sentimento da precariedade do desenvolvimento teatral brasileiro fez os críticos modernos mais avisados tomarem precauções quanto ao uso de *história*, parece que lhes interditou também o emprego do termo "formação", que, como é sabido, muito frequentemente aparece nos títulos e subtítulos de obras ditas "clássicas", de interpretação do Brasil. No campo das artes, "formação" parece ter ficado reservado à literatura, notadamente devido ao seu emprego

---

15   Cf. Décio de Almeida Prado, *História concisa do teatro brasileiro – 1570-1908*, São Paulo: Edusp, 1999. Para um exame da mudança de ponto de vista de Almeida Prado quanto à formação do teatro no Brasil, cf. José Fernando Peixoto de Azevedo, "Transições canceladas: teatro e experiência no Brasil (notas para um projeto de trabalho)", *Sala preta*, São Paulo: ECA-USP, v. 16, n. 2, 2016.

na *Formação da literatura brasileira: momentos decisivos (1945-1951)*,[16] de Antonio Candido, na qual designa um processo de acumulação literária que, aos poucos, teria logrado adensar-se, culminando na obra madura de Machado de Assis e, com ela, na consolidação de um "sistema literário", em que os termos da tríade autor-obra-público se realimentariam de modo regular e contínuo. Com a desagregação social, cultural e política que tem revelado ao país sua face sombria, hoje escancarada, a noção de formação – que, para pensadores de gerações precedentes fora, a um tempo, ideal, projeto e ideia reguladora – encontra-se mais e mais desacreditada, e vê cair sobre si a suspeita de que talvez tenha sido sempre uma ilusão.[17] Quem sabe, sem o seu filtro, se termine um dia por ver que, mesmo e sobretudo naquele que é considerado o ponto de chegada da dita formação, as *Memórias póstumas de Brás Cubas* (1880-1881), de Machado de Assis, a literatura "se forma" em negativo, como encenação paradoxal da impossibilidade de constituição de um ponto de vista para o romance, ou seja, do romance impossível. Na situação periférica, além das bruscas soluções de continuidade anteriormente mencionadas, formas e gêneros importados entram em contradição com a matéria local, disparando incongruências em série, das quais é constitutivo um *momento* de impossibilidade, geralmente não reconhecido em sua realidade própria. Em tal situação, os pontos mais altos, tanto nas artes como no pensamento, tendem a ser aqueles que confrontam esse momento de impossibilidade, e não aqueles que tentam escamoteá-lo – até porque, sendo a impossibilidade *real*, quando se a expulsa pela porta, ela retorna pela janela. Assim, a noção de impossível, nesse contexto, não é ou não deveria ser categoria crítica anódina nem, menos ainda, ver-se acusada, por gente tão curta quanto mal-intencionada, de "proibir" a encarnação de suas pseudoutopias demagógicas, que disfarçam mal sua vulgar condição de propaganda e *marketing*, plantada por candidatos ao poder. O teor crítico dessa noção é justamente o contrário do que inculca essa demagogia infamante, que, por isso mesmo, a calunia.

---

16   Cf. Antonio Candido, *Formação da literatura brasileira: momentos decisivos*, Belo Horizonte: Itatiaia; São Paulo: Edusp, 1975.

17   Cf. reflexão a esse respeito em Roberto Schwarz, *Sequências brasileiras*, São Paulo, Cia. das Letras, 1999, p. 46 ss.

Pode ser, assim, que o vezo de se enxergar, na presumida efetividade de uma "formação" da literatura, que se teria positivado, uma contraprova da não formação do teatro, das artes plásticas etc. (embora os processos de fato comportem diferenças) seja ele também um parâmetro ilusório. Escolado pelo caso do cinema, que tem como complicador e agravante o seu aspecto de indústria, Paulo Emílio Sales Gomes, amigo muito próximo de Antonio Candido e de Décio de Almeida Prado, formulou de modo sibilino a questão da formação: "a penosa construção de nós mesmos se desenvolve na dialética rarefeita entre o não ser e o ser outro".[18] No campo dos estudos teatrais, a ideia de uma formação do teatro brasileiro sequer como ilusão chegou a se instalar – sua existência tendo ficado presa ao pêndulo da má infinidade, a oscilar indefinidamente entre o ser e o não ser, isto é, entre as afirmações, perfeitamente não dialéticas, de sua existência e de sua inexistência.

Herdeiro de toda essa problemática, neste prefácio, se tanto, apenas aflorada em um só de seus aspectos, o livro que o leitor tem em mãos chama-se, não por acaso, *O drama impossível*. Ele tem a sabedoria de não tratar direta ou extensivamente dela, já que não tem nela mesma o seu assunto, mas a pressupõe por inteiro e, assim, ela reponta, explícita ou implicitamente, em todos os seus argumentos. Isso porque, naquele que é de fato o seu assunto, o teatro modernista de Alcântara Machado, Oswald de Andrade e Mário de Andrade, a mencionada formação supressiva, a conjunção do ser do teatro com o seu não ser é, por assim dizer, ontológica, inerente ao seu modo de ser e, dessa maneira, indissociável dele. Incisivo, empenhado, criador, o teatro do Modernismo brasileiro, no entanto, é desde sempre uma *Gestalt* parada no ar, um mundo quase que inteiramente em suspensão – ainda em nossos dias e talvez para sempre. Para abreviar, e ficando apenas em alguns traços mais salientes, veja-se que o teatro de Alcântara Machado, tal como pude lê-lo nesta interpretação de Sérgio de Carvalho, é antes de tudo teatro espectral, projeção de um teatro que já elabora, no seu núcleo, sua própria impossibilidade, convertida em princípio formativo e, portanto, em força produtiva. Por seu turno, Oswald de Andrade, ao atar em um único nó a premência da realização cênica de seu teatro e o

---

18 Cf. Paulo Emílio Sales Gomes, *Cinema: trajetória no subdesenvolvimento*, Rio de Janeiro: Paz e Terra, 2011, p. 90.

empenho em dotá-lo de tudo que poderia torná-lo impossível, o fez pairar, suspenso, acima de seu chão histórico, onde ficou, ao mesmo tempo, como documento de barbárie e promessa utópica. Como é sabido, somente trinta anos depois de escrito, ele foi acessado pela celebérrima encenação de *O rei da vela*, do Teatro Oficina (1967), que o fez encarnar, como que o despertando de um sono de espectro, tornando-o, desse modo, conviva extemporâneo de uma circunstância teatral que, presumidamente, o deixara para trás, perfazendo, assim, mais um desses anacronismos flagrantes de que há pouco se falou.

Se é possível ser tão breve em assunto dessa gravidade, em *Café*, a ópera de Mário de Andrade, a referida interversão das dimensões temporais, em que passado, presente e futuro se simultaneízam, é, ela mesma, internalizada como princípio compositivo, nada menos. Ela responde pela coesão, profunda e secreta, do conjunto artisticamente heteróclito de *Café*, assim como pela força que, a despeito de tudo e de todos, emana dessa obra de Mário de Andrade. A revolução social a que se assiste no *presente* da cena é de todo passada, em vista dos elementos que lhe imprimem a data da crise econômica e social de 1929. Isso posto, como tal revolução sabidamente não se deu, ela é igualmente *promessa de revolução*, um seu rito invocatório, e, nessa condição, inteiramente *futura*. Para dar voz e corpo dramatúrgico a essa temporalidade mais que complexa, incompossível, Mário de Andrade convoca o concurso simultâneo das forças do *estilo profético*, do *mito* e da *ideia de revolução* (entendida em sua estrutura interna, que interverte os tempos), posto que todas essas três formações simbólicas são estruturas transtemporais, feitas da vigência concomitante de passado, presente e futuro.

O quarto termo, evidentemente, é a música, encomendada por Mário de Andrade a Francisco Mignone, que, no entanto, jamais veio a compô-la. Herdeira do mito (Lévi-Strauss) e, como ele, feita de um enlace de tempo e eternidade, a música, a mais temporal das artes, apresenta um diferencial decisivo em relação aos três termos anteriores: regida pela fantasia, ela enfatiza a terceira dimensão temporal de mito, profetismo e revolução, orientando-se mais decididamente para adiante, para o futuro, na direção do qual sopra o vento que a faz avançar. Compreende-se: para Mário de Andrade, tratava-se de dotar o país da revolução que a história ficara lhe devendo, e, para tanto, em um verdadeiro ato mágico-teatral, sob o sortilégio da música, *Café* intenta converter o nosso déficit histórico em força revolucionária.

Concluída somente em 1942, *Café*, que já tem no seu âmago a conjunção de tempo e eternidade, também ficou parada no ar, em vários sentidos interditada, baixando à terra, pela primeira vez, apenas em 1996, pelas mãos de H. J. Koellreutter e Fernando Peixoto, na cidade de Santos, e só subindo ao palco do Theatro Municipal de São Paulo, para o qual fora escrita, em 2022, adaptada e dirigida pelo autor deste livro, Sérgio de Carvalho, que, antes disso, a roteirizara, em 2001, para uma encenação realizada na Unicamp, na qual colaborou com Márcio Marciano e Walter Garcia.

Em sua primeira versão, como tese universitária, este estudo de Sérgio de Carvalho abria-se com a frase "A relação entre os escritores do modernismo paulista e o teatro se manteve em estado de sonho". Neste livro, essa ideia persiste, agora mais especificada: "os experimentos teatrais modernistas constituem notáveis *projetos* para a transformação do teatro brasileiro, de inventividade aberta pela condição de sonho".[19] O leitor notará que a "condição de sonho", em que o senso comum tende a ver apenas uma forma de debilidade, converte-se, aí, em motor de invenção. Nessa inversão de sinal, dada já na abertura do livro, tem-se um instantâneo do que produz, talvez de modo principal, suas invulgares qualidades de percuciência, vivacidade e senso de realidade: o primado da contradição, ou seja, da dialética, palavra de que o autor deste livro não tem medo nenhum (embora não abuse dela).

O parágrafo que segue ao que venho de citar é um primor de observação dialética, limpa de maneirismos. Eu o reproduzo a seguir, para um breve comentário, no qual apenas sublinharei alguns contrastes:

> Sua [do teatro modernista] irrealização teatral corresponde, assim, a uma irrealização burguesa, o que, num nível íntimo, frustrava alguns dos interesses dramatúrgicos dos escritores, mas se adequava a seus propósitos estéticos e políticos mais avançados. Dentre os vários elementos que tornam seus escritos teatrais uma grande reunião de materiais para uma poética antiburguesa brasileira, merece destaque uma certa verificação da *impossibilidade dramática* – como que constitutiva da cena brasileira.

---

19   Cf. "Introdução", p. 26 desta obra. [N.E.]

Muito da potência crítica desses projetos teatrais modernistas está no fato de Alcântara Machado, Mário e Oswald de Andrade não terem conseguido resolver na forma dramática o problema da representação brasileira, como veio a fazer a dramaturgia seguinte, capaz de individualizar figuras mais ou menos populares e escrever, assim, os primeiros dramas do país.[20]

Note-se que a *irrealização* teatral (do Modernismo brasileiro), que frustra os escritores, é o garante de seus *propósitos mais avançados*; a *riqueza do material* para a concepção de uma estética antiburguesa é tributária da experiência, que fazem os autores, da *impossibilidade dramática*; a *potência crítica* dos modernistas deve-se ao fato de *não terem conseguido* resolver em drama a matéria brasileira – ao contrário da geração posterior, que, ao *conseguir* fazê-lo, *regrediu* para aquém dos primeiros...

Às voltas com uma matéria que, em suas reversibilidades, não responde aos padrões tradicionais de história linear nem ao modelo cumulativo da "formação", e que as "propostas" pós-modernistas de história "desconstruída" só viriam, como de hábito, mistificar e corroborar reacionariamente, *O drama impossível*, sem fazer alarde disso, toma o partido da dialética, mas uma dialética própria, não dogmática, rente aos objetos analisados e suscitada por suas contradições.

No conjunto como no detalhe, essa vivacidade muito particular, animada pelo senso dos contrastes *reais*, estende-se ao livro todo e garante ao leitor que ele não terá diante de si aquele padrão bisonho de "estudo de teatro" – esse, sim, desagradável e, mais que desagradável, anafrodisíaco –, em que o medalhãozinho em flor enfileira resumos de enredo e arremata o todo, reproduzindo uma qualquer página da autoridade de plantão. O senso da dialética viva é, também, o que garante que o livro opere com o sonho e com um mundo em suspensão, sem flutuar junto com ele – ao contrário, ancorando-o no chão da experiência histórica, observada em suas determinações econômicas e sociais. É relativamente raro, mas, às vezes, a designação de crítica dialética não é apenas um rótulo.

Todavia, em alguma coisa mais, o autor deste livro parece ter emulado seu objeto de estudo: deixou-o em suspensão por vinte anos, guardando-o na gaveta desde 2002. Durante esse tempo, o estudo só não ficou

---

20 *Ibidem.*

de todo estatelado no ar, brilhando com o brilho bonito porém inútil de uma constelação (como se dá com a triste estrela da Ursa, que, como todos sabemos, é Macunaíma, símbolo maior do que em nós é irrealização) porque não é de se duvidar que, ao formá-lo, o autor formou-se, primeiramente, a si mesmo, assim como, ao longo dessas duas décadas, o pôs em ação, na formação de tantos outros, em suas intensas atividades como professor, pesquisador, diretor teatral, dramaturgo, crítico.

Não especularei sobre os motivos dessa espera para publicar o trabalho, mas é de se imaginar que vai nisso algum excesso de autocrítica, a meu ver injustificado, porque nele se manifestam as qualidades de invulgar inteligência, desassombro intelectual, domínio do campo e senso agudo do real, que, felizmente, não sou o único a reconhecer em Sérgio de Carvalho. Ele, agora, finalmente, *desencanta* este livro, que contém, não hesito em dizê-lo, o melhor estudo que já se escreveu sobre o teatro modernista do Brasil – estudo inventivo e rigoroso o bastante para, ao lado dos trabalhos de teor semelhante, dele próprio e de outros estudiosos, ir construindo novos caminhos para a compreensão do teatro brasileiro.

Val-de-Grâce, dezembro de 2022.

*

Uma palavra derradeira: vejo, comovido, que Sérgio de Carvalho decidiu dedicar este livro à memória de sua orientadora durante o mestrado, a minha para sempre querida amiga Elza Cunha de Vincenzo, uma das melhores pessoas que jamais conheci. Que me seja permitido secundá-lo nessa homenagem. O mais é silêncio.

Referências

ASSIS, Machado de. *Esaú e Jacó – obra completa*. Rio de Janeiro: Nova Aguilar, 1985.

AZEVEDO, José Fernando Peixoto de. "Transições canceladas: teatro e experiência no Brasil (notas para um projeto de trabalho)". *Sala preta*. São Paulo: ECA-USP, v. 16, n. 2, 2016.

CANDIDO, Antonio. *Formação da literatura brasileira: momentos decisivos*. Belo Horizonte: Itatiaia; São Paulo: Edusp, 1975.

CARVALHO, Sérgio de. "Teatro e sociedade no Brasil Colônia, a cena jesuítica do Auto de São Lourenço". *Sala preta*. São Paulo: ECA-USP, v. 15, n. 1, 2015.

GOMES, Paulo Emílio Sales. *Cinema: trajetória no subdesenvolvimento*. São Paulo, Rio de Janeiro: Paz e Terra, 2011.

JÚNIOR, Caio Prado, "O sentido da colonização". Em: *Formação do Brasil contemporâneo*. São Paulo: Brasiliense, 1983.

MAGALDI, Sábato. *Panorama do teatro brasileiro* (5 ed.). São Paulo: Global, 2001.

PRADO, Décio de Almeida. *História concisa do teatro brasileiro: 1570-1908*. São Paulo: Edusp, 1999.

SCHWARZ, Roberto. *Sequências brasileiras*. São Paulo: Companhia das Letras, 1999.

VERÍSSIMO, José. *História da literatura brasileira*. Brasília: Ed. UnB, 1963.

INTRODUÇÃO

Os ensaios que dão corpo a este estudo[1] partem da hipótese, não isenta de polêmica, de que aquilo que a historiografia teatral costuma considerar como *modernização* do teatro brasileiro corresponde ao seu processo de *aburguesamento*. Desse ponto de vista, um teatro moderno passou a ser reconhecido como tal, no Brasil, no momento em que a dramaturgia atingiu padrões formais semelhantes aos do *drama* psicológico realista oitocentista, com seus *indivíduos* heroicizados e inseridos no aqui e agora da nacionalidade; no momento em que o sistema produtivo definiu um *equilíbrio empresarial* entre a expectativa de divertimento culto das plateias de classe média e as ofertas cênicas de dramas e de "altas comédias"; no momento em que o maior *cuidado técnico* com o espetáculo e com o trabalho dos atores (resultante de uma maior especialização trazida por encenadores estrangeiros) levou à falsa impressão de que entrávamos na era da encenação crítica.

O fato é que a modernização do teatro ocorrida nas décadas de 1940 e 1950, e que teve um de seus símbolos maiores no Teatro Brasileiro de Comédia (TBC), de São Paulo, nunca se deu em perspectiva sequer parecida com aquela que deu forma à encenação moderna no

---

1 Este trabalho nasceu como tese de doutoramento orientada por José Antonio Pasta Jr., um dos maiores intelectuais do Brasil, e hoje grande amigo, a quem fui apresentado pela saudosa Elza Cunha de Vincenzo, que me orientou no mestrado, estudiosa brilhante do teatro escrito por mulheres nos anos 1960 e 1970. Meu estudo foi apresentado ao Departamento de Letras Clássicas e Vernáculas da Faculdade de Filosofia, Letras e Ciências Humanas da USP em 2002. Modifiquei-o muito pouco para esta publicação, que acontece pouco após o centenário da Semana de Arte Moderna de São Paulo. Como é aconselhável nestes casos, não caí na tentação da reescrita, apesar de haver muitas razões para que o fizesse. Preservei o texto, com pequenas alterações, as inevitáveis, até mesmo no estudo sobre *Café*, de Mário de Andrade, do qual me sinto hoje mais distante, e que precisaria ser atualizado em vários pontos. A banca da tese de doutoramento foi composta por Iná Camargo Costa, Maria Sílvia Betti, Beti Rabetti e Ismail Xavier, além de meu orientador. O estudo foi então dedicado, entre outras pessoas, a Helena Albergaria, companheira da minha vida, artista luminosa.

seu nascedouro naturalista, junto ao movimento dos Teatros Livres da Europa, a da crítica à ordem burguesa. Nossa modernização, tal como dimensionada pelo TBC, procurou apenas pôr em estágio mais avançado o *acordo formal burguês* entre a produção e o consumo teatrais, servindo mesmo de retardamento para o processo de modificação das relações de autoria da cena e de pesquisa de formas revolucionárias de dramaturgia. O que houve, no caso do teatro brasileiro, pelo menos até o final da década de 1950, foi uma modernização sem modernismo, mais efetiva e conservadora do que a tentada pela geração anterior, aquela que imaginou um modernismo teatral sem modernização burguesa.

As tentativas teatrais dos escritores paulistas, surgidas anteriormente, nos anos 1920 e 30, representam contradições dentro desse processo histórico de aburguesamento, nunca plenamente consumado, porque, ao contrário das realizações seguintes, extraíam sua orientação estética modernizante da percepção de uma crise na ordem social burguesa. Os artigos e peças deixados por Mário de Andrade, Oswald de Andrade e Antônio de Alcântara Machado são lidos nas páginas que seguem a partir de sua *irrealização*. É um teatro que, até hoje, pouco se confrontou com a prova do palco: não foi encenado em seu tempo, e nem sempre gerou obras artisticamente acabadas. Apesar da condição de esboço, os experimentos teatrais modernistas constituem notáveis *projetos* para a transformação dos padrões do teatro brasileiro, de inventividade aberta pela condição de sonho. Acredito que devam ser valorizados não por terem anunciado a modernização subsequente, mas por terem estado, como arte, à frente dela.

Sua irrealização teatral corresponde, assim, a uma irrealização burguesa, o que, num nível íntimo, frustrava alguns dos interesses dramatúrgicos dos escritores, mas se adequava a seus propósitos estéticos e políticos mais avançados. Dentre os vários elementos que tornam seus escritos teatrais uma grande reunião de materiais para uma poética antiburguesa brasileira, merece destaque uma certa verificação da *impossibilidade dramática* – como que constitutiva da cena brasileira. Muito da potência crítica desses projetos teatrais modernistas está no fato de Alcântara Machado, Mário e Oswald de Andrade não terem conseguido resolver na forma dramática o problema da representação brasileira, como veio a fazer a dramaturgia seguinte, capaz de individualizar figuras mais ou menos populares e escrever, assim, os primeiros dramas do país.[2]

O teatro sonhado pelo modernismo paulista foi, por uma série de razões, imaginado como reflexão *antidramática*, ainda que os escritores não tenham conseguido superar por completo os ideais absolutos da carpintaria dramática, anátema que persegue qualquer dramaturgo da era burguesa, ainda mais num país periférico.

É possível dizer que o contraditório sentido antidramático de seu teatro decorreu de um embate entre a incapacidade técnica de se livrar dos padrões burgueses e a procura mais geral de uma atitude antiburguesa, que impregnava a forma e a função do trabalho do artista.

Se o modernismo brasileiro teve um pano de fundo comum ao das vanguardas europeias do início do século XX, ele esteve naquilo que se pode chamar de *crise da ordem liberal*. E a vontade de atualização internacional da inteligência brasileira não podia passar ao largo disso. Não era possível ignorar, em se mantendo qualquer noção de arte como representação, algumas das contradições que explodiam naquela etapa da Era Liberal: o desenvolvimento da industrialização europeia se mostrava oligopolista, o expansionismo dos Estados nacionais se explicitava como imperialismo, e as aberturas democráticas refluíam diante do temor político ao proletariado. A partir das fissuras naquelas que eram as maiores conquistas burguesas, tornou-se geral, entre os artistas de vanguarda, a percepção de que eram as bases da racionalidade liberal que deviam ser postas em dúvida. Diante do colapso dos valores e instituições centrais da civilização ocidental, da democracia livre, do progresso industrial, da autonomia da nação, o impasse da arte modernista foi resolver, nos termos de Terry Eagleton, a "contradição entre um humanismo ainda inelutavelmente burguês e as pressões de uma racionalidade

---

2   As montagens de obras importantes, como *A moratória*, de Jorge Andrade, encenação de Gianni Ratto para o Teatro Maria Della Costa, em 1955, ou *Eles não usam black-tie*, de Guarnieri, encenação de José Renato para o Teatro de Arena, em 1958, são exemplos bem-sucedidos da combinatória posterior entre a técnica dramática – em que a estrutura se baseia nos conflitos dialógicos entre personagens subjetivamente constituídas (as que realizam seus atos a partir de suas vontades e decisões, em tensão com as contradições de seu caráter, através da expressão verbal consciente de seus problemas etc.) – e uma cena que faz uso de recursos narrativos de tipo modernista.

bastante diferente, a qual, ainda emergente, não é sequer capaz de dar um nome a si própria".[3]

Ao perceber a inflexão antiliberal dos processos vanguardistas estrangeiros, em sua desmontagem crítica do sujeito humanista burguês, os modernistas de São Paulo procuraram trazer para sua pesquisa atitude semelhante. Sua contraditória posição antiburguesa decorre, portanto, do esforço em pesquisar aspectos culturais tipicamente brasileiros em face de uma crise burguesa internacional.

Foram anos de acelerada urbanização, aqueles das primeiras décadas do século XX, e portanto de intensificação dos aspectos burgueses do país. A modificação rápida do panorama econômico e social trouxe para toda a produção cultural do período um aguçado senso de historicidade, que contribuiu para a crítica ao comportamento das antigas elites nacionais.

Uma das dificuldades históricas daquela geração foi conciliar a perspectiva antiburguesa internacional com uma análise histórica inédita do Brasil, no quadro dos novos panoramas urbanos, que sugeriam que muitos dos desastres causados pelas elites nacionais mantinham relação direta com a sinuosidade, ambiguidade ou mesmo precariedade de seu comportamento burguês.

Na medida em que os poucos elementos de autonomização capitalista não chegaram, durante a Colônia e o Império, a estruturar o conjunto das formas sociais, ficou evidente para aquele grupo de escritores, que a indefinição burguesa gerava um paradoxo comum à periferia do capitalismo ocidental: ainda que o país tenha sido construído a partir de um projeto de racionalidade liberal, esta não ocupava lugar social na conformação dos tratos jurídicos, comerciais e cotidianos, que aqui permaneciam regidos pelo mandonismo, pelas enfumagens psicossociais, por aquilo que o sociólogo Francisco de Oliveira definiu como "enigma da falta de alteridade".[4] A violência escravista e racista

---

3 Terry Eagleton, "Capitalismo, modernismo e pós-modernismo", em *Crítica marxista*, v. I, n. 2, São Paulo: Brasiliense, 1995, pp. 53-68.

4 Muitas das ideias contidas nesta introdução foram extraídas de aulas do sociólogo Francisco de Oliveira (1933-2019). A expressão entre aspas surgiu numa conversa transcrita em "Entrevista de Francisco de Oliveira", *Vintém: teatro e cultura brasileira*. São Paulo: Hedra, 2000, pp. 4-11.

da sociabilidade colonial seguia recorrente, como prática de *anulação do outro* generalizada, tão mais assustadora e brutal quanto mais falsificada de intimidade ou de cordialidade. Do ponto de vista dessa geração modernista, isso parecia decorrer das práticas capitalistas sem os freios de sua ética "civilizatória". A regulação burguesa permanecia, portanto, em algum nível sociopsíquico, como uma meta desejável, efeito da verificação da ausência de democracia no país.

Sérgio Buarque de Holanda é quem melhor descreve os vínculos entre as formas da intimidade e a "ambição de vestir um país ainda preso à economia escravocrata com os trajes modernos de uma grande democracia burguesa".[5] Em *Raízes do Brasil* ele mostra, entre outras coisas, que tanto a "ética de fundo emotivo" como o "horror às distâncias", que ainda dominavam as relações sociais do país, eram heranças de uma sociedade em que o conceito de cidadania só existia para os donos da terra:

> Na ausência de uma burguesia urbana independente, os candidatos às funções novamente criadas recrutam-se, por força, entre indivíduos da mesma massa dos antigos senhores rurais, portadores de mentalidade e tendência características dessa classe. Toda a ordem administrativa do país, durante o Império e mesmo depois, já no regime republicano, há de comportar, por isso, elementos estreitamente vinculados ao velho sistema senhorial.[6]

Ao abrir mão de sua tarefa histórica de identificar autonomia com o mercado, ao bater continência de soldado raso às ordens mais avançadas do capitalismo internacional, a elite endinheirada brasileira manteve socialmente embaçadas as definições simbólicas do *indivíduo* no país. Decretou, assim, a inexistência coletiva de sujeitos livres, capazes de exercitar suas escolhas e negociar sua força de trabalho.

No que se refere à produção artística, a indefinição burguesa no Brasil criou um problema incontornável para todos os escritores interessados nos modos literários de representação da ação individual, em gêneros como o *romance* e o *drama*, surgidos na perspectiva da afirmação humanista dos sujeitos livres, autônomos, idênticos a si mesmos.

---

5   Sérgio Buarque de Holanda, *Raízes do Brasil*. 6ª ed. Rio de Janeiro: Livraria José Olympio/Instituto Nacional do Livro/MEC, 1971, p. 46.
6   *Ibidem*, p. 57.

Diante de uma sociedade sem campos de diferença para o reconhecimento do outro, a forma do drama (baseada nas interações dialógicas entre sujeitos autoconscientes) será sempre de difícil transposição. Talvez por isso, até a pesquisa antiburguesa dos modernistas nunca se livrou por completo de certas expectativas dramatizantes. Desde a Independência, o ideal dramático é uma espécie de maldição para o escritor brasileiro: apresentado como necessário para a efetivação de uma dramaturgia nacional elevada, continuava suspeito como realização material. Não é exagero dizer que os dramaturgos brasileiros do século XIX fracassaram ao escrever o drama nacional, na medida em que a heroificação de indivíduos livres sempre parecia artificial num país em que a burguesia não se preocupava sequer em difundir a ideologia da mobilidade social.

O problema foi diagnosticado em 1916 pelo crítico José Veríssimo. Na sua *História da literatura brasileira*, ele observa que só na comédia os nossos autores têm sido capazes de "boa observação, representação exata e dialogação conforme às situações, personagens e fatos":

> Por via de regra tudo isso falta ao drama brasileiro, que ofende sempre o nosso sentimento de verossimilhança, à qual mais do que nunca somos hoje sensíveis, e nos deixa infalivelmente uma impressão de artificialidade. Seja defeito da mesma sociedade dramatizada, seja falha do engenho dos nossos escritores de teatro, é fato que nenhum nos deu já uma cabal impressão artística da nossa vida [...]. A nossa sociedade, quer a que se tem por superior, quer a média, não tem senão uma sociabilidade ainda incoerente e canhestra, de relações e interdependências rudimentares e limitadas. Poucos e apagados são por ora os conflitos de interesse e paixões que servem de tema ao drama moderno.[7]

Por conhecer bem experiências teatrais do século XIX e por desconfiar do liberalismo palavroso do teatro romântico, os modernistas paulistas nunca trabalharam, de um modo consciente, pelo *drama* brasileiro. Entretanto, aspectos do ideal dramático burguês que permanecem em seus escritos podem ser visíveis, por exemplo, na recorrente ideologia da criação de um *teatro nacional*, capaz de traduzir o indiviso espírito do povo e da nação. A oscilação entre constatar, em chave

---

7   José Veríssimo, *História da literatura brasileira: de Bento Teixeira (1601) a Machado de Assis (1908).* 4ª ed. Brasília: Editora da UnB, 1963, p. 283.

antiburguesa, a impossibilidade do drama brasileiro e, por outro lado, afirmar teatralidades nacionais integradoras vai gerar grande parte das contradições da pesquisa teatral de Alcântara Machado, Oswald e Mário de Andrade.

Para que se entenda melhor a vontade modernista de representar a decomposição do indivíduo moderno e, ao mesmo tempo, elogiar a alma brasileira, é preciso diferenciar suas pesquisas estéticas de acordo com as diferentes décadas em que ocorreram.

Os textos críticos de Antônio de Alcântara Machado, discutidos na primeira parte deste estudo, correspondem a uma etapa em que a literatura modernista se pautou pela *pesquisa brasileira* e manteve vínculos íntimos com os salões ilustrados da elite cafeeira de São Paulo. Como se verá adiante, parece existir um laço ideológico muito forte entre a crítica ao arrivismo burguês (tema forte em Oswald de Andrade), a procura de modelos estrangeiros cosmopolitas, o esforço de descobrir sínteses brasileiras pré-burguesas, e o pensamento social dos nossos "esclarecidos" negociantes de café, que trabalharam para modernizar o país sem desestabilizar as relações oligárquicas e se esforçaram para manter na obscuridade ou esmagar os sinais da luta de classes no país.

Entre os intelectuais da frente modernista estava um dos mais atuantes representantes dos interesses comerciais cafeeiros, Paulo Prado. Ao contrário dos antigos exportadores do Império, os cafeicultores paulistas tinham, havia mais de uma geração, abandonado o controle pessoal de suas fazendas para se dedicar aos negócios urbanos:

> Pouco a pouco eles se afastam das tarefas ligadas à gestão direta das plantações, que são confiadas a administradores. Eles se estabeleceram nas grandes cidades, sobretudo em São Paulo. Suas atividades de comerciantes não se conciliavam com uma ausência prolongada dos centros de negócios cafeeiros.[8]

Não sendo apenas agrária, mas também bancária, industrial e, acima de tudo, comercial, a nova burguesia cafeeira comandou a política do país até o final dos anos 1920. Foi ela que renovou a velha indefinição burguesa ao se opor apenas culturalmente ao arcaísmo: circulava

---

8 Sérgio Silva, *Expansão cafeeira e origens da indústria no Brasil*. São Paulo: Alfa-Ômega, 1976, p. 59.

pelo mundo da alta cultura europeia enquanto impedia no país a divisão social do trabalho. Fez o que pôde, em termos políticos, para evitar as especializações burguesas, além de manipular o trânsito livre da mão de obra.

A experiência de capitalismo contraditório do último ciclo de alta do café aumentou a dependência dos mercados mundiais, dificultando o desenvolvimento econômico interno. O preço, como se sabe, foi pago na crise de 1929. Foram os anos de uma transição tensa, materializada na virada política de 1930 e na resistência armada de 1932, entre o poder da ordem senhorial e as forças da nova burguesia urbana, que seria, ainda, por muito tempo, incapaz de fomentar e dirigir uma efetiva revolução nacional, industrial e democrática.[9] O pensamento social e estético dos escritores paulistas veio a se formar no meio desses dois modos burgueses, em face da crença de que seria possível conduzir o latifúndio à modernidade, conjugar expectativas de vanguarda cultural com a permanência de estruturas sociais ligadas ao café.[10]

O teatro sonhado por Alcântara Machado na década de 1920 repercute esses desajustes ideológicos. É, de início, uma negação crítica, imaginada contra a retórica romântica, contra as "imantações" da personalidade e a mercantilização da arte. Refuta as formas teatrais do início da ascensão burguesa, reflete a crise do liberalismo mundial, mas também adere ao ideal de uma modernização de fundo tradicionalista, de um grupo endinheirado que se considerava a elite espiritual do país. A promiscuidade com a riqueza do café fez com que seu pensamento teatral desejasse a combinatória entre formas experimentais e o ideal de enraizamento brasileirista da arte, o que é curioso, pois alguns de seus modelos literários, advindos das vanguardas europeias, eram imigrantes metropolitanos que propunham imaginários estéticos desenraizados e cosmopolitas, com anseios internacionais e socialistas, para além do Estado-Nação. Assim, a pesquisa teatral de Alcântara Machado foi também afirmativa: pretendeu resgatar estruturas profundas da nação

---

9   Cf. Florestan Fernandes, *A revolução burguesa no Brasil: ensaio de interpretação sociológica*. Rio de Janeiro: Zahar, 1975.

10   Cf. "Roberto Schwarz", em: *Outros 500: novas conversas sobre o jeito do Brasil*. Porto Alegre: Secretaria Municipal de Cultura, 2000, pp. 176-210.

no reencontro com um passado pré-burguês, desvendar uma alma popular coletiva, e nesse impulso vislumbrou novas possibilidades estéticas. No geral, sua posição ideológica era móvel como a da burguesia comercial: o personalismo mandonista é criticado do ponto de vista da individualidade liberal. E o aburguesamento liberal é criticado do ponto de vista das boas tradições da terra.[11] Apesar disso, esteve atento, como poucos escritores brasileiros, às novas forças surgidas do mundo do trabalho.

Se esse grupo de escritores teve tantos méritos, a despeito da enxurrada de desqualificações de sua obra a partir dos anos 2000, suas qualidades efetivas nasceram da capacidade artística de superar – na ação da forma – a ideologia de um progresso inocente, nos termos de Roberto Schwarz, visão geracional que, de qualquer modo, entrou em colapso com a crise de 1929.[12]

A depressão econômica, que desencadeou tantas mudanças políticas em todo o mundo naqueles anos,[13] fez com que o triunfalismo da primeira fase modernista fosse substituído pela angústia sobre os modos de participação do artista nos debates do tempo. A produção literária da década de 1930 terá de enfrentar a evidência brechtiana de que não tomar partido em arte significa tomar o partido dominante. Foi no instante em que o debate nacional solicitou posicionamentos mais claros que Oswald de Andrade e Mário de Andrade iniciaram

---

11 Na mais célebre avaliação autocrítica de sua geração, Mário de Andrade comenta a oscilação nos termos de uma gratuidade quase dançante: "Numa fase em que ela não tinha mais nenhuma realidade vital, como certos reis de agora, a nobreza rural paulista só podia nos transmitir a sua gratuidade. Principalmente o movimento dos salões. E vivemos uns oito anos, até perto de 1930, na maior orgia intelectual que a história do país registra". Em "O movimento modernista", *Aspectos da literatura brasileira*, 5ª. ed. São Paulo: Martins, 1974 [1928], p. 238.

12 Cf. Roberto Schwarz, "A carroça, o bonde e o poeta modernista", em: *Que horas são?: ensaios*. São Paulo: Companhia das Letras, 1987, p. 24.

13 O historiador Eric Hobsbawm informa que, com a depressão econômica global e a despencada do comércio gerada pela crise de 1929, 12 países mudaram de governo ou de regime somente na América Latina entre 1930 e 1931, dez deles por golpe militar. V. Eric Hobsbawm, *Era dos extremos: o breve século XX, 1914-1991*. Trad. Marcos Santarrita e Maria Célia Paoli. São Paulo: Companhia das Letras, 1995, p. 108.

seus trabalhos teatrais engajados. Mais especificamente, a dramaturgia politizada de Mário e Oswald de Andrade começa na mesma época em que Alcântara Machado é obrigado a abdicar do seu projeto teatral. É quando ocorre uma cisão violenta nas lideranças nacionais, em 1930, e a burguesia cafeeira tenta, em vão, nos anos seguintes, retomar o controle do Estado nacional.

Até a luta armada de 1932, Antônio de Alcântara Machado, filho de uma influente família paulistana, era capaz de desidentificar sua arte das injunções ideológicas da elite do café ao levar às últimas consequências seus estudos críticos sobre as formas antiburguesas de teatro. Chegou a uma notável formulação de princípios antidramáticos para uma cena brasileira, por ter imaginado analogias – inspiradas pelas formas populares locais – com as experiências artísticas europeias da crise do sujeito. Com a liquidação da "civilização do café", ele se torna deputado constituinte por São Paulo, ao lado da reação contra um Estado depois chamado Novo, que mudava sua atuação na política econômica, dirigindo o fluxo das atividades. O pouco tempo de vida não lhe permite voltar ao teatro ou à literatura.

Mário de Andrade e Oswald de Andrade, que nos anos 1920 estiveram muito próximos das lideranças paulistas conservadoras, aderindo respectivamente ao Partido Democrático e ao Partido Republicano Paulista, orientam suas ações teatrais dos anos 1930 no sentido de um distanciamento dos valores ilustrados daquela elite comercial que os acolhia. Desgarrados, relativamente, do ambiente aristocrático de antes, e procurando se afastar dos ideais políticos dos partidos cafeeiros, procuram traduzir em seu teatro o anseio de coletivização politizada, e ao mesmo tempo expressam o isolamento de quem passou a descrer do voluntarismo brasileirista do início do movimento.

É o início de uma nova era de autonomização precária da burguesia nacional, e, como que para reagir a ela, os dois escritores irão se aproximar do comunismo: ou como tentativa de inserção partidária, no caso de Oswald de Andrade, ou como ética reguladora, no caso de Mário de Andrade. Por outras razões, diferentemente das posições de Alcântara Machado, que somente nos últimos escritos referiu-se à *função essencialmente socializante do teatro*, Mário e Oswald de Andrade pesquisam formas teatrais não dramáticas motivados pela vontade de ampliar sua ação social, questão que os mobilizava já na década de 1920 do ângulo de uma forma ativista.[14] Por não terem abandonado por completo o desejo romântico de realizar um teatro nacional moralizante, eles foram assombrados por uma espécie de maldição do drama nacional, fantasmagoria que persegue os projetos teatrais que se pretendem integradores e que aparece de modo mais visível quando a obra deles tende para a pedagogia positiva ou celebrativa.

Alcântara Machado encaminhou-se para o teatro porque, em suas palavras, sentiu o dever e a necessidade intelectual de *ser tudo*: o teatro lhe parecia o espaço possível para uma indagação ao mesmo tempo fragmentária e totalizante sobre as mudanças históricas da sociedade brasileira. Mário de Andrade, que tanto dramatizou e espetacularizou sua poesia, enxergou no teatro – "a mais social das artes" – o limite e o limiar de sua obra como ação coletiva. Oswald de Andrade, dramaturgo de vocação, considerava seu teatro politizado uma "profecia", tentativa de mostrar o *gran finale* do mundo burguês entre nós. Para os três, o teatro se pôs como lugar possível de encontro entre o estético e o político.

Suas obras dão testemunho dos limites de um contraditório aburguesamento em curso.[15] Em sua dificuldade de reconhecer as novas forças sociais geradas pela recente industrialização, em seu apego e desapego aos ideais dramáticos, em seu esforço, muitas vezes fracassado, por superar o enigma da falta de alteridade, os três autores produziram algumas das mais belas imagens para um possível outro teatro brasileiro. Projetaram versões inventivas e arriscadas do sonho de que o teatro dialogue, um dia, com o conjunto da sociedade.

---

14 A reflexão sobre o papel social do artista aparece nos escritos modernistas bem antes da chamada virada de 1930: "O que justifica e o que vai honrar o nosso movimento é a sua fase atual, evolução de certas tendências obscuras ainda naquele tempo, porém já existentes nas primeiras obras que criamos. A principal delas é fazer uma arte de ação". Mário de Andrade, "Modernismo e ação", *Jornal do Comércio*. Recife, 24 maio 1925.

15 V., a esse respeito, Paulo Arantes, *Sentimento da dialética na experiência intelectual brasileira: dialética e dualidade segundo Antonio Candido e Roberto Schwarz*. Rio de Janeiro: Paz e Terra, 1992, p. 38.

[...] foi incapaz de vencer a miséria alemã. Foi ela que, pelo contrário, o venceu. E esta vitória da miséria sobre o maior dos alemães é a melhor prova de que não poderia ser derrotada "do interior".

Engels sobre Goethe

PARTE I

O PENSAMENTO TEATRAL DE
ANTÔNIO DE ALCÂNTARA MACHADO

1.
MISÉRIA DO TEATRO NACIONAL

O pensamento teatral de Antônio de Alcântara Machado está disperso por seus textos de crítica, ensaísmo e polêmica.[16] No início de sua atuação como cronista de espetáculos do *Jornal do Comércio*, em 1923, ele se define sobretudo pelas negações. Suas convicções são relativas ao que o teatro não deve ser: nem personalista no modo de trabalho das companhias, nem romântico nos estilos da dramaturgia, nem mercantilizado na relação com o público. Apesar da veemência das negações, seus discursos, nesses anos de aprendizagem, são delimitados pela *forma* de sua crítica. Durante algum tempo praticou uma estrutura de comentário jornalístico muito convencional, e assim reproduzia, inadvertidamente, alguns dos padrões da retórica teatral oitocentista que combatia.

Os esquematismos impostos à crítica teatral são de difícil subversão em qualquer época. Forma discursiva surgida com a expansão da representação burguesa para fora dos teatros de Corte, nas condições de uma valorização a quem não serviam as regras canônicas das academias letradas dos nobres, suas convenções e cacoetes nasceram dos vínculos estreitos e fundantes entre a imprensa e as relações mercantis do

---

16 Alcântara Machado escreve de março de 1923 a julho de 1926 (com uma interrupção entre abril e novembro de 1925) a crítica de espetáculos do *Jornal do Comércio* de São Paulo. A partir de 1926, sua produção tende à polêmica e ao ensaísmo. Colabora com várias publicações modernistas, em especial a revista *Terra Roxa e Outras Terras*. Em 1928 e 1929, mantém uma coluna de teatro com o pseudônimo J.J. de Sá. Até pelo menos 1933, continua a escrever sobre o assunto. Sua morte, em 1935, quando tinha 34 anos, deixou incompleta uma reflexão que seria, quem sabe, sistematizada em livro. Entre seus rascunhos, existe o primeiro ato de uma peça de teatro. A dramaturgia era outro projeto desse escritor de interesses variados, que praticou a crônica, o conto, o ensaio histórico, a reportagem e a política, e morreu sem deixar prontos seus romances. Todos os artigos citados neste livro foram compilados por Cecília de Lara em: Antônio de Alcântara Machado, *Palcos em foco: Crítica de espetáculos / Ensaios sobre teatro / Tentativas no campo da dramaturgia*. São Paulo: Edusp, 2009.

teatro. Durante o século XIX, a crítica jornalística foi elemento estruturador do emergente mercado das artes da cena, num tempo em que o valor de troca do teatro passou a depender da figura do primeiro ator. Muitos desses grandes atores haviam se tornado, nas décadas finais do século XVIII, encarnações cênicas do espírito da Nação, emblemas das lutas da era liberal.

A origem mercantilizada da crítica jornalística delimitava a eleição dos objetos de análise, mesmo quando os objetivos culturais eram ilustrados ou de tipo nacionalista. Alcântara Machado, por exemplo, não examina em nenhum de seus textos a produção amadorística dos grupos filodramáticos ou dos clubes operários da década de 1920, nem as montagens profissionais destinadas às plateias mais populares, como as revistas e operetas, escassas mas existentes em São Paulo. Sua tarefa jornalística era acompanhar peças do repertório comercial estrangeiro que passavam regularmente pelos teatros da cidade de São Paulo, apresentadas na língua original, ou discutir as obras cênicas brasileiras com suposto valor literário, em sua maioria provenientes da comediografia do Rio de Janeiro.

Forma da crítica jornalística

Seus primeiros artigos do *Jornal do Comércio* mostram que o mais progressista dos discursos estava, assim, circunscrito por uma forma de julgar baseada nas mesmas valorizações românticas que os escritores modernistas tentavam superar. Ele não esteve, neste aspecto, à frente das tendências gerais do teatro brasileiro profissional de sua época. Foi somente mais tarde, nos ensaios e artigos de polêmica, que seus comentários, para além do conteúdo inovador, propuseram relações menos convencionais.

Teve as vantagens e desvantagens de não ser um crítico especializado, algo que só surge no mercado teatral brasileiro quando a atividade do encenador também se especializa. Praticou técnicas jornalísticas semelhantes às de seus contemporâneos Mário Nunes, João Luso e Menotti del Picchia, entre tantos escritores que se aventuraram a ser juízes da cena. Todos reproduziam o mesmo padrão, ainda semelhante ao de Arthur Azevedo, baseado numa estrutura ternária: em primeiro lugar, um resumo da peça literária, atento ao enredo e muito raramente à forma; depois, uma opinião sobre o desempenho do elenco, que trata de aspectos técnicos da oratória, valoração no mais das vezes restrita ao elogio do primeiro ator; e, como finalização, sendo algo que poderia estar na abertura do texto, uma reportagem impressionista sobre o comportamento do público durante a apresentação, em que procurava descrever e medir as reações da plateia.

O exame da experiência do espectador, com suas implicações coletivas, em relação ao momento histórico em que a peça é encenada, era uma preocupação recorrente da crítica teatral antiga. Ao contrário da literatura, que projeta uma leitura virtual, a recepção do espetáculo pode, de fato, vir a ser um problema crítico. Aquele modelo antigo, porém, chegava ao extremo de qualificar uma apresentação pelo volume do aplauso, pela quantidade de público, e fazia uso de descrições literárias do comportamento emocional dos espectadores. Suas variações discursivas pouco modificaram a tripartição arcaica: avaliação literária da peça, avaliação da *performance* da estrela do palco e a exposição da discutível reação do público. Deslocavam-se as ênfases se o interesse literário do jornalista, a importância do autor ou a celebridade do intérprete exigissem mais espaço para um aspecto do que para outro.

Mais culto que a média dos críticos de seu tempo, Alcântara Machado aderiu sem querer às estruturas convencionais do ofício. O liberalismo verboso e sonoro atribuído pelos modernistas à bacharelice romântica estava pressuposto nessa técnica de julgamento concebida sobre aristocráticas coações de gênero, mesmo quando a linguagem da crônica era límpida e seca. A técnica reproduzia os valores culturais anteriores ao estabelecimento de um certo ideal de encenação moderna, quando não se desejava dos artistas do palco uma autonomia crítica em relação ao texto do dramaturgo.

É sintomático, portanto, que, no início de sua participação no *Jornal do Comércio*, o jovem crítico não se interessasse pela possível dimensão autoral do espetáculo em relação ao texto, pelo debate sobre o lugar da *cena* moderna entre as artes, ao mesmo tempo que se mostrava cheio de convicções cosmopolitas sobre a vida ilustrada francesa.

Seus primeiros comentários ainda respiravam uma atmosfera *Belle Époque* não plenamente reelaborada pela elite da cultura paulistana, no último grande ciclo de prosperidade do café paulista. Lê-se nos artigos de 1923 um encanto simbolista pelas "margens tentadoras e irresistíveis do Sena", fascínio que o torna simpático a peças do repertório do teatro de bulevar francês, que em pouco tempo ele repudiaria com sarcasmo violento. Afirmava, por exemplo, que "o teatro na França é ainda hoje a expressão mais pura e delicada de muitos séculos de civilização" e se interessava sobretudo por autores cuja liberdade social dos assuntos não implicava repúdio às velhas formas, tais como Henry Bataille, Maurice Rostand, Edmond Sée, De Brieux, François de Curel, Bernstein, Guitry. Escritores que nos anos seguintes seriam considerados, por ele mesmo, emblemas da reação conservadora, cozinheiros banais de "peças cozidas no molho desse insuportável e duvidoso espírito parisiense".[17]

O pressuposto ideológico menos evidente contido na forma de sua crítica teatral era o acordo liberal entre as partes do sistema produtivo. O estilo da peça, a técnica do ator-vedete e as emoções atribuídas ao público deveriam ser convergentes, confirmar um acordo de expectativas prévias. A forma da cena decorria de padrões ditados pelo gênero do texto, e a tarefa dos artistas era conferir marca pessoal às regras tradicionais, num sistema de trabalho até hoje vigente no teatro de entretenimento comercial.

Nascidos da diluição ou da paródia das formas letradas da tragédia e da comédia, tornadas mercadorias no ambiente das novas cidades mercantis da modernidade, gêneros como o melodrama e a comédia de costume renovam a tradição normativa ao se reduzirem ao exame da maior questão ideológica da época, a da individuação. O problema maior da teatralidade clássica, o da ação desmedida e fora de lugar de um indivíduo, muda de sinal. A vontade do sujeito se mostra positiva no atrito com a norma injusta, no duelo com os acidentes e acasos. A figura dramática que daí surge é portadora de uma "humanidade" genérica, e seguimos em cena seus movimentos comoventes ou alegremente conciliatórios. No nível da cena, se desenvolve uma técnica emotiva ou irônica de atuação, que se especializa nos códigos da caixa cúbica do palco fechado em edifícios. É o teatro da carpintaria melodramática ou da intriga cômica a serviço do personalismo de artistas que, na

---

17 Comparem-se, por exemplo, os artigos "Comédienne", *Jornal do Comércio*, 07 jun. 1923, e "Senhores do mundo", *Jornal do Comércio*, 26 fev. 1926.

era burguesa, passaram a ser idolatrados como gênios de uma liberdade assentada no domínio da língua pátria e na caracterização individualizadora. A individuação dramática ocupava, assim, o centro da teatralidade emergente muito antes que o drama burguês fosse reconhecido como forma literária. A crítica teatral participou ativamente desse processo cultural, sendo seu papel original produzir um outro lugar social de valorização, daí a recorrente aparência tecnicista, que procurava uma objetividade de ares universitários ou uma fundamentação em categorias estéticas genéricas, que fossem praticáveis no dia a dia de um mercado mutante, com vestes supostamente não tradicionais ou acadêmicas. A mitificação do valor atual ou "contemporâneo" da obra é como que constitutiva nesse processo de autovalorização burguesa.

A crítica de jornal na década de 1920, ainda à procura de um caráter dramático de sentido nacional mais amplo, estava no momento das sondagens individualizantes e, portanto, se posicionava mais próxima do subjetivismo da crônica. Outra de suas heranças românticas, talvez exagerada até à distorção no Brasil, era essa busca de intimidade com o leitor, de um tom de conversa que sugeria a presença subjetiva de uma personalidade crítica reconhecível. Mesmo quando o texto anunciasse a divergência entre a visão do jornalista e a do público presente à sala, o que levou, por exemplo, Arthur Azevedo a desqualificar os hábitos de consumo degradado de seu tempo, a atitude mantida pelo crítico cronista era, de modo geral, integrativa: ele procurava trazer o leitor para as proximidades de sua opinião, pela simpatia pessoal.[18]

Alcântara Machado, não plenamente identificado com essa tradição, mas conformado por ela, promoveu um primeiro deslocamento da técnica jornalística no modo como se apresentava subjetivamente. Contra a intimidade difusa, ele acirrava seu individualismo liberal para marcar com mais nitidez suas diferenças em relação ao gosto médio, ao qual associava o leitor. O douto senhor de engenho, envolto em enfumaçamentos psicossociais, é empurrado para os cantos, e surge no centro da crônica a personalidade de um "indivíduo seguro de si", filho da burguesia comercial cafeeira, iluminista, urbano, de opiniões duras,

---

18   A pesquisadora Flora Sussekind tem um ótimo estudo sobre o tema: "A hegemonia da crítica: 1870-1930", publicado em *Papéis colados*, Rio de Janeiro: Ed. UFRJ, 2003. Acompanho, aqui, várias de suas formulações.

impiedosas, sarcásticas e nítidas. Não havia dúvida quanto a seu gosto artístico, sobretudo quando negativo.

Como elemento relativizador, ele se valia de uma escrita entrecortada, que se corrige à vista do leitor. Não chega a ser hesitante porque está sempre em busca de mais precisão, quer distinções precisas. O texto se constrói como se o indivíduo tivesse que expor a incerteza da formulação, para si mesmo e para os outros. Ele, assim, subvertia a rigidez da estrutura e dava forma à precariedade das condições de sua própria escrita. Mais de uma vez ofereceu imagens de si mesmo trabalhando, queixava-se da pressa da redação. Lamentava o "detestável costume adotado nos jornais brasileiros, que obriga o desgraçado do crítico a falar de primeira de uma peça logo a seguir à representação, isto é, entre meia-noite e meia ou uma hora e duas horas da manhã. O pobre cronista é obrigado a escrever a sua opinião atabalhoadamente no exíguo tempo de sessenta minutos".[19] Seu texto como que encena a própria situação de trabalho.

A relativização da forma correspondia a uma percepção qualquer de que os critérios não podem ser muito rígidos quando se trata de teatro brasileiro. Há de ser sempre mais fácil ao jornalista do país periférico avaliar a produção teatral estrangeira segundo categorias estéticas já tradicionais formadas no centro do capitalismo. Nos primeiros meses do *Jornal do Comércio*, ele assim enuncia a dificuldade:

> O teatro brasileiro põe quase sempre o crítico a braços com este dilema: se ele fizer a sua apreciação como deve, tendo em vista tão somente o valor real das peças, o seu maior ou menor coeficiente de beleza e de harmonia – com raríssimas exceções, não haverá original que não tenha direito a rijas palmatoadas [...]. Se ele considerar, antes de mais nada, que todos os aplausos e incentivos são poucos para premiar o esforço daqueles que se batem por uma causa nobre, cercados pela hostilidade, pela indiferença e pela ignorância de um meio atrasadíssimo, armado com os óculos escuros da boa vontade, terá, paradoxalmente, para serviço do belo, de exaltar muita vez a feiura.[20]

---

19 "Prince Jean", *Jornal do Comércio*, 7 dez. 1924.
20 "Casamento americano", *Jornal do Comércio*, 15 mar. 1923.

Não era apenas o risco de desestimular o "ambicionado e apregoado reerguimento do teatro nacional".[21] Importava também produzir categorias de análise mais adequadas a uma realidade social diversa.

A saída provisória foi a objetivação de si próprio, capaz de demarcar as dificuldades subjetivas. Não se tratava daquele anúncio vulgar da *persona* crítica, exibição de charme temperamental decorrente de uma autoridade teatral, esse hábito patético de tantos críticos de se caracterizarem ainda hoje como se estivessem acima da obra julgada, no que atendem à solicitação frequente do jornalismo cultural de que seus colaboradores obtenham reconhecimento público pelas idiossincrasias e se tornem, também eles, *mercadorias de imprensa*.

Alcântara Machado era um cronista de espetáculos movido por um idealismo quase fetichista da arte, perspectiva que o mantinha, paradoxalmente, próximo do objeto de análise e à procura de um senso de historicidade. Essa perspectiva se lê numa carta de 1927 a Prudente de Moraes Neto, ocasião em que, afinado com o projeto modernista, descreve sua concepção de crítica: "Mas nós nos achamos no período de arregaçar as mangas. Não no período de recolher as rendas. A crítica pois deve ser direta, quotidiana e objetiva. Não vaga, compacta e subjetiva".[22]

As soluções provisórias de Alcântara Machado em prol da objetividade cotidiana aparecem na mencionada "exposição do processo" e na dureza enunciativa de suas posições, sem espaço para enternecimentos – aspecto que Mário de Andrade detectou nos contos em que Machado pretende uma distância ao mesmo tempo ética e irônica das personagens. Para seus desafetos, porém, essa recusa do jornalista ao "amolengamento" soava como indício de que ele era sobretudo um "convencidíssimo crítico". De qualquer modo, havia uma vontade de deflagrar oposições, nascidas de seu espírito de contradição. A procura de uma escrita "dinamite, estilo hoje", ou, numa definição melhor, a vontade de um estilo "incisivo, debochativo e seco", observada por Sérgio

---

21 "Casado sem ter mulher", *Jornal do Comércio*, 9 jan. 1924.

22 Carta a Prudente de Moraes, 11 jul. 1927, em *Pressão afetiva e aquecimento intelectual: cartas de Antônio de Alcântara Machado a Prudente de Moraes, Neto, 1925-1932*. Org. Cecília de Lara. São Paulo: Giordano/Lemos/Educ, 1997, p. 97.

Buarque nos textos de ficção,[23] fazia com que o crítico aparecesse como figura estranhável ao leitor.

Essa aparência de um "sequestrador da ternura" (segundo opinião de Mário de Andrade[24]) era posta em movimento pela capacidade de se incluir no problema. Definiu-se numa polêmica, certa vez, como "rapaz de invencível bom humor" que almeja "destruir sorrindo as invenções e as mentiras", frase em que a ironia tem algo de hiperbólico e se estende à própria afirmação.

Antônio de Alcântara Machado manteve uma luta constante, travada na medida de seu aprendizado cênico, com os constrangimentos impostos à crítica jornalística que serve ao mercado das artes. Não ignorava que o miserável teatro brasileiro comercial mantinha vínculos promíscuos demais com a velha crônica de imprensa que ele mesmo produzia. Tentou fugir do moralismo estético, mantendo-se nos limites de uma certa fenomenologia teatral improvisada: "Eu mesmo sou crítico. Durante muitos anos arquei com as agruras e as responsabilidades acabrunhadoras da crítica teatral do *Jornal do Comércio* do meu berço natalício. Saiba V. Sa. Mas no exercício de tão pesada função quotidiana jamais inventei teorias, esbocei problemas inexistentes, forjei equações teóricas sem base visível e palpável".[25]

A mutabilidade progressista tornou-se, assim, sua atitude fundamental. Sem critérios definidos, percebeu que o espírito da época pedia historicismo e alinhou sua imagem de crítico à de um estrangeiro. Sempre em deslocamento em relação às coisas. Distinguia-se do objeto do comentário. E essa atitude, que se pode chamar estrangeirizada, pronta a ser realizada pela ironia objetualizante, mesmo com o risco de desamor ou da impaciência diante das coisas (reparo que lhe fez Sérgio Buarque de Holanda[26]), foi a primeira inclinação modernista num

---

23 Sérgio Buarque de Holanda, "Pathé-Baby", *Terra Roxa e Outras Terras*, ano 1, n. 6, 6 jul. 1926, p. 3.

24 "Para mim se dá nele uma espécie de sequestro de ternura, porque não lhe convém sentir nem desenvolver ternura. A. M. é indivíduo seguro da vida e de si." *Apud* Cecília de Lara, *Pressão afetiva e aquecimento intelectual*, op. cit., p. 94.

25 Carta a Prudente de Moraes, 11 jul. 1927, *op. cit.*, p. 96.

26 Sérgio Buarque de Holanda, "Pathé-Baby", *op. cit.*, p. 3.

tempo em que o movimento literário surgido da Semana de 22 era por ele contemplado de longe, e avaliado com reservas.

A primeira percepção era a de uma crise espiritual desencadeada sobre toda a cultura ocidental: "Não há ainda rumo definitivo nem fórmulas assentes. Os autores dramáticos, como os poetas, os romancistas, como todos os literatos em geral, sentem incoercivelmente a necessidade de novos ritmos, de novas expressões: mas, ainda como estes, estacam irresolutos diante da encruzilhada".[27]

Se houve algum modernismo em Alcântara Machado, antes de sua aproximação a Paulo Prado, Mário de Andrade e Oswald de Andrade, esteve ligado ao gosto pela síntese objetivista e à autocrítica da formação liberal. Antes que isso se convertesse em elemento de pesquisa formal, aparecia como constatação temática. Por isso, aprendeu a defender na arte a mobilidade dos parâmetros. As coisas aparecem e criam suas regras, quando criam. "Julgá-las com uma visão educada de acordo com princípios mortos é querer ver no escuro ou descobrir micróbios a olho nu".[28]

O teatro brasileiro era o problema maior. A evolução da literatura mundial mostrava que não era possível avaliar Kafka com os parâmetros extraídos de Flaubert. A cena europeia rumava para a pesquisa antiburguesa de formas e convertia o experimentalismo em atitude de valor positivo. Em face do estágio em que se encontrava a produção brasileira, era difícil enunciar princípios gerais, impossível aderir a valores de inovação sem discutir junto algum ideal de nacionalidade.

A tarefa nunca realizada de construir um teatro brasileiro, formulada originalmente no romantismo, com seu idealismo nacionalizante e expectativas de produção de um drama brasileiro, impunha a expectativa de uma formação local integradora, difícil de ser conjugada com a percepção mundial da crise.

Tempos depois seria possível visualizar um modo de extrair categorias produtivas do atraso cênico e formular um projeto literário modernista também para o teatro. Os anos iniciais, contudo, foram mais de diagnóstico do que de orientação. E a magnitude do projeto,

---

27 "Comédienne", *op. cit.*

28 "Nós e eles", em *Cavaquinho e saxofone*. Rio de Janeiro: José Olympio, 1940, pp. 445-446. O original foi publicado em *O Jornal*, Rio de Janeiro, mar. 1929.

que haveria de ser coletivo, fez com que Alcântara Machado ficasse mais enamorado dos defeitos do que das possíveis virtudes da cena brasileira de seu tempo. A "miséria do teatro" seria um refrão que o acompanharia até os últimos textos.

Contra o teatro nacional de comédia

A reflexão crítica de Alcântara Machado parte, portanto, de uma grande negação de todas as práticas do teatro nacional. Em termos mais específicos, isso significava um repúdio ao trabalho das companhias cariocas que encontraram – desde a ascensão burguesa do Rio de Janeiro no início da República – novos jeitos de valorizar o ator-vedete aos olhos do público letrado das cidades e, assim, renovar o acordo comercial entre cena e literatura. Expressava, de outro lado, uma afirmação do progressismo cosmopolita paulistano, que já não se conformava com a posição da província cultural nem era capaz de encarar seu próprio fundo burguês conservador.

O alvo de todos os ataques críticos de Alcântara Machado foram as comédias mais tarde chamadas Gênero Trianon, por associação à casa carioca onde muitas delas ganharam palco. Eram montagens que caíram no gosto das elites e classes médias cultas com o espaço aberto à produção local no início da Primeira Guerra Mundial, quando foram dificultadas, por algum tempo, as excursões de companhias europeias. Representavam a volta de um teatro declamado em língua portuguesa, após décadas de supremacia de gêneros musicados, condenados pelos ambientes de literatos, que rejeitavam a forma espetacular e popular. O Gênero Trianon firmou-se com relativa estabilidade a partir de 1914 graças a autores como Viriato Correia, Gastão Tojeiro, Armando Gonzaga, Abadie Faria Rosa e Oduvaldo Viana, que conseguiram reanimar as esperanças saneadoras daqueles que associavam a decadência do teatro brasileiro às quase quatro décadas de expansão das revistas e operetas. Ao grupo se poderia juntar Coelho Neto e Cláudio de Souza, entre outros, que escreveram para um sistema estelar de trabalho cuja demanda era a de uma comicidade urbana aspergida de sentimentalismo rural.

Uma importante virtude técnica dessa geração foi incorporar, na fatura de suas obras, alguns dos elementos considerados popularescos da cena musicada das revistas, que ainda faziam sucesso nos teatros do Rio de Janeiro, e combiná-los a "temas brejeiros", que ofereciam uma revisão mais positiva e saudosa do Brasil da casa-grande. A comicidade populista da Geração Trianon parecia restaurar algum ideal perdido da civilidade brasileira. Tornava saudáveis costumes criticáveis e transmudava a ação farsesca em "fraseado chistoso". Do ponto de vista da estruturação da cena, bania a condução musical da orquestra, mantendo as canções a partir de seu vínculo com o assunto e personagens.

Eram peças que ofereciam a primeira alternativa, festejada como importante, ao teatro cantado dominante. Um dito gostoso da época definiu o gênero como "comédias sem trololó". Apresentavam-se como expressão das classes médias da nova ordem urbana do Rio de Janeiro, para desânimo da marujada que por acaso entrasse na sala de espetáculos do centro da cidade à procura de coristas com as coxas à mostra.

O novo acordo entre palco e dramaturgia tinha amparo no recrudescimento do nacionalismo nos anos próximos da Primeira Guerra Mundial. Os jornais comemoravam a iniciativa cultural de reunir atores nascidos no Brasil e peças literárias com temas locais. As campanhas contra o atraso do teatro nacional, muito comuns na década de 1910, alimentavam a xenofobia contra os atores portugueses que ainda muito trabalham em companhias brasileiras, queixa que Alcântara Machado mantinha em 1929, o que não deixa de ser irônico se pensarmos que até então o teatro profissional do país, quando não organizado por estrangeiros, era tarefa de ex-escravizados e mestiços.

Era como se, num esforço concentrado de modificação relativa da herança colonial, o Rio de Janeiro da República reproduzisse nos palcos a mesma higienização das ruas e o racismo do projeto de "branqueamento" da mão de obra cafeeira no fim do século anterior. Aguardava-se a chegada de novos homens nativos, brancos e livres que pudessem reinventar o simbolismo empreendedor de João Caetano.

As antigas operetas, burletas e revistas eram acusadas de permissividade e chulice, reprovação que tinha pé na realidade, ainda que não fosse extensiva aos espetáculos estrangeiros num tempo em que ditas elites nacionais só consumiam obscenidades públicas se praticadas em idioma alheio. Contra elas se criou mais de uma campanha cívica em nome do teatro como instituição fundamental do Estado, o que aparecia no corpo da capital reurbanizada com o alargamento de vias, expulsão de moradores pobres e a construção do teatro municipal de ópera.

Repisavam-se arrazoados sobre a importância de "salutares ensinamentos" ao proletariado das capitais. E todo o combate às "revoltantes imoralidades" da cena disfarçava uma indisposição para com o caráter diversificado do público teatral de então. A mistura de estratos sociais das apresentações de espetáculos populares parecia pouco civilizada para a nova República, pois as torrinhas, mesmo distantes dos camarotes, ainda permitiam algum convívio, que se estendia aos intervalos das sessões. O teatro deveria ser, dali por diante, a diversão de uma sociedade republicana média, que se espelhava na aparência de uma elite econômica que procurava se distanciar – apenas culturalmente – de seu passado escravista.

Gustavo Dória, historiador teatral que viveu o período, deixa claro que muito do esforço posterior do teatro brasileiro moderno em superar o velho profissionalismo correspondia a um desejo de unificação abstrata em torno de uma classe, tanto no palco como nas plateias. Para ele, a modernização do teatro só aconteceria com a superação da heterogeneidade do público:

> Havia, por isso, dois pontos a considerar: primeiro, a conquista da plateia pequeno-burguesa que não frequentava o teatro porque o que lhe era oferecido não correspondia aos seus apelos, o que acontecia somente com os elencos franceses, italianos ou portugueses que aqui passavam. Segundo, e como decorrência desse primeiro, tornava-se imperioso oferecer textos de melhor qualidade [...]. O ideal seria também encontrar o autor brasileiro que refletisse, dentro de um padrão de categoria, os anseios da média sociedade brasileira.[29]

É compreensível, portanto, a efusão com que a crítica jornalística saudou a ressurreição literária da comédia de costumes e da burleta poética daquela geração de dramaturgos que se dispunha a aplicar os ensinamentos do teatro popularesco para dialogar com públicos da burguesia em ascensão, catalisando uma expectativa social de elegância cultural.

---

29   Gustavo Dória, *Moderno teatro brasileiro: crônica de suas raízes*. Rio de Janeiro: Serviço Nacional de Teatro, 1975, p. 5.

O ator símbolo do período, Leopoldo Fróes, e que de certo modo encarna todas as preocupações de Alcântara Machado, tinha realizado migração parecida: após se iniciar nas operetas, partiu para o teatro declamado, que ajudou a reimplantar.

A necessidade de nacionalizar a arte, de definir no teatro os sentimentos brasileiros típicos e de educar por meio de exemplos familiares, voltava ao campo de preocupações da dramaturgia, para a esperança dos literatos da cena. Mário Nunes elogia Viriato Correia pela "propaganda séria e honesta do que é nosso, da fartura do país, dos seus hábitos simples, mas dignos de serem divulgados".[30]

Antimodelo *Flores de sombra*

O nascimento lendário do novo teatro nacional de comédia – contra o qual Alcântara Machado definiu seu pensamento teatral –, se deu na estréia do espetáculo *Flores de sombra*, de Cláudio de Souza, apresentado pela companhia carioca de Leopoldo Fróes, em São Paulo, no dia 22 de dezembro de 1916. Foi sucesso na capital federal por anos.

Precedida por grandes "reclames", a montagem abriu um vínculo novo entre teatro, propaganda e jornalismo. Foi a peça principal do repertório com o qual a Companhia Nacional de Dramas, Comédias e Vaudevilles inaugurou uma nova casa paulistana de espetáculos, o Teatro Boa Vista, propriedade do grupo econômico ligado ao jornal *O Estado de S. Paulo*, um espaço planejado para ser "o centro *chic* da sociedade elegante de São Paulo".[31]

Flores de sombra tornou-se modelo para dezenas de variantes de peças engraçadas e higiênicas. Elevou Fróes à posição de primeiro ator brasileiro e representante da nacionalidade no teatro. Foi recebida como obra-prima pela crítica paulista, que fez o que pôde para incluir

---

30 Mário Nunes, *Quarenta anos de teatro*, 3 v., Rio de Janeiro: Serviço Nacional de Teatro, s.d., p. 24.

31 Sábato Magaldi e Maria Thereza Vargas, *Cem anos de teatro em São Paulo (1875-1974)*. São Paulo: Editora Senac, 2000, p. 82.

a peça no frágil cânone da "literatura teatral paulista", sublinhando a origem e classe social de seu autor.

O crítico carioca João Luso, menos preocupado com a "ação absolutamente paulista" da peça do que com seu sentido definidor de um novo estilo para a alta comédia brasileira, registra no *Jornal do Comércio* do Rio: "Há mais de vinte anos, no Brasil, uma peça nacional não obtém tal êxito. Mesmo entre as peças de maior sucesso de Arthur Azevedo [...] nenhuma comédia nos ocorre que tenha alcançado tão grande triunfo no palco brasileiro. *Flores de sombra* fez nascer a esperança de um teatro digno da nossa cultura".[32] Mário Nunes, em seu balanço do ano de 1917, confere o mesmo simbolismo máximo à montagem: "Possuíamos, afinal, o nosso teatro".[33]

A ridicularização da família interiorana, sarcástica nas revistas de Arthur Azevedo, continuava a ser feita, mas como transição para a reversão em elogio das "virtudes campestres, dos troncos tradicionais da família brasileira, em contraste com a degenerescência dos hábitos citadinos", como observou com deleite o crítico do jornal conservador *O Estado de S. Paulo*.[34]

A reflexão sobre o legado do fenômeno *Flores de sombra*, em todos os seus aspectos, sobretudo quanto à função referencial de Leopoldo Fróes para a cena brasileira, foi quase uma obsessão crítica para Alcântara Machado. Voltou ao assunto inúmeras vezes. Combateu o quanto pôde o esquema banal da peça, referindo-se a seu autor, Cláudio de Souza, membro da Academia Brasileira de Letras, como prócer da subliteratura.

Sua verdadeira opinião sobre Leopoldo Fróes, no entanto, seria publicada somente após a morte do ator. Por anos fez questão de se dizer amigo de Fróes e nunca deixou de elogiar seu desempenho. Mas num importante ensaio de 1932, Alcântara Machado expõe sua verdadeira opinião, até então resguardada, sobre a dimensão histórica da contribuição de Fróes:

---

32 Raimundo Magalhães Jr., *As mil e uma vidas de Leopoldo Fróes*. Rio de Janeiro: Civilização Brasileira, 1956, p. 67.

33 Mário Nunes, *op. cit.*, pp. 157-9.

34 Raimundo Magalhães Jr., *op. cit.*, p. 26.

Entre os dois fluminenses, entre João Caetano e Leopoldo Fróes, se desenrola a deplorável história do teatro brasileiro de prosa, do horroroso melodrama à pífia comédia ligeira. E é quase certo ou até bem certo que Fróes não seja senão um marco acidental, de relativa importância só para seus contemporâneos, citado apenas para efeito cronológico, logo substituído por outro, sem nenhuma significação futura. Não assinala um progresso ou mesmo regresso. Nada.[35]

A crua objetividade do comentário, publicado na *Revista Nova* num momento de deflagrada luta entre a elite cafeicultora paulista e o centralismo de Getúlio Vargas, é proporcional à importância que Leopoldo Fróes assumiu para a cultura teatral da República Velha.

O que estava em jogo era menos o artista do que o símbolo personalista. Fróes significava para o teatro o mandonismo enraizado no "privatismo do grupo de parentes"[36] que continuava a dominar as questões civis brasileiras, quando as esperanças de parte da elite liberal tinham sido outras.

Individualismo artístico de Leopoldo Fróes

Alcântara Machado lamentava em Leopoldo Fróes esse individualismo artístico que leva a estrela do palco a juntar, ao redor de si, um conjunto aparentemente medíocre de atores apenas para que lhe sobressaiam os dotes. Batia-se contra o exibicionismo da personalidade artística posta acima da ficção, contra a mutilação do texto pelos chamados "cacos", os improvisos verbais, nascidos do desejo de agrado e facilitação.

Sua crença discutível de que "num país onde não existe literatura dramática, o ator ganha uma importância excessiva"[37] assume sentido completo diante do pano de fundo histórico dos conflitos políticos

---

35 "Leopoldo Fróes", *Revista Nova*, ano 2, n. 7. São Paulo: 1932, p. 355.
36 Cf. Luiz de Aguiar Costa Pinto, *Lutas de famílias no Brasil*, 2ª ed., São Paulo: Editora Nacional/Brasília: Instituto Nacional do Livro, 1980, p. 98.
37 "Leopoldo Fróes", *op. cit.*, p. 354.

daquele ano de 1932: não era apenas no teatro que o escritor paulista enxergava a letra constitucional desprezada pelos desmandos de um caudilho que angariava a simpatia popular.

Em mais de um texto sobre o assunto, Alcântara Machado vincula o "bruto individualismo" artístico local aos modelos do teatro português, numa simplificação das causas da doença. Fróes era visto como um dos últimos atores "lusitanos" do teatro brasileiro, pela atitude e prosódia. Aprendeu sua técnica vocal em Lisboa, e mantinha sob contrato poucos atores brasileiros.

A cena nacional seguia, na prática, reprodutora, imitava a cena comercial estrangeira, e nunca suas dissidências críticas. Fazia pelo menos duas décadas que o repúdio ao *"estrelismo* que prejudicava o conjunto", na expressão de Stanislavski, era um princípio missionário das vanguardas teatrais da Europa. No final dos anos 1920, soava ainda como novidade no Brasil a lembrança de Alcântara Machado de que "em arte, o essencial é equilíbrio, [...] harmonia, homogeneidade. No teatro, então, nem se fala!".[38]

As razões reais do individualismo alegorizado por Fróes estavam no acúmulo das funções de *artista* e de *empresário*. Alcântara Machado entendia que o "primeiro ator" se fazia dono da companhia para expandir a lucratividade, e não para aprimorar o repertório: "Essa aspiração de todo ator e diretor de companhia (João Caetano a satisfez) de possuir o seu teatro, Fróes nunca teve. Nunca teve porque nele o artista é que servia o homem de negócios".[39]

Fróes não pretendia participar de qualquer formação ideal do *teatro brasileiro* como movimento de sentido público. Ao que parece, não tinha veleidades ideológicas quanto a uma influência estética de longo prazo nem pretendeu estacionar sua companhia num espaço cultural ligado à cidade. Ainda era filho das gerações que mambembavam atrás de novos mercados, pressionadas pela chegada das companhias estrangeiras. Sua afeição (e apego de sobrevivência) à liquidez econômica tinha seu reverso no esforço para cristalizar algo mais pessoal e impalpável, a personalidade artística.

A prática do individualismo artístico era uma imposição de um sistema teatral abandonado ao deus-dará do capital, sem o respaldo de

---

38 "Pela nacionalização dos elencos", *Jornal do Comércio*, 16 mar. 1924.
39 "Leopoldo Fróes", *op. cit.*, pp. 355-6.

associações de espectadores ou de movimentos sociais, e desatrelado do Estado. E que – a despeito de seu sentido empresarial – ainda se realizava como um amálgama cultural de práticas monárquicas e liberais.

Uma definição de Luiza Nazareth, atriz que perambulou por várias companhias da época, dá uma imagem mais realista das condições de trabalho do velho profissionalismo: "Não eram empresas, não tinham contratos. Era uma associação de atores com fome".[40] Dívidas crescentes com o elenco, atrasos de pagamentos, mudanças de regras do jogo patronal, investimento dos próprios atores nos figurinos e nas viagens, tais precaríssimas condições profissionais só poupavam os *empresários* e as *estrelas*. Fróes, como outros, fez convergir as duas funções e trabalhou para mistificar a sua superioridade artística em relação aos coadjuvantes.

O sistema de trabalho antigo exigia o rodízio de repertório – o conjunto produzia muitas vezes um espetáculo por semana caso conseguisse combinar rapidamente os "ensaios de marcação" e a "ajuda do ponto". O ensaiador tinha por tarefa criar dinâmicas físicas para "abrir a cena" e compor o quadro cênico diante dos telões pintados, organizar entradas e saídas, e para isso se servia de movimentos e gestos convencionais, testados pela tradição. A pressa dos ensaios dificultava um estudo do conjunto do texto e tornava necessária a presença de um *ponto* que indicasse aos atores durante o espetáculo as falas e marcas. Para vitalizar a fixidez desses esquemas, a cena pedia uma disposição de alguns atores à improvisação. Era no instante do espetáculo, sobretudo nas operetas e revistas, que os improvisos dos intérpretes geravam as experiências criativas mais livres, viabilizadas pelo conhecimento das convenções.

A dificuldade do *teatro declamado* da Geração Trianon é que ele solicitava um apego muito maior à narrativa literária do que aquele solicitado por outros gêneros comerciais. Pedia um respeito mínimo do conjunto do elenco às palavras e ações do texto.

Quando um ator como Fróes se punha no centro da hierarquia da cena e se autorizava, por ser o empresário, a não ensaiar com o restante do grupo, ele como que tornava exclusivo o direito de improvisar. Mais de um depoimento da época confirma que nos ensaios ele

---

40 "Luiza Nazareth", em *Depoimentos I*, Rio de Janeiro: Ministério da Educação e Cultura/Funarte, 1976, p. 47.

era substituído por um *"quidam* qualquer", que lia a sua parte: "O papel central era *marcado* por um dos atores secundários, que se colocava nas posições em que Fróes deveria estar em cada cena, a fim de que os demais fossem ensaiando os papéis que lhes cabiam".[41] Os mesmos depoimentos confirmam o talento e a graça com que, após sessões de álcool e cocaína, ele conseguia atuar sem saber uma única palavra do papel, apenas seguindo as indicações do ponto. O "talento impressionante", que fazia a plateia "respirar fundo", paralisava seus parceiros de cena não pelas qualidades intrínsecas, mas pela imprevisibilidade. Intimidados pelo patrão, os outros artistas suavam frio por não saber o que fazer, "contracenantes atrapalhados à espera da *deixa* em que deveriam entrar".[42] A companhia, coagida a respeitar o texto, trabalhava como podia para dar sentido à história e se ajustar às invenções livres da estrela, e se via privada do único campo de invenção que tinha em outras formas cênicas populares, a improvisação. O monopólio da liberdade realizava mais uma de suas aparições na sociedade brasileira, quase sempre com o aplauso da crítica, inclusive a de Alcântara Machado, que enaltece o gênio seguro de Fróes e lastima a inépcia de seus pobres coadjuvantes.

Leopoldo Fróes viveu entre duas épocas do teatro brasileiro e simbolizou a implantação histórica no Brasil dos atores como *produto para o consumo*. Preso a uma divisão antiga do trabalho teatral, foi o primeiro grande ator a se investir da mística tipicamente burguesa do indivíduo que nega sua classe, posto acima do moralismo estreito dos grupos burgueses em formação. Ao contrário do último "gênio nacional" dos palcos, João Caetano, que procurava superar sua origem pequeno-burguesa imitando padrões aristocráticos de representação, Fróes se investe da dimensão erotizante do ator-mercadoria, sustentado pelo desejo de seu público, pela origem familiar e sobretudo pela exploração não regulamentada do trabalho alheio.

Alcântara Machado assinala, com perspicácia, que "seu triunfo no palco nacional ele deveu antes de mais nada à sua origem e ao seu título de bacharel. Acabou com a tradição do ator pobre-diabo, vindo não se

---

41   Raimundo Magalhães Jr., *As mil e uma vidas de Leopoldo Fróes, op. cit.*, p. 74.

42   Sábato Magaldi e Maria Thereza Vargas, *Cem anos de teatro em São Paulo, op. cit.*, p. 81. Grifo do autor.

sabe de onde, vivendo não se sabe como. Era o doutor Leopoldo Fróes, membro de uma família conhecida. Distinguível entre os zé-ninguém do teatro brasileiro".[43]

Fróes reunia, portanto, um salvo-conduto de classe ratificado por diploma, distintivo notável para uma profissão conhecida no Brasil como lugar de desclassificados. Isso lhe proporciona a aura de homem culto, a quem não seria estranho o comportamento das personagens da elite. E lhe permitia exercer melhor as prerrogativas garantidas por sua condição de empresário.

Duas imagens aí se justapõem, numa síntese curiosa. De um lado, o homem a quem nenhum subordinado deveria interpelar sem mencionar o título de doutor – o Dr. Fróes. De outro, o artista que justificava sua ausência dos ensaios por meio de uma singularidade genial, que presta homenagens ao Universo, nunca aos outros homens, registrada num texto pessoal dos mais reveladores quanto à autoimagem do ator:

> São tão aborrecidos os primeiros ensaios de uma peça!... A leitura monótona, arrastada, madraceirona dos papéis; as dúvidas, as discussões suscitadas pelos erros do copista, a minuciosidade das marcas: "passa a 1, desce a 2, dirige-se à esquerda baixa, sai pelo fundo". [...] Tenho tentado resignar-me, afeiçoar-me àquelas estopadas iniciais. Não posso! A minha presença, com bocejos que eu não conseguiria disfarçar, os sinais de nervosismo impaciente que não deixaria de dar, só serviriam para criar dificuldades ao ensaiador, perturbar a disciplina da *troupe*. Então, que faço? Nessas tardes, vou para fora, para um arrabalde pitoresco, o Silvestre, o Saco de São Francisco. Algumas pessoas amigas, uns frangos assados, um pouco de champanha. E, assim, sem querer me comparar aos grandes artistas, eu faço como eles, estudando meus papéis... na natureza![44]

Leopoldo Fróes confirma a maldição dos atores da era liberal num país sem ética liberal. A obrigação de produzir um anedotário da vida íntima, de mitificar o próprio talento, de celebrar as conquistas intuitivas, obtidas sem grande trabalho, e o consumo desregrado de entorpecentes eram comuns a vários grandes atores celebrizados no mercado de artes ocidental a partir do início do século XIX. A tipificação da vida

---

43   "Leopoldo Fróes", *op. cit.*, p. 355.
44   Cf. Magalhães Jr., *As mil e uma vidas de Leopoldo Fróes, op. cit.*, p. 145.

libertária do intérprete se sobrepunha aos tipos cênicos encarnados no palco. A necessidade de se tornar objeto de culto era análoga à da acumulação mercantil: a taxa de crescimento não pode declinar. Algo que persegue até hoje os atores da indústria cultural e os conduz, em termos estéticos e existenciais, a um "trancamento no seu papel", cristalização que, na observação de Jean Duvignaud, acentua a procura de um individualismo atípico. O ator é obrigado a parecer uma criatura excepcional, "forçado a impor-se perante o público nessa qualidade. Mas é uma individualidade atípica, separada do destino comum em virtude mesmo da incapacidade de todos para vencer os obstáculos que se opõem à participação total".[45]

Nos anos de estertor da República Velha, Leopoldo Fróes catalisa o sonho desse individualismo atípico, bem ao gosto da maioria de nossa "elite cultural", o que inclui muitos modernistas, e que se pode ler no estilo de crítica de Alcântara Machado. Parecia estar convicto das potencialidades do personalismo em sinalizar a liberdade possível. Numa carta que escreveu ao jovem Procópio Ferreira, que depois o suplantaria na memória coletiva do teatro brasileiro, reitera sua convicção sobre a importância de que um ator venha a encontrar seu caráter estilístico, sua marca mercantil:

> Daqui a tempos, quando tiveres firmado a tua personalidade, encontrarás quem te diga por escrito, nalguma gazeta mais ou menos lida, que te "repetes", que não estudas, que és vaidoso... Não te importes. Feliz daquele que, em Arte, consegue repetir-se. Le Bargy foi sempre Le Bargy. O que se admira num ator é, mais que tudo, no gênero que vens fazendo, a graça do dizer, a elegância, as intenções.[46]

---

45   Cf. Jean Duvignaud, *Sociologia do comediante*. Trad. Hesíodo Facó. Rio de Janeiro: Zahar, 1972, pp. 120-3.
46   Cf. Raimundo Magalhães Jr., *As mil e uma vidas de Leopoldo Fróes, op. cit.*, p. 141.

Tipologia cômico-sentimental

O novo acordo teatral instaurado por Leopoldo Fróes confunde aspectos da ficção e da realidade, procedimento frequente no entretenimento de massa da era burguesa. A personalidade do homem se misturava à dos galãs de ficção que ele "se comprazia em representar". Todas as personagens feitas por ele deveriam mostrar a mesma "maneira incisiva do falar", dicção límpida e gesticulação educadas. Antes do modernismo, Alcântara Machado já não tolerava esses atores-personagens de si mesmos, que entravam no palco como se estivessem montados "a cavalo na própria fatuidade", e estendia o comentário à sociabilidade dominante. Mas Fróes tinha algo mais, ao arredondar sua atitude de modo a se apresentar conforme um tipo social idealizado, tal como o descreve Alcântara Machado: "Era o cínico amável, o estroina de excelente coração, o filho pródigo dos bons sentimentos, pronto a reentrar no seio da família e da moral por intermédio de um casamento de amor. Mais brilhante que inteligente, se comprazia na interpretação desse tipo de macho sedutor, fazedor de frases de espírito, meio céptico [...]".[47]

É digna de atenção a movimentação do galã cínico no sentido da reabsorção "no seio da família e da moral", trajetória que envolve a exibição de gestos de ação livre e consciente numa dramaturgia retórica. Lembremos que o protótipo do cínico oitocentista foi o célebre *Robert Macaire* criado pelo ator Lemaître, quando se modificou o estilo de representação do vilão de melodrama. Macaire, na versão irônica do *vaudeville* de 1834, gerava uma simpatia suspeita na plateia por sua inteligência pragmática no terreno da exploração pequeno-burguesa. Combinava vivacidade de espírito e perversidade, o que fazia dele um problema moral a ser resolvido pelo espectador.[48] Algo dessa negatividade bruta sobrevive no *Macário* brasileiro de Álvares de Azevedo. Mesmo que a dramaturgia melodramática do período romântico não revelasse os fundamentos

---

47 "Leopoldo Fróes", *op. cit.*, p. 356.

48 Frédérick Lemaître representou a figura de Macaire, pela primeira vez, no melodrama de 1823 *L'Auberge des Adrets*, de Benjamin Antier, Lacoste de Saint-Amaud e Paulyanthe, impondo-lhe uma "comicidade shakespeariana", no dito dos escritores da época, o que deslocou o sentimentalismo da peça. Atuava em dupla com outro grande ator do tempo, Firmin, que fazia o papel do outro pulha da história, Bertrand.

capitalistas dessas ações moralmente criticáveis, a personagem aparecia na negação da própria condição, como representação de um caráter predador burguês que tenta se desviar de si – mas que se confirma na aparição cínica e individualista de uma fuga final.

O tipo egoísta-simpático cultivado por Fróes, ao contrário, visava o elogio da reintegração social, como acontece em *Flores de sombra*, peça em que o moço desnacionalizado se reconcilia com sua gente tão autêntica. Cinismo sem revolta, plasmado no coquetismo do ator e da personagem.

A estrutura de ação dramatúrgica ideal para que o espectador pudesse simpatizar com esse ator-protagonista falsamente conciliatório forjado por Fróes deveria ser aquela em que a abertura à improvisação não comprometesse a capacidade técnica de "bem inflexionar" frase por frase, marcando a distinção social do intérprete pela oralidade bacharelesca. A suposta autoridade da estrela da cena dependia, portanto, de formas dramatúrgicas igualmente amenizadoras dos conflitos sociais.

Alcântara Machado encontra uma das melhores definições dessa dramaturgia numa carta do empresário Nicolino Viggiani, publicada no *Jornal do Brasil*, em 1926, comentada por ele em crônica:

> Nada de drama, nada de peça triste. [...] Com um repertório alegre, eu e o Viriato Correia organizamos uma temporada esplêndida de três anos no Trianon. Notamos, entretanto, senhor redator, que as peças que mais êxito alcançavam eram justamente aquelas que, possuindo cenas cômicas, sem serem apalhaçadas, tinham um ligeiro fio sentimental, graças ao qual os autores podiam fazer um pouco de literatura.[49]

As personagens ganharam autonomia em relação ao texto original, e, apesar de morto na peça, Robert Macaire ressurge num *vaudeville* próprio, em 1834, e em seguida, por décadas, se difunde por uma série de outros meios de arte, entre eles as gravuras satíricas de Daumier, que enxerga em Macaire e Bertrand uma certa animalidade do comportamento burguês. A peça original foi publicada em português como *A estalagem dos trampolineiros: melodrama de grande espetáculo em três atos*. Trad. Danielle Crepaldi Carvalho e Bruna Grasiela Silva Rondinelli. São Paulo: Penalux, 2015.

49   Antônio de Alcântara Machado, "Senhores do mundo", em *Jornal do Comércio*, 26 fev. 1926.

Como produtor de teatro, Fróes se opôs o quanto pôde à ação da SBAT, Sociedade Brasileira de Autores Teatrais, organização instituída em 1917 para regulamentar e controlar os pagamentos de direitos autorais. Portou-se, no dizer de Magalhães Jr., mais uma vez como um "individualista *enragé*, que não quer admitir direitos, nem aceita peias ou restrições".[50] Mas suas diferenças para com as reivindicações dos dramaturgos da época não atingiam o plano das formas poéticas, eram puramente mercantis. O padrão "melo-cômico" dos textos brasileiros encenados até o fim da República Velha era perfeitamente adequado aos interesses de Fróes como artista. A eficácia comunicacional com os novos públicos de classe média – algo que se observa até hoje no teatro comercial – referendou um ajuste ideológico muito genérico entre texto e cena, numa falta de materialidade social que exasperava Alcântara Machado.

O nó entre aquela dramaturgia de consumo reconhecível e o sistema de trabalho das companhias era muito estreito para que fosse desatado de imediato. A divisão do trabalho na sala de ensaios já cstava em alto grau de especialização. Cada ator era contratado de acordo com sua capacidade de representar rapidamente os tipos tradicionais de *galãs* ou *característicos*, em suas várias versões, conforme fossem jovens, maduros ou velhos.[51]

A tipologia das personagens brasileiras tinha poucos vínculos com a nossa sociedade e correspondia a algumas adaptações feitas ao longo de gerações dos modelos antigos das companhias de comediantes europeias. Perdurava a divisão do trabalho entre "amorosos", "criados" e "tipos cômicos", que se consolidou nas companhias do século XVIII, quando as casas burguesas de espetáculos se espalharam pelas grandes cidades de países como França e Portugal. Sua forma moderna já estava, entretanto,

---

50   Raimundo Magalhães Jr., *op. cit.*, p. 192
51   Otávio Rangel, ensaiador da época, define os tipos de personagens e atores a eles associados do seguinte modo: os jovens homens do teatro são seis: *Galã Amoroso, Galã Dramático, Galã Cínico, Galã Cômico, Galã Tímido, Galã Típico*. Na idade de 40 anos ou mais, existe o *Galã Central*, "o vértice da montanha". O idoso é o chamado *Centro*, podendo ser rústico, nobre ou cínico. Se for um velho de farsa, grotesco, será chamado de *Vegete*. O tipo estúpido, entre 30 e 35 anos, deslocado da sociedade por ser "personagem copiada à baixa camada social", é conhecido como *Baixo-cômico*.

esboçada na segunda metade do século XVI, quando o espetáculo cênico se torna um produto autônomo e pouco a pouco perde os vínculos com o calendário festivo controlado por instituições religiosas, municipais e monárquicas. Segundo Jean Duvignaud, a codificação francesa desse trabalho teatral especializado surge após as temporadas, em Paris, dos comediantes italianos, mas a incorporação dos padrões da *Commedia* às normas francesas somente se deu com o Regulamento do Delfim de 1684, quando foram fixados em doze o número de atores-personagens: "duas mulheres para os papéis sérios e duas para os cômicos; dois homens para os papéis de galã e dois para os cômicos; dois homens para representar os pais e dois outros para representar os anciãos".[52]

Interessa-me nesta digressão mencionar um modo de trabalho ideologicamente associado à oscilação entre os mundos da artesania burguesa e os do favor cortesão e religioso do passado, responsáveis por conferir estatuto cultural a essas realizações, no mesmo passo em que delimita o espaço de sua *mobilidade social*, num movimento de aburguesamento relativo e dependente que parece se relacionar com o modo como os artistas da cena ainda sobrevivem no Brasil.

De um ponto de vista estritamente técnico, a divisão por tipos cênicos costuma facilitar aos atores o exercício da arte do improviso, assim como os tipos fixos da *Commedia dell'Arte* um dia viabilizaram a criação de um rico repertório improvisado. O domínio das estruturas simples permitia sua superação, e muitos souberam vivificar as formas imitadas do teatro cômico-literário dos eruditos da Corte.

A divisão tipológica do elenco permaneceu como um padrão dominante do teatro comercial brasileiro até os anos 1940 e reproduzia a

---

Entre os femininos, a *Ingênua* é a jovem adolescente, sempre formosa e delicada. A *Dama Galã* é a fascinadora, no "pleno desfruto de todas as faculdades sensórias". A *Dama Central* vive seu "pleno outono" das folhas amarelecidas dos desenganos. A *Soubrette* é a criada das comédias, gaiata, ruidosa. A *Vedete* é a primeira figura da revista, de plástica impecável. A *Caricata* é a excêntrica de farsa. Finalmente, a *Estrela*, homem ou mulher, é a "figura maior de um elenco de qualquer gênero". Deve ter "cultura social apurada" e "largo tirocínio da sua arte", bem como dispor da "simpatia pública e da unanimidade de louvores por parte da crítica do país". Cf. *Técnica teatral*, Rio de Janeiro: Serviço Nacional de Teatro, 1949.
52 Cf. Jean Duvignaud, *op. cit.*, p. 71.

indefinição burguesa de uma sociedade sem movimentos revolucioná-rios reais. A *performance* do intérprete que expressa sempre a si mesmo – ao público que o reconhece – parece ser outra estratégia ligada a essa dramaticidade sem drama, outra face do culto do *individualismo atípico* no palco e na sociedade.

Diante da dificuldade de compreender as razões da miséria teatral brasileira, a denúncia de Alcântara Machado contra as companhias nacionais se fazia no atacado, como se o problema geral fosse o de uma ausência de idealismo artístico. Em março de 1924, quando da estreia da Grande Companhia Procópio Ferreira no Teatro Royal, ele escreveu:

> É extraordinário e é lamentável a facilidade para não dizer a leviandade com que se forma nesta terra uma companhia de comédia. Em torno de um nome prestigioso pelo seu talento (ou pela sua simpatia a que lhe dedica o público), reúne-se meia dúzia de elementos vindos de todos os lados, do teatro de revista, do teatro de variedade, elementos quase sempre bisonhos e maus [...]. Arte não se faz assim do pé para a mão. É necessário um preparo lento, bem orientado e metodizado. Do contrário, o fracasso é certo, se não comercial, pelo menos artístico. Ora, para um artista que o seja verdadeiramente, o comércio vem depois, muito depois da arte. Resta saber se no Brasil todos quantos vivem do teatro e para o teatro são de fato artistas, no sentido exato, que é o mais nobre da expressão. Para nós, a maioria não faz arte, mas mercancia, procura menos a beleza do que o lucro.[53]

Eram dois mundos que se chocavam, o da tentativa de sobrevivência artística dentro de um sistema produtivo precarizado, ideologicamente conformado pela cultura do favor, e o de um crítico que tratava o atraso das companhias brasileiras como problema moral. Seria preciso mais tempo para que Alcântara Machado vislumbrasse um modo de enxergar alguma força produtiva nas franjas dessa arte considerada popularesca, a dos velhos comediantes do teatro brasileiro.[54] Seria preciso um maior contato com as vanguardas europeias para que sua reflexão sobre as formalizações populares brasileiras aumentasse o horizonte de seus valores cênicos.

---

53 "Dick", *Jornal do Comércio*, 15 mar. 1924.
54 Alcântara Machado criticava as práticas do velho sistema profissional e sabia que o novo teatro teria que acontecer na contramão do mercado. Acreditava, contudo, que

Mixórdia brasileira

Alcântara Machado acreditava que os problemas do teatro brasileiro decorriam da permanência de vícios românticos. Os atores brasileiros, na procura da tecla heroica do sublime, ou de uma comicidade explicativa, teriam se habituado a perder o interesse real pelo ser humano, preferindo expor um comentário genérico a representar a realidade concreta. Não demonstravam nenhum esforço de "querer a metamorfose", de estudar vivamente seus papéis, de trabalhar na relação com os parceiros de cena.

Ele entendeu, de início, que um padrão ideal de atuação a ser buscado seria o de um realismo *dramático*, feito de sutilezas, meios-tons, matizes psicológicos. Não mais as arrancadas e composições violentas dos "intérpretes de si mesmo". Um exemplo de trabalho equilibrado seria, para ele, o do espanhol Vilches, que empolgava "sem lançar mão dos recursos clássicos de berros, passadas largas e caretas temíveis. Não. Empolga naturalmente, com os meios radiosos que lhe fornece uma arte feita de simplicidade, de humanidade. Nada de exuberâncias: verdade, unicamente verdade. Sem gestos de gênio. [...] um Vilches que se transforma com as personagens que encarna, que é e não é ele mesmo. [...] Ao lado do grande ator, vem um grupo excelente e homogêneo de artistas."[55]

---

a renovação teria que ser feita pelos próprios artistas, pelos "homens de teatro". Anos depois, leva adiante a opinião e elogia as "liberdades" dos comediantes como qualidades para uma "salvação pelo popular". Sua posição não coincide, portanto, com o trabalho crítico da geração seguinte, que propôs uma recusa mais drástica em favor do modelo TBC, no intuito de elevar o movimento amador nacional aos padrões da encenação estrangeira elegante. Sobre isso, Décio de Almeida Prado avaliaria depois: "Eu senti muito essa tarefa que a minha geração executou e que num certo sentido foi muito dura em relação a certos atores de sucesso. A modificação que introduziu no teatro prejudicou, por exemplo, a carreira do Procópio Ferreira [...]. (Cf. *Depoimentos II*, Rio de Janeiro: Ministério da Educação e Cultura, Serviço Nacional de Teatro, Funarte, 1976, pp. 45-6). Na época, inclusive, não foi posição unânime: o crítico Miroel Silveira afirmava que muitas "injustiças de ordem artística e humana" estavam contidas nesses julgamentos" que contribuíram para consagrar a imagem modernizante do TBC, um teatro em que o repertório não girava em torno do primeiro ator, mas que era um "misto de teatro elevado e teatro comercial". (Cf. *A outra crítica*, São Paulo: Símbolo, 1976, pp. 83-4.)

55 *"El comediante y la elocuencia del silencio"*, *Jornal do Comércio*, 24 dez. 1924.

O principal problema do teatro brasileiro – o de não conseguir se abrir à matéria histórica – continuaria a existir enquanto a vida fosse romanticamente artificializada na cena, enquanto os atores seguissem sem a "necessidade de estudar e de observar cá fora".[56] A dramaturgia brasileira, subserviente ao estrelismo e à mercantilização da cultura, estava longe de realizar o teatro como um "lugar de estudo e observação". Continuava, em seu apego fútil à comédia de costumes, a veicular os estereótipos dominantes de uma brasilidade autoritária.

Tudo o que não se parecesse com a cultura nacional pós-romântica era digno de elogio. Uma peça deveria ser respeitada apenas por não se assemelhar ao modelo de *Flores de sombra*:

> [...] merece incondicional louvor por não incluir no número de seus personagens um rapaz estroina recém-chegado do estrangeiro, criadas pernósticas, geralmente mulatas, que estropiam o francês; velhos ridículos e femeeiros; meninos bonitos e meninas estouradas; uma senhora veneranda cuja única função no palco é fazer valer as tradições e as coisas pátrias; sujeitos gagos, ciciosos; negros e caipiras boçais que dizem disparates e quejandas figuras intoleráveis do nosso teatro.[57]

Reproduzindo na linguagem o racismo que observava no palco, o problema maior aos olhos do crítico era o estereótipo representacional, e não o capitalismo escravista que o gerava. Antes de seu engajamento modernista, ele lamenta sobretudo a ausência de realismo de uma dramaturgia "excessivamente caricatural, sem um pingo de observação e verdade".[58]

Sua meta posterior será um conhecimento mais exato do Brasil, o que exigirá o debate sobre essa ideia sempre fugidia, que embute e gera tantas confusões. Dirá, então, que é preciso "iniciar o contato direto e antirromântico com o problema brasileiro. Ou antes: com a mixórdia brasileira que, resolvida, ou ao menos definida, gerará o problema, situará o problema, o necessário problema".[59]

---

56   "A vida é sonho", *Jornal do Comércio*, 2 mar. 1923.
57   "A Juriti", em *Jornal do Comércio*, 1 fev. 1923.
58   "O pomo da discórdia", *Jornal do Comércio*, 24 fev. 1923.
59   Carta de A. A. Machado a Tristão de Athayde, de 24 jun. 1930. Cf. Francisco de Assis Barbosa, *Intelectuais na encruzilhada: correspondência de Alceu Amoroso Lima e Antônio de Alcântara Machado (1927-1933)*. Rio de Janeiro: Academia Brasileira de Letras, 2001, p. 102.

A renovação da cena teatral no Brasil não seria possível sem o enfrentamento das mistificações ideológicas que envolvem o conjunto de uma relação viciada entre imagem e mundo. A cena brasileira esteve, desde sua origem romântica, oscilando entre a reprodução do pior da cultura comercial europeia e o isolamento em círculos culturalistas fechados. Num caso ou noutro, privada de interações livres com a vida pública. Alcântara Machado escreveu muitos artigos em que relaciona a indigência do nosso teatro aos hábitos mercantilizados do público:

> São Paulo não tem um público que se imponha pela sua cultura e pela sua isenção, que possua uma maneira uniforme de ver e de julgar, um público de estetas, capaz de uma atitude, de ter e fazer valer uma opinião. A nossa plateia não tem cor, nem fisionomia, nem vontade, é uma plateia amorfa e maleável, dividida em subplateias, em greis distintas, que se manifesta por partes, sem alma e consciências coletivas.[60]

Esse ideal de unificação da plateia, mesmo que fosse ao redor de algum idealismo – de fundo burguês – sobre o sentido da coletividade, não previa, no entanto, uma unificação sem contradições. A imagem de um público moderno, para Alcântara Machado, pressupõe a aproximação das diferenças, o que pede atitudes críticas ostensivas, como a vaia justiceira ou a pateada, manifestação em que os pés batem no chão para manifestar o desapreço do espectador.

Nos três aspectos contemplados em sua crítica inicial – a atuação, a dramaturgia e o comportamento do público – o teatro brasileiro teria de aprender a enfrentar a própria condição miserável: a da precariedade das técnicas de escrita, a do sistema de trabalho cênico, e a dos comportamentos de um público que não se compreende como coletividade. Diante disso, sua crítica, sempre irônica, sentiu a necessidade de ensinar e pregar. Daí a aparência de uma voz de púlpito e das recorrentes fórmulas retóricas. O teatro nacional era um "mendigo deplorável" inutilizado pela miséria, que "estende a mão à caridade estrangeira" e recebe o que ela tem de pior.

---

60 *Antônio de Alcântara Machado: obras, v. 1: Prosa preparatória e Cavaquinho e saxofone*. Dir. Francisco de Assis Barbosa; org. Cecília de Lara. Rio de Janeiro: Civilização Brasileira; Brasília: INL, 1983, pp. 78-9.

Escreve, em 1926, como resposta a um inquérito:

Todas as manifestações de arte sofreram no Brasil a sua evolução natural. [...] Todas: a poesia, a pintura, o romance, a crítica, até a escultura. Menos o teatro. O teatro nunca vingou. [...] Teatro assim não tem tendências. Ainda não se formou, não criou o seu eu, não pensa, não luta, não caminha. Gerações têm passado sem modificá-lo. Na história da literatura brasileira não há lugar para ele. Aparece há um século com o Romantismo (o que houve antes não conta). Mas aparece rastejando. Derivativo de poetas e romancistas, pondo de lado Martins Pena. Continua sendo com raríssimas exceções. É um esquecido. Não há teatro brasileiro. [...] Alheio a tudo, não acompanha nem de longe o movimento acelerado da literatura dramática europeia. O que seria um bem se dentro de suas possibilidades, com os próprios elementos que o meio lhe fosse fornecendo, evoluísse independente, brasileiramente. Mas não. Ignora-se e ignora os outros. Nem é nacional, nem é universal.[61]

A modificação desse juízo, com o reconhecimento de algum valor positivo na mixórdia brasileira, iria depender, paradoxalmente, de um contato maior com os modelos antiburgueses da vanguarda europeia, e da utilização de uma categoria não prevista na forma de sua crítica, a da *encenação moderna*. É o que ocorre nos anos seguintes, quando se torna mais complexa, e contraditória, sua relação estético-crítica com os padrões do individualismo liberal brasileiro.

---

61 "Onde não há tendências nem nada: resposta a um inquérito", original de 1926 republicado em *Cavaquinho e saxofone*, Rio de Janeiro: José Olympio, 1940, pp. 439-41.

2.
MODELOS
DA RENOVAÇÃO
ESTRANGEIRA

A crítica de Alcântara Machado não elogiou de pronto a atitude experimental das vanguardas europeias. Teve uma fase de desconfiança em relação ao que acreditava serem excessos experimentais, até que pudesse compreender as razões e identificar as formas pelas quais dramaturgia e encenação tentavam superar o realismo dramático. Passou, então, a considerar a vanguarda do ângulo de sua enorme vitalidade, como contraexemplo aos que discursavam sobre a morte do teatro e lamentavam o declínio da velha teatralidade liberal.

No primeiro momento, portanto, parecia-lhe que o mais importante era que o teatro brasileiro negasse a herança romântica dos *golpes* dramatúrgicos e a lógica dos efeitos do palco. Seu conceito de teatro moderno não era modernista nem antidramático, acolhendo um largo espectro de modos realistas convencionais. O que importava era o abandono da representação *espetaculosa*, adjetivo genérico com que resumia a intenção retórica de uma cena movida por paixões heroicas ou pela exposição do ridículo da alma caricaturizada, e que servia como suporte para que o primeiro ator expressasse – de modo grandiloquente – toda "a gama dos sentimentos humanos" ao mesmo tempo que parodiava a mobilidade social burguesa.

Pode-se dizer que Alcântara Machado voltava sua apologia de um realismo menos artificial contra a retórica da mobilidade social burguesa desajustada da prática, não contra a possibilidade de sua expressão formal ou de sua existência social. Sua crítica recorrente às convenções da intriga melodramática talvez possa ser compreendida desse ângulo: a forma do melodrama lhe parecia um obstáculo para a aproximação de uma realidade que, a rigor, não era encarada como causa social do problema da representação.

O antigo padrão do melodrama, num tempo em que o gênero estava distante das formas do teatro musicado, foi tão representativo da nova visão de mundo da cena – o individualismo – que conforma até hoje a representação dramática no Ocidente. Suas variantes formais mais próximas do estilo realista, e, portanto, mais bem acabadas do ponto de vista burguês do ideal dramático, só apareceram na cena da família do final do século XIX, quase cem anos após suas primeiras formulações teóricas, paradoxalmente no momento em que a forma dava sinais de uma crise de intenções poéticas.

Os princípios técnicos daquilo a que se pode chamar *forma do drama* foram constituídos num longo processo histórico. Nasceram de um movimento iniciado no século XVII, em que a tragédia pública se privatizou ao trocar os reis e os moços príncipes da virtude e do excesso aristocrático pelos novos sujeitos da autodeterminação, movidos pela vontade pessoal e pela palavra autoconsciente. O individualismo, que no mundo antigo era o motivo fundamental do erro trágico, mudou de sentido quando a tradição medieval dos vícios e das virtudes na disputa da alma cristã foi internalizada: os valores transcendentais, agentes da psicomaquia antiga, surgem no palco moderno numa cena em que a alma já está moralmente cindida, atormentada por conflitos externos e internos. A cena antiga, que se completava nas relações extraestéticas da comunidade, agora precisa ser absoluta em seu dialogismo interno. A prosa das personagens substituiu a voz poética e os arranjos narrativos de um conjunto cênico. O mundo histórico vira o "pano de fundo" das interações do caráter, que ocupa agora o centro da caixa cúbica do palco à italiana. Depois de duzentos anos de experimentos formais nessa direção, é possível falar no surgimento de um gênero "intermediário", de intenções medianas entre a tragédia e a comédia, ligado à sentimentalidade e ao privatismo da vida burguesa, nos termos descritos por Diderot sobre o drama emergente – ainda que sua visão poético-filosófica se interessasse também pelas possibilidades épicas da forma do gesto e do *quadro* e suas implicações extrassubjetivas.

Ao comentar o nascimento do drama doméstico em suas formas mais ou menos melodramáticas, Arnold Hauser afirma que toda a história do gênero "resulta do fato de ele ter origem na consciência de classe da burguesia", observação verdadeira, mas geral demais no que se refere a esse processo contraditório pelo qual a cena aristocrática e a imitação classicizante dos letrados e religiosos universitários do passado se modificou no contato com a cultura burguesa emergente, com seus novos tratos espetaculares.[62]

---

62 Arnold Hauser, *História social da literatura e da arte*. 2 v. 2ª. ed. Trad. Walter H. Greenen. São Paulo: Mestre Jou, 1972, p. 731.

A forma da mobilidade social

Para que se possa compreender o significado exato das rupturas vanguardistas pelas quais Alcântara Machado se interessou, é preciso lembrar a amplitude com que todo o teatro literário do Ocidente passou a identificar a *obra teatral* à *ação dramática*. Talvez seja essa a característica formal mais importante quando se fala na história da dramatização do teatro: a totalidade da matéria histórica passa a existir fundamentalmente *através* das relações dialógicas intersubjetivas das personagens, praticadas num presente contínuo. As interações surgem no palco à beira de uma crise maior, organizadas na expectativa do seu desdobramento futuro. Todas as formas de discurso que denunciam a organização narrativa, tais como o coro, os monólogos, os apartes, as pantomimas etc. são eliminadas ou reduzidas, em favor da concentração da peça em torno da linha de ação da vontade protagônica. O entrechoque mais ou menos explícito de intenções manifestas revela o desenho moral dos comportamentos, objeto maior do exame do espectador. O núcleo do drama é a passagem *da decisão ao ato*.

O ideal de autonomia, compreendida como uma nova heroicidade antiopressiva, está na base da ideologia subjacente à forma dramática. As inter-relações deixam de ser regidas pelo *dever* antigo que pressiona as figuras, estabelecendo os limites da individuação problemática. O que o dramaturgo explora agora é o *querer* "positivado" e potencialmente ilimitado do indivíduo, como bem observou Goethe no final do século XVIII. As contradições subjetivas nascem dessa dialética idealizada, do atrito entre paixões e decisões morais, tendo como pressuposto o ideal da ação livre. O elogio universalizante da vontade consciente de si é feito a despeito dos conteúdos manifestos da peça, sem que se veja aí o caráter de classe da projeção ideológica.

O ideal da nova escrita dramática, portanto, é observar de perto essa dialética da individuação, nascida frequentemente da interação entre o desejo e a escolha moral. Hauser observa que o herói dramático é aquele que se bate contra "forças anônimas e formula seu ponto de vista como uma ideia abstrata, como uma denúncia contra a ordem social reinante".[63] Aos olhos do espectador que o contempla, fica cada vez

---

63 *Ibidem*, p. 732.

mais difícil distinguir essa personagem de seu mundo ficcional. Como observa Lukács em sua *Sociologia do drama moderno*: "Os conceitos que distinguem o homem de seu ambiente, carne do espírito, desejo livre da circunstância, herói do destino, personagem da situação, estão privados de sentido em face da complexidade de interações constantes".[64] As determinações objetivas são apresentadas mais e mais abstratamente, com exceção daquelas que singularizam o caráter psíquico da individuação. Elas agora cabem no cômodo da casa e podem ser tocadas com a mão.

O ambientalismo para o qual tende o drama burguês, intensificado na proximidade estilística do realismo, irá pedir um detalhamento cada vez maior dos aspectos característicos, também no nível do espaço-tempo social. A visão moral surge, ainda, encarnada nessas particularidades ambientais, para que o todo siga se confundindo com os sujeitos, conforme a tradição formal.

Como consequência, o cenário não deve mais ser múltiplo, móvel e confuso, para não trazer prejuízo à impressão geral, nem marcar uma separação narrativa entre homem e mundo. Esse modo cênico confusionista, sugerido pelo drama, pode ser exemplificado na tentativa do aprendiz de teatro Wilhelm Meister, personagem de Goethe, quando propõe uma adaptação de *Hamlet* que densifique a atmosfera da peça, feita no intuito humanista de revelar a atividade humana como forma de autoconhecimento: "O espectador não tem que imaginar mais nada; todo o resto ele vê, todo o resto se passa sem que sua imaginação tenha de correr o mundo inteiro".[65]

O antigo teatro shakespeariano, depositário da teatralidade da Idade Média e ainda desinteressado da invenção recente do cubo cênico com fundo em perspectiva, continuava dependente da colaboração imaginária do público e estava baseado na separação entre a atuação e o espaço ficcional da cena. Dependia de um jogo teatral exposto, móvel e múltiplo, apresentado sobre um espaço nu, vazio, em que as convenções da história se estabeleciam a partir dos gestos e atos dos artistas, sem expectativas de verossimilhança, sem que o representante e a coisa

---

64 György Lukács, *"The Sociology of modern drama"*. Trad. Lee Baxandall, em Eric Bentley (org.), *The Theory of the Modern Stage*. Nova York: Penguin Books, 1985, p. 427.
65 J. W. von Goethe, *Os anos de aprendizado de Wilhelm Meister*. Trad. Nicolino Simone Neto. São Paulo: Ensaio, 1994, p. 293.

representada tivessem que ser confundidos. O espaço-tempo da ficção podia ser muito maior do que o espaço-tempo da realidade da cena. A obra não estava confinada à relação emotiva.

Segundo o ideal dramático posterior, não são os atores-personagens que instauram o espaço-tempo de uma história que os transcende. As personagens dramáticas surgem em cena já inscritas na imagem de um mundo absoluto, que se basta. Para Peter Szondi, essa "dialética fechada em si mesma, mas livre e redefinida a todo momento", que faz com que o drama não seja escrito, mas *posto*, pede que a arte do ator também seja orientada como absoluta: "A relação ator-papel de modo algum deve ser visível; ao contrário, o ator e a personagem têm de unir-se, constituindo-se o homem dramático".[66] Foi em favor da criação desse mundo autônomo, autossustentado e concentrado na atividade dos sujeitos que o *ato* veio a se tornar a unidade fundamental da peça dramática.

O ideal dramático burguês corresponde, portanto, à busca de uma *forma da mobilidade social* no teatro. "Só estamos em condições de nos observar e nos conhecer a nós mesmos quando em alguma atividade", nos lembra a divisa do humanismo goethiano, ecoando o ideal autonomista da livre-iniciativa mercantil, industrial e financeira.

Foi o interesse romântico e naturalista pelos processos sociais e econômicos geradores de "desumanização" que lançaram as primeiras suspeitas sobre a ideologia impressa na forma dramática: a intenção artística de representar imagens da vida coisificada, ou de processos sociais e psíquicos que pouco se revelam nos discursos da consciência individual, gerou um movimento de pesquisa dramatúrgica sobre possibilidades formais para uma cena nova, que correspondesse à percepção de um mundo em crise. O momento naturalista esboçava, portanto, no nível ideológico, uma reação à unidade da cena liberal, que tinha no melodrama comercial a sua forma mais eloquente – ainda que híbrida, pois combinava o repertório técnico do velho teatro (feito de intrigas, acidentes, acasos *ex-machina* que expressavam um ideal arcaico de destino etc.) e as potências redentoras de uma decisão moral consciente.

---

66 Peter Szondi, *Teoria do drama moderno (1880-1950)*. São Paulo: Cosac Naify, 2001, p. 31.

Ainda incapaz de uma dialética absoluta, a personagem melodramática estava presa a uma estrutura de dimensões transcendentes, ao mesmo tempo em que surgia como um porta-voz da liberdade atípica e da violência das paixões da alma desejante. Era ainda metáfora viva da afirmação individual, símbolo retórico e corpóreo da luta revolucionária burguesa contra o Estado absolutista.

O repúdio de Alcântara Machado à *espetaculosidade* melodramática pode ser lido como um desejo de que esse imaginário da mobilidade social – ainda tão presente no nosso teatro – se convertesse numa mobilidade concreta, capaz de sinalizar uma cena menos artificial e mentirosa. Daí as críticas à máquina teatral romântica e seus estilos populistas de dramaturgia, concebidos na época da ascensão burguesa. E o repúdio à carpintaria de efeitos que persistia no realismo convencional, a essa velha técnica dos "lances truculentos armados exclusivamente para sacudir os nervos do público" que subsiste nos dramas de casaca progressistas, com denúncias sociais, escritos ainda à maneira de Dumas Filho.

Foi o interesse do pensamento teatral de Alcântara Machado por formas mais críticas da cosmovisão burguesa que o levou mais tarde à proposta de um *realismo sem nenhum realismo*: "Os autores de vanguarda em todo o mundo aboliram de suas peças os golpes de efeito, o final emocionante, as situações angustiosas, todo o arsenal terrificante do melodrama antigo. A ação dramática não é mais preparada".[67] De certo modo, observava que a radicalização do ideal dramático conduz à desconfiança do próprio drama como forma.

Realismo sem nenhum realismo

O conceito de realismo teatral de Alcântara Machado parecia estar, assim, por algum tempo afinado com as obras do período naturalista, que mantinham algo da sentimentalidade melodramática mas já registravam a desumanização social e econômica em curso. Em pouco

---

67   "Pelo réu", *Revista do Brasil*, 30 out. 1926.

tempo, porém, ele migra desse interesse por um drama autocrítico para a admiração pelo experimentalismo vanguardista, mostrando-se interessado em possibilidades dramatúrgicas efetivamente críticas da ordem burguesa. Na primeira fase, portanto, em que apenas se opunha ao artificialismo da intriga emotiva, defendia sobretudo uma maior autonomização das personagens, um ocultamento da preparação: que sejam mostradas por si, não como joguetes da trama. Esse critério estilístico era abrangente o suficiente para incluir várias poéticas realistas e lhe permitia qualificar um autor duvidoso como Bataille de "maior figura do teatro moderno", "mestre da cena de todos os tempos", apenas por ter matizado os efeitos terrificantes, suavizado a técnica dos golpes sentimentais.

Em poucos anos essa opinião é revisada com critérios mais complexos. Num texto de 1926, afirma que "Bataille, considerado audaciosíssimo, nada fez para a renovação. Levou tão somente ao extremo as teorias naturalistas. Dissecou a mulher. E como era poeta fez psicologia lírica".[68]

Nesse deslocamento em relação aos padrões formais do drama, dois modelos teatrais de vanguarda parecem duelar em suas reflexões. Um primeiro está ainda mais próximo da forma dramática absoluta, interessado na representação causalista dos sujeitos livres e autônomos. E há um outro, mais aberto, que verifica uma certa impossibilidade contemporânea do drama.

O padrão variava conforme o objetivo do texto crítico. Quando estava em questão avaliar o teatro brasileiro, a "grande pobreza da literatura dramática nacional" era explicada pela precariedade formal do nosso realismo naturalista: o debate de caracteres do nosso teatro não é "encontradiço na vida". Carecemos, assim, de uma complexificação realista. Um autor nosso não seria "capaz do drama verdadeiro", sem preparo para representar o corpo a corpo dos interesses e das ambições dos homens.

Entretanto, a vontade de assistir nos palcos brasileiros aos "grandes embates da alma" não faz com que ele ignore os novos sujeitos da

---

68   "Um aspecto da renovação contemporânea", *Revista do Brasil*, ano 1, n. 1, 15 set. 1926.

sociedade industrial brasileira. Desde cedo, assim, sua crítica dramatúrgica se preocupa com tipos sociais que depois habitariam seus contos: as pessoas comuns das grandes cidades, os *heróis humildes* que já pediam para existir em cena, uma teatralidade crítica em relação ao drama burguês. No Brasil, dizia, retratos com verdade já seriam uma coisa notável, mas esses retratos devem ser capazes de mostrar "todos quantos à sombra das grandes cidades vivem a vida sem encantos, sem horizontes, da obscuridade do trabalho".[69]

Quando o juízo de valor se voltava para considerações gerais sobre o teatro europeu, seu pensamento se encaminhava para posições mais radicalmente pós-naturalistas, e mesmo antidramáticas. O drama realista era criticado de um modo mais direto. A virtude do olhar vanguardista provém de sua capacidade de exprimir outras realidades, de expressar novos ritmos, ir além do entrechoque de vontades dialogadas.

Seu conceito fundamental de forma dramatúrgica contém, assim, uma oscilação entre um *realismo sem nenhum realismo* de tipo dramático e a superação do próprio pressuposto dramático. A "desespetacularização" do padrão realista, ele observa nas novelas de Sherwood Anderson, escritor que entusiasma o leitor, segundo ele, porque usa a reticência muito mais do que a palavra, que não se preocupa com o detalhe revelador, em que o diretamente perceptível não é nada diante do que se adivinha e se deduz.[70] O ideal corresponde a um pós-naturalismo que poderia ser encontrado nos melhores autores que dialogam com o movimento, como Strindberg e Tchekhov.

Um "realismo sem nenhum realismo" teria que abrir a cena para além dos limites do palco, mostrar a vida geral atrás da vida particular, romper o confinamento da atualidade imediata. Uma representação mais objetiva da realidade, essa exigência mimética que não deixa de orientar seu pensamento estético, poderia ajudar a impedir a falsificação da vida. O passo para uma poética anti-ilusionista estava dado. Chega a escrever que o "teatro realista" convencional é geralmente o mais artificial de todos. "Exagera aqui, força ali, inventa

---

69   "A vida é um sonho", *Jornal do Comércio*, 02 mar. 1923.
70   *Antônio de Alcântara Machado: obras, v. 1, op. cit.* pp. 190-1.

acolá (inventa sim). O drama se torna uma coisa artificial, tudo quanto há de mais fora da vida".[71]

A opção por uma cena crítica, de temporalidades múltiplas – diversa da organização dramática em que "tudo tende para o fim almejado pelo autor" –, encaminha Alcântara Machado para a hipótese de que a ruptura com a forma do drama realista deve ser radical, se o objetivo da arte é se contrapor às mentiras ideológicas sedimentadas na forma. A função do teatro deve ser algo mais do que "impressionar as plateias burguesmente sensíveis". Seu gosto vai se voltando para uma escrita teatral de formas livres, nascidas da reinvenção das tradições pré-dramáticas, populares, não europeias, numa maior atenção à experimentação vanguardista do início do século XX.

Essa alternância de pontos de vista em relação ao drama decorre de contradições que se apresentavam com enorme força naquele momento histórico. De um lado, persiste um resquício de valores dramáticos nos seus escritos porque há neles a vontade liberal de que se praticassem na literatura do Brasil as ações da mobilidade subjetiva, com personagens autônomas de fato, sem que se vissem os "famosos cordéis dos bonecos" manipulados pelos escritores de teatro na composição da intriga. De outro lado, assim como pensaram os naturalistas, Alcântara Machado enxergava na vida de São Paulo uma matéria social em que as virtualidades humanas se mostravam coisificadas, os sujeitos estreitados e impossibilitados da autonomia, todos seres forjados no mundo mercantil da "obscuridade do trabalho", figuras de um escravismo colonial não superado.

Um dos maiores desafios do modernismo teatral na Europa foi constituir, pela forma dramática, o processo social da reificação, algo que pede uma separação relativa entre os sujeitos e os objetos narrativos. O desejo de Zola de que o teatro fosse descontínuo e móvel como podia ser o romance serviu, ao menos, para que o cientificismo da geração não se limitasse ao determinismo social e se encaminhasse para as incertezas da atitude experimental. Difundia-se, a partir dali, a percepção de que a forma dramática era insuficiente diante de questões históricas ou coletivas não redutíveis ao campo da ação individual. Ao

---

71 "Cartas de amor", *Jornal do Comércio*, 15. mar. 1926.

pretender representar a crise da ordem burguesa também em níveis intrapsíquicos, o teatro precisou expandir o espaço-tempo dramatúrgico e cênico para além do presente da ação, reelaborando suas possibilidades épicas e espetaculares. As análises de Alcântara Machado indicam um entendimento cada vez maior sobre esse campo de contradições que levaram à desconfiança do realismo dramático.[72]

Sua visão sobre o realismo era, portanto, móvel. O possível "realismo sem nenhum realismo" à brasileira correspondia à manutenção de algum ideal de individualismo burguês em cena. O teatro nacional carecia ainda de experiências próximas à forma absoluta do drama, expressão do anseio ideal de uma dimensão coletiva e pública de tipo nacional. A cena da vanguarda europeia, porém, se modernizava ao se libertar desse ideal. Éramos atrasados por sermos incapazes de um drama nacional vivo, como ainda afirma certa tradição liberal, esperançosa de que a racionalidade burguesa seja realizada na periferia do capitalismo de modo mais integrativo do que sua versão instrumental permite. O teatro europeu, por sua vez, era avançado por já não produzir mais dramas nacionais falsamente integradores, por ter se libertado da cosmovisão dramática no momento de crise da ordem burguesa.

Seria preciso um contato maior com o modernismo de Mário de Andrade e Oswald de Andrade para que o "atraso dramático" do país periférico se revertesse em alguma vantagem crítica, para que as formas antiburguesas propriamente brasileiras entrassem no campo de seus interesses.

---

72   Para Brecht, "o início do naturalismo foi o início do drama épico na Europa. [...] O drama naturalista nasceu do romance burguês de autores como Zola e Dostoiévski, que por sua vez assinalaram a infiltração da ciência nos domínios da arte. Os naturalistas (Ibsen, Hauptmann) tentaram levar à cena os novos temas dos novos romances, e não encontraram outra forma que a do próprio romance: uma forma épica. Ante a imediata reação hostil que provocou sua pretensa falta de dramaticidade, se apressaram em abandonar a forma e com ela o material". Em Bertolt Brecht, *Escritos sobre teatro*, v. 1, Buenos Aires: Nueva Visión, 1970, p. 22.

Teatro da coisificação

A primeira avaliação de Alcântara Machado sobre o problema formal do teatro moderno aparece nas crônicas de julho de 1923. Nesse mês, ele comenta obras de Leonid Andrêiev e de Luigi Pirandello. Registra, sobre a peça *Anfissa*, do dramaturgo simbolista russo, que as "personagens dizem o que pensam, exteriorizam o que sentem, traduzindo logo pela ação o que lhes vai no fundo da alma, sem disfarces [...]. Não são homens, são por assim dizer, caracteres que falam, que se agitam, que se debatem. [...] Desde o subir do pano o espectador sente que uma fatalidade tremenda pesa sobre as personagens, que elas obedecem a um determinismo inelutável".[73]

Na forma do drama, em que a ação cênica se concentra nos movimentos da vontade individual, na luta de superação de obstáculos objetivos e subjetivos, a personagem nem sempre nomeia o que deseja: sua vontade se revela ao se ocultar. E o ato da peça é seu esforço de realização, num processo de conquista da autoconsciência. No drama interiorizado do simbolismo, porém, mais próximo daquilo que Lukács considerou como forma do individualismo e não da individualidade, a cena dos *estados de alma* propõe a expressão direta das tensões e ocultamentos anímicos. As personagens não são bonecos da intriga, e sim títeres da vida abstrata em si, de uma fatalidade cega, impossibilitadas da libertação. Sua limitação se define pela expansão da autoconsciência impotente. A inação das personagens, por outro lado, obriga o dramaturgo a pesquisar meios de desidentificar a obra da ação dramática, o que exige a mobilização de recursos épicos eventuais que aprofundem a sentimentalidade, seja ela de natureza lírica ou dramática.

Em seu estudo sobre Maeterlinck, o crítico húngaro Peter Szondi comenta um processo comum aos dramaturgos da *crise do drama*, no qual os homens, longe de serem os sujeitos do ato, se tornam, no fundo, seu objeto. A peça *Interior*, de 1894, analisada por Szondi, é bom exemplo dessa técnica de divisão narrativa, pela qual a objetualização dos homens aparece como fatalidade. Vemos no palco dois estranhos que falam sobre o afogamento de uma menina. E vê-se à distância,

---

73 "Anfissa", *Jornal do Comércio*, 5 jul. 1923.

através de uma janela ao longe, a família da criança, que ignora a tragédia. Como contraponto à cena dialogada, veem-se os atos silenciosos dos que não receberam ainda a notícia da morte da filha. "Esta cisão entre um grupo temático e um grupo dramatúrgico retrata a separação entre sujeito e objeto que está posta no fatalismo de Maeterlinck e leva à reificação do homem".[74]

Através de um recurso de ordem ficcional, que não promove a ruptura do andamento dramático, sujeito e objeto se contrapõem. O tema da coisificação das relações se difundia por toda a vanguarda teatral europeia, que tinha como modelo as obras finais de Ibsen e Strindberg, maiores referências dramáticas do tempo. A reificação surgia como grande assunto, antes de se converter em projeto formal de uma dramaturgia crítica.

Menciono o estudo célebre de Szondi pela coincidência de seu ponto de vista com o de Alcântara Machado. Em 1928, quando os estudos de dramaturgia do escritor brasileiro se aprofundam, ele escreve que "no dia em que se fizer a história do teatro contemporâneo, indicando os seus pontos de partida, estou certo de que entre estes será incluído o atozinho de Maeterlinck chamado *Interieur*". Machado comenta que a obra "junta uma essência dramática das mais puras a uma técnica absolutamente revolucionária e precursora".[75]

Sem entrar na interpretação social da forma, Alcântara Machado observa a contraposição épica realizada por Maeterlinck entre o *diálogo* e o *silêncio*, sendo um "independente do outro compondo o drama com a mesma força lógica e a mesma dose de angústia". Sua crônica observa, ainda, um parentesco com a liberdade narrativa do cinema. Registra, assim, a possibilidade de uma cena narrativa que tenta representar no palco processos de objetualização social.

Começava uma era da cultura, como escreve Lukács, em que tudo remetia à relação mercantil, protótipo das formas da objetividade e da subjetividade. A alienação da utilidade em função do valor de troca, destino fundamental dos produtos concebidos para a circulação, se tornava uma realidade existencial em ambientes culturais antes refratários

---

74   Peter Szondi, *Teoria do drama moderno, op. cit.*, pp. 73-4.
75   "Teatro e cinema", *Diário Nacional*, 16 out. 1928.

a isso. A mercadoria é a forma universal que modela toda a vida, exterior e interior, da sociedade: "[...] Já muitas vezes se realçou a essência da estrutura mercantil, que assenta no fato de uma ligação, uma relação entre pessoas, tomar o caráter de uma coisa, e ser, por isso, de uma 'objetividade ilusória' que, pelo seu sistema de leis próprio, aparentemente rigoroso, inteiramente fechado e racional, dissimula todo e qualquer traço da sua essência fundamental: a relação entre homens".[76]

A capacidade de mudar a condição social a partir de um ato regido pela vontade, expectativa de base da forma dramática, via-se em crise conforme a arte encarava a totalização mercantil das relações sociais. O primeiro passo do processo de resistência crítica a esse movimento geral – no que diz respeito à estética do teatro – esteve ligado à procura de recursos, ainda dramáticos, que não rompessem a continuidade estrutural da ação cênica, mas que permitissem cisões objetualizantes na estrutura da peça. Mas isso não podia durar: a exposição da objetualização demandava rupturas mais e mais visíveis com os sistemas fechados da representação burguesa, ao mesmo tempo que evitava recair na performatividade mercantil do velho teatro. A constatação mais lúcida do teatro era a da impossibilidade moderna do drama.

Técnica de Pirandello

Em julho de 1923, ano em que Alcântara Machado comenta a desumanização das personagens modernas de Andrêiev, acontece seu contato crítico com o teatro de Luigi Pirandello. Uma companhia vinda de Roma, dirigida pelo dramaturgo e empresário Dario Niccodemi, apresenta no Theatro Municipal de São Paulo um repertório com duas peças que a época leu como revolucionárias: *Assim é se lhe parece* e *Seis personagens à procura de um autor*.

Os textos foram considerados por Alcântara Machado obras-primas de concepção e técnica. Em sua breve nota sobre a primeira peça,

---

76 György Lukács, *História e consciência de classe: estudos de dialética marxista*. Trad. Telma Costa. Porto: Escorpião, 1974, p. 97.

destaca o caráter de "sátira esplêndida, profunda", pelo qual cada personagem está impossibilitado de "saber o que determina o ato dos outros". No comentário mais extenso sobre a segunda, aprofunda a explicação sobre a dimensão moderna do texto:

> Luigi Pirandello não se contenta em renovar: o seu teatro é um teatro diverso na essência como na forma. [...] é antes o ponto de partida de uma literatura dramática à margem de todos os tempos, que não conserva desta senão as linhas gerais e distintivas, que obedece a regras inéditas de composição e de técnica. Se nas suas peças o pensamento nem sempre é absolutamente original, a apresentação dos personagens como o desenvolvimento da intriga, o diálogo como a técnica aberram de todas as normas consagradas, passam por cima de todas as convenções estabelecidas, têm muito de estranho, o que não impede que tenham muito de maravilhoso. [...] Através de sua ação (se é que ela existe) [...] o intérprete não encarna o personagem tal como ele é realmente, mas tal como ele o vê. [...] A peça não tem atos nem cenas. A ação desenrola-se aos arrancos, sem coerência, sem lógica, ao acaso, pode-se dizer. Os seus protagonistas, os centrais, não falam: deliram. Tudo nesta peça bizarra vagueia entre o perceptível e o ignoto. [...] Pirandello fez uma sátira, uma sátira tremenda, acérrima aos dramaturgos, aos intérpretes, ao teatro, em suma, aos seus artifícios, às suas convenções, ao absurdo de seus axiomas, à sua incapacidade de traduzir fielmente a verdade, como pretende, de apresentar a vida na plenitude de sua realidade, como procura. [...] teatro de demolição e de reconstrução [...]. A falência da cena clássica é evidente: criemos outra, portanto.[77]

Sem demarcar a diferença entre Pirandello e a tradição do drama, Alcântara Machado percebe que o núcleo da novidade está nas "regras inéditas de composição e de técnica". No primeiro ano de sua crítica, ainda era difícil avaliar que o princípio formal praticado pelo dramaturgo levava adiante a mesma contraposição entre sujeito e objeto percebida mais tarde em Maeterlinck.

Pirandello surgia como um emblema da renovação moderna da dramaturgia. Talvez porque sua obra conseguisse evidenciar a crítica ao espírito melodramático romântico, ao mesmo tempo que se utilizava desse espírito.

---

77 "Sei personaggi in cerca d'autore", *Jornal do Comércio*, 17 jul. 1923.

Em *Seis personagens*, o dramaturgo italiano persiste com a melosa "tragédia" familiar em atrito com uma exposição metateatral – que dá forma a seu pensamento relativístico –, de modo a converter a própria forma dramática em assunto. E por isso Szondi afirma que "chegou a renunciar a ela, mantendo essa resistência como temática. Assim surgiu uma obra que substitui a planejada, tratando-a como uma peça impossível".[78]

O tema da peça é a própria impossibilidade do drama, como explicita a personagem do Pai, porta-voz do autor, quando defende que suas vidas deveriam se mostrar libertas da temporalidade restrita da peça e diz que "não somos idênticos a essa ação, que não estamos contidos nela por inteiro, e que seria uma grave injustiça nos julgarem apenas por ela".[79] A recusa à efetivação do sujeito pelo ato da cena aproxima Pirandello de uma formalização épica. A crítica ao drama é seu tema. E a objetualização exposta ao público esfria uma sentimentalidade de qualquer modo existente. Não se trata mais da forma dramática absoluta.

Na evolução das pesquisas épicas, a obra de Pirandello se encontra numa etapa intermediária, segundo Szondi: "A contraposição entre sujeito e objeto continua tematicamente presa a um invólucro, mas esse invólucro já não está mais em unidade com a ação real".[80]

O projeto só não é mais radical porque Pirandello continua apegado à comoção privatista e intersubjetiva, à causalidade gerada pela vontade individual autoconsciente, a uma atualidade que visa a um desenlace. Talvez seja o apego parcial a essa dramaticidade sentimental – e aos velhos papéis típicos – que tenham tornado a peça apreciada em sua época e hoje a façam envelhecer. Naquele momento, entretanto, a combinatória surgia como revelação. Para Alcântara Machado, Pirandello foi modelar ao "resumir o estado de espírito atual, feito de incertezas, de contrastes, de hesitações, de arranques e descaídas".

A recepção entusiástica no meio teatral de São Paulo fazia eco a uma fama mundial. E se intensificava por questões específicas da realidade teatral brasileira. Do ponto de vista do trabalho cênico, a companhia

---

78 Peter Szondi, *Teoria do drama moderno*, *op. cit.*, p. 147.
79 *Ibidem*, p. 150.
80 *Ibidem*, p. 151.

italiana dirigida por Niccodemi, mesmo servindo-se da tipologia convencional, parecia ter superado o "sistema planetário", no qual, "em torno de um astro de primeira grandeza, coruscante e essencial, gravitam satélites secundários", como observou Menotti del Picchia em sua crônica teatral do *Correio Paulistano*.[81] A harmonia do conjunto de intérpretes era lida como sinal de respeito artístico à dimensão literária, algo que poderia servir de modelo para que a cena brasileira não fosse mais governada pelo "temperamento da celebridade que puxa".

Mais importante ainda era o caráter marginal da pesquisa formal de Pirandello em relação à tradição europeia naturalista da crise do drama. Alcântara Machado viu em sua obra uma teatralidade "à margem de todos os tempos". Pirandello demonstrava ser praticável um caminho de modernização alternativo em relação à história do drama realista. Diversamente de outras tentativas épicas, como a dos autores franceses e alemães, a crítica de Pirandello não decorria do aprofundamento das contradições entre a forma dramática e a sondagem da realidade. Sua ultrapassagem fazia um salto direto do melodrama romântico para o vanguardismo literário. E o lado conservador da obra era valorizado por alguns dos encenadores franceses admirados por Alcântara Machado, que se encantavam com o fato de Pirandello "reanimar velhas fórmulas".[82]

John Gassner observa que nas penínsulas Itálica e Ibérica o teatro foi mais resistente às práticas do realismo dramático e do naturalismo do que nos países com industrialização avançada: "Ainda que ambos os países [Itália e Espanha] tenham sentido a influência de Ibsen, e abrigado um movimento realista, saudaram a nova disposição com um entusiasmo apenas moderado. Quando o realismo foi adotado nesses países, não assaltou cidadelas da convenção, contentando-se com incursões menores pela crítica social".[83]

A esperança talvez fosse de que o modernismo teatral brasileiro poderia também saltar a vertente realista, cuja carência parecia marcar

---

81 *Apud* Sábato Magaldi e Maria Theresa Vargas, *Cem anos de teatro em São Paulo*, *op. cit.*, p. 100.

82 A frase é de Louis Jouvet, citada por Iná Camargo Costa em "A resistência da crítica ao teatro épico", em *Sinta o drama*. Petrópolis: Vozes, 1998, p. 100.

83 John Gassner, *Mestres do teatro II*. Trad. Alberto Guzik e Jacó Guinsburg. 2ª ed. São Paulo: Perspectiva, 1991, p. 85.

não só os teatros italiano e espanhol, mas o de todos os países em que a ideologia da mobilidade social mantinha poucos vínculos com as práticas culturais e sociais.

Não por acaso, foram locais de maior duração dos padrões populistas de uma teatralidade que, mantendo o discurso da liberdade, se servia dos padrões emocionalistas da primeira dramaticidade burguesa, com "tudo que agradava o público – melodrama, sensacionalismo, retórica e intensa teatralidade".[84]

Foi depois de Pirandello que os escritos de Alcântara Machado passaram a adotar uma postura crítica em relação ao drama burguês. Estava claro que o momento histórico pedia uma teatralidade nova, revolucionária. O que não parecia tão certo era se os modelos para o Brasil deveriam provir das tradições pós-naturalistas dos países industrializados ou de tentativas outras, que reinventavam padrões anteriores à consolidação formal do realismo dramático.

Pirandello mantinha, como notou Alcântara Machado, uma distância e um apego ao ambientalismo: "Eu não sei de um autor do século XVII que tenha conseguido tamanha unidade de ação e de ambiente como Pirandello conseguiu em *Sei personaggi in cerca d'autore*".[85]

Por essa conjugação aparentemente impossível entre o melodrama e sua negação, a passagem por São Paulo do teatro de Pirandello desencadeou um debate dramatúrgico entre os escritores modernistas. Sua técnica, no entanto, era irreprodutível. Estava condicionada a sua visão filosófica, a uma teoria *humorística* muito peculiar, a um relativismo algo cético para com a mudança social real. Procurava uma sinceridade individual, nutrida pelo ideal ambivalente de uma *máscara nua*, título da coletânea de suas peças. O que efetivamente inspirou os escritores paulistas não foi a técnica, mas a preocupação metafisicante com o desmascaramento, típica de uma moralidade antiburguesa que se quer distante das dificuldades e dos embates necessários à politização.

As inclinações estéticas de Alcântara Machado, no entanto, o conduziam antes para a sátira do que para a expressão sentimental,

---

84 *Ibidem*, p. 96.
85 "Choradeira sem propósito", *Revista do Brasil*, ano 1, n. 2, 30 set. 1926.

antes para a objetivação crítica do que para a subjetivação totalizante. Talvez por isso as experiências oriundas da vanguarda pós-naturalista viessem a interessá-lo ainda mais do que a obra de Pirandello.

Crise do ato

Alcântara Machado desenvolveu, ao longo dos anos, uma reflexão sobre os rumos da cena pós-naturalista, distinguindo com clareza a diferença entre as etapas:

> Depois da reação de Antoine [...] pouca coisa se fez mais. Ibsens, Bjorson, Strindberg e Brandés provocaram uma revolução de ideias. O que não impediu que seu teatro conservasse sua feição primitiva e seus princípios anteriores. Tornou-se mais profundo, sim. Mas dentro dos mesmos moldes. Começou a pensar. Entrou mais na alma humana. Agitou problemas mais transcendentais. Porém com os mesmos recursos. [...] Depois veio a guerra e deu uma vassourada em tudo isso. O que era poeira perdeu-se no ar. [...] E a tarefa do novo teatro começou acelerada e formidável. Nada escapou à renovação. Do cenário ao jogo de atores, da concepção à realização do drama tudo se transformou. [...] Caminho virgem sem marcos e metas conhecidas. [...] Época de estupendo vigor, portanto. Não de perecimento.[86]

Bom exemplo do aprofundamento de seus estudos de técnica dramatúrgica é o pequeno ensaio sobre a obra de Henrik Ibsen, escrito em 1928. Ali ele visualiza os principais elementos de um gradativo abandono do sestro romântico das atitudes espetaculosas, dos versos e situações apoteóticas, das lembranças formais da sociedade aristocrática, do dissolvimento das imagens aburguesadas da vida comum. É onde nomeia as vertentes críticas do realismo dramático: "Daí a pouco toda a gente pregava a necessidade de um teatro realista sem nenhum realismo, de um teatro idealista, de um teatro simbolista, de um teatro subjetivo, de um teatro diferente afinal. [...] Começou a fase pós-naturalista.

---

86 "Um aspecto da renovação contemporânea", *Revista do Brasil*, ano 1, n. 1, 15 set. 1926.

A sátira social, o drama político, o idealismo, e a tragédia subjetiva tomaram conta da cena".[87]

Dois aspectos por ele destacados nesse ensaio, o da nova realidade da ação e o da nova realidade das *figuras*, operam de modo complementar. Ibsen marcaria a terceira data na evolução do teatro do século XIX – depois do *Hernani* e de *A dama das camélias* – sobretudo por reformular as noções habituais de estruturação do ato, sustentáculo da carpintaria de efeito, da "peça bem-feita". Cai por terra "aquela história arranjadinha que tem de começar no primeiro ato, atingir o seu maior grau de intensidade no segundo e acabar de qualquer maneira no terceiro. [...] O drama ibseniano é realista sem ser objetivo [...]. Joga com todos os dados inexplicáveis e desconhecidos que entram naquilo que a gente chama real. Ibsen mostra o gesto e deixa adivinhar a intenção".[88]

A interiorização do princípio dramático chama a atenção de Alcântara Machado: "Em geral os críticos pouca atenção dão à técnica de Ibsen. [...] Em Ibsen a ação dramática não sofre desvios, não se esgalha, nem passa por uma elaboração prévia. Como mais tarde em Andrêiev mal o pano sobe a gente sente que uma fatalidade pesa sobre as personagens em cena. Tudo quanto estas dizem se prende ao drama interior que as anima".[89]

Personagens presas ao ambiente, em oposição interna a ele, reagindo à ação do meio: aquilo que é descrito como fatalidade poderia se chamar de alienação da existência originária. A técnica ibseniana tenta incorporar esse aspecto em sua forma. Consegue através de recursos épicos disfarçados de assunto.

Décadas antes, o dramaturgo e crítico brasileiro Arthur Azevedo tinha se oposto justamente a essa tentativa naturalista. Negava "de pés juntos" que Ibsen possuísse a técnica indispensável a um "fazedor de peças de teatro".[90] Ibsen não serviria como modelo para o teatro brasileiro por se recusar às dinâmicas volitivas. Para Alcântara Machado,

---

87 "Henrik Ibsen", *Diário Nacional*, 12 abr. 1928.

88 *Ibidem*.

89 *Ibidem*.

90 Arthur Azevedo, "O teatro", *A Notícia*, 15 jun. 1899. Ver a este respeito "Entre Sarcey e Ibsen", em João Roberto Faria, *Ideias teatrais: o século XIX no Brasil*. São Paulo: Perspectiva/Fapesp, 2001.

sua singularidade artística e paradigmática decorria exatamente do modo inovador como subvertia o causalismo dos atos, o sequenciamento obrigatório.

Num texto da mesma época, sobre Leopold Marchand, autor que "para na técnica e deixa de lado o resto", encontra-se uma descrição didática do processo de desestruturação do ato praticado por Ibsen:

> Uma das regras imutáveis do teatro foi sempre o desenvolvimento crescente da ação de ato [*sic*]. A intriga esboçando-se primeiro, atingindo seu ponto mais veemente no segundo, resolvendo-se no terceiro com um tiro ou com um beijo. A peça partia do informe, ia aos poucos tomando corpo e terminava sempre com uma situação nítida que esclarecia o conflito e não deixava dúvida alguma no espanto do espectador. Partia de um ponto desconhecido para alcançar um objetivo certo, desvendando o caráter das personagens ou o pensamento do autor. De forma que o drama realmente acabava caído o pano. O público saía sem se preocupar com o destino das figuras que via em cena. O futuro estava patente no desenlace. O teatro contemporâneo, no entanto, quebrou essa regra. O pano sobe depois do conflito armado. O espectador tem a impressão de que chegou atrasado. E o pano desce sem marcar o final. O drama continua.[91]

O drama analítico ibseniano, pelo qual o passado tem mais força do que o presente da ação, pelo qual se assiste à "decomposição do que se passou", inspirou inúmeros dramaturgos que se encaminharam para um realismo psicológico moderno. Dentre os autores discutidos por Alcântara Machado, aquele que melhor se enquadra nesse perfil é o norte-americano Eugene O'Neill, a quem dedica, também em 1928, um estudo crítico sobre *Estranho interlúdio*, peça que também pertence à lista de exemplos estudados por Peter Szondi em sua *Teoria do drama moderno*.

Na obra de O'Neill, Alcântara Machado encontrava uma experiência de realismo subjetivista que lhe parecia referência importante como união de temática psíquica e perspectiva *narrativa*. Utilizando-se de um recurso que Ibsen não se permitiria, o monólogo interior, O'Neill faz com que suas personagens alternem diálogos e pensamentos internos, explicitados de forma irrealista ao espectador: "No drama

---

91 "Leopold Marchand e ação decrescente", *Diário Nacional*, Seção Caixa, 6 jan. 1929.

de O'Neill as personagens pensam alto. Há até nesse ponto uma espécie de reabilitação do monólogo antigo, o que se pode chamar (diz Coindreau) "o monólogo interior exteriorizado. E toda a gente sabe que quando fala, o eu sincero muda".[92]

"Quando a alma fala, já não fala a alma", escreveu Schiller. O desmascaramento corresponde a outra medida de mascaramento. Para o crítico Juan Guerrero Zamora, o recurso do pensamento íntimo exteriorizado, "legitimado pelo aparte tradicional do teatro, equivale verbalmente ao emprego da máscara". A tentativa de oferecer uma imagem contraditória da personagem acaba por fixá-la, "anulando o que é como produto, ou seja, dinamicamente, tornando por vezes artificialmente consciente o que é inconsciente [...]".[93]

O experimento de O'Neill delata sua filiação novelística. Nesta dramática épico-psicanalítica em que a realidade da cena é dividida em camadas justapostas, Alcântara Machado via uma "inteligência que a gente tem vontade de repelir" mas é "obrigado a admirar", principalmente quando contraposta aos hábitos conservadores da representação brasileira. Escreve no mesmo artigo: "Ainda por aqui não nos habituamos com certas liberdades de pensamento pelo menos em literatura. Ainda existe um longo, um longuíssimo corredor entre o dormitório e a sala de visitas através do qual as intimidades se purificam, põem colarinho e penteiam o cabelo".

O interesse hesitante de O'Neill por um teatro de desmascaramentos sexuais, "capaz de arrastar os mais desprevenidos por um caminho sabidamente errado", e que influenciou depois Nelson Rodrigues, decorre da mistura heterogênea entre a atmosfera melodramática, vivificada por um tratamento livre dos desejos sexuais, e os recursos da exposição narrativa que permitem o exame da interioridade inconsciente.

A montagem composta de partes dramáticas e épicas, tal como a define Peter Szondi, tem sua base conservadora na dinâmica desejante que organiza o ato dramático. Mas a forma é ampliada pela objetualização das personagens. Sendo o causalismo dramático convencional, o que mais chama a atenção de Alcântara Machado é a desestruturação do caráter individual, a realidade das novas figuras mostradas em cena:

---

92   "Strange Interlude", *Diário Nacional*, 30 dez. 1928.

93   Juan Guerrero Zamora, *História del teatro contemporáneo*. 5 v. Barcelona: Juan Flors, 1967, p. 105.

As personagens de O'Neill são de uma psicologia sem fronteiras. [...] Transbordam, avassalam, pisam preconceitos velhos e novos, estão acima da moral corrente, estão mesmo acima do mundo. Sabem querer e querem sempre o impossível. [...] A ação nos dramas de O'Neill não joga indivíduos uns contra os outros tão unicamente, mas nasce sempre do choque de classes ou de raças, da luta entre o que é e o que será ou devia ser, dando realidade ao que ainda está em formação, resolvendo problemas que os homens de hoje mal formulam porque temem... [...] As personagens têm a estatura das aspirações ou revoltas que encarnam. O menor gesto delas assume uma significação enorme e exprime um mundo de coisas.[94]

Compare-se este comentário com um texto antípoda, escrito em 1958 pelo dramaturgo e crítico Paulo Hecker Filho, comprometido com uma visão mais tradicionalista da modernização do teatro brasileiro, quando condena na peça de O'Neill justamente sua "noção épica", na medida em que o propósito narrativo fazia com que ela "banisse deliberadamente a humanidade dos tipos": "Desproporcionado também é *Estranho interlúdio* (1927), de inacabável duração e cujos personagens, bastante rasteiros, são utilizados para ilustrar o momentâneo deslumbramento do autor com as teorias de Freud sobre a libido e o inconsciente".[95]

Aquilo que no teatro de Ibsen já foi chamado de conflito entre a "vontade de poder" e a "mentira vital" decorria do aprofundamento das contradições entre a confiança no ato individual e a impotência da da vida social coisificada, também no ambiente privado da família. A dramaturgia psicológica norte-americana apontava uma outra possibilidade técnica, a de um *querer* impraticável, fixado como mascaramento, de modo que atrás da mentira vital cristalizada se pudesse sentir uma força sexual, ameaçadoramente viva, a ponto de sustentar o interesse do espectador.

A técnica parecia mais afirmativa quanto às possibilidades do desenvolvimento do indivíduo livre do que seus modelos europeus. Mas o gosto de Alcântara Machado, e quem sabe sua compreensão da sociedade brasileira, enquanto se encantava por essas aspirações e revoltas do

---

94 "Strange Interlude", *op. cit.*
95 Paulo Hecker Filho, "Valorização de O'Neill", *Revista de Estudos Teatrais*, n. 4-5, São Paulo, dez. 1958.

eu esmagado, por esse "borbulhar subjetivo de mil e um sentimentos, essa imensidade de sensações e fatos quase apagados", por esse "subconsciente que já entrou no teatro", se interessava ainda mais pela nova técnica de objetivação de uma vida que se mostra distante das quatro paredes do quarto burguês, não só naquele intervalo entre o "dormitório e a sala de visitas", mas nas ruas e sarjetas da cidade, dispersa entre os conflitos de classes e raças. A seu jeito, interessava-se por uma dinâmica cênica forjada de possíveis dialéticas entre personagens coisificadas e objetualizações épicas.

Figuras falhadas

O estudo de Alcântara Machado sobre Ibsen parece indicar-lhe que a desestruturação do ato teatral mantém relação direta com a negativização das personagens. É um aspecto técnico a que Brecht deu especial importância: a identificação empática com a trajetória do protagonista depende da linha contínua das tomadas de decisão, até a superação do problema. Numa sociabilidade como a brasileira, os heróis liberais positivos, capazes dessas ações individuais que expressam forças do conjunto social, hão de sempre parecer artificiais. Isso talvez ajude a entender a atenção que Alcântara Machado dedica, desde o ano de 1926, à dramaturgia dos tipos ambíguos, de moral duvidosa, que surgiam em cena menos particularizados por sua autoconsciência desejante do que por sua incompletude existencial.

O modelo de Alcântara Machado, que o localiza na obra de Ibsen, parecia ser o de um *herói falhado*, figura sempre obrigada a enfrentar sua devassidão e baixeza, incapaz de catalisar simpatias ou até mesmo de mobilizar ódios. O público nunca o conhecerá na inteireza, "nem é possível tomar partido por um ou contra um". Com os heróis falhados, a dramaturgia moderna ultrapassava o homem dramático convencional e procurava dar forma a um processo que atingia toda a sociedade.

O protótipo do herói falhado, como sugere Alcântara Machado em outro escrito, aparece muito antes, no começo da modernidade. Está no Hamlet, de Shakespeare, cuja dificuldade de agir prenuncia vários dos problemas da cena modernista. É certo que suas hesitações e adiamentos não se devem à reificação capitalista, estando sociologicamente ligados ao conflito entre as exigências clânicas de uma Dinamarca feudal e a nova mentalidade moderna de Wittenberg, na qual o herói se educa e que o incapacita à ação pública num tempo de guerra. Mas em chave invertida, temos em Hamlet um prenúncio da crise constitutiva que vai aproximar, no drama pós-naturalista, o ideal de humanismo dos efeitos do anti-humanismo, algo excepcional na grande dramaturgia europeia.

O crítico Anatol Rosenfeld enxerga em *Woyzeck*, de Georg Büchner, por exemplo, obra escrita no período pós-iluminista e sob a influência do pré-romantismo alemão, o primeiro representante dessa dramática dos desenganados, tão fragmentada como a vida alienada, crítica na medida em que se realiza como imagem viva da miséria nacional e anuncia o fracasso da promessa liberal: "Surge, talvez pela primeira vez, o herói negativo, que não apenas hesita (como Hamlet), mas que em vez de agir é coagido; o indivíduo desamparado, desenganado pela história ou pelo mundo".[96]

Numa polêmica com Martins de Almeida, em 1926, Alcântara Machado define essa linhagem de figuras negativas e ambíguas nos seguintes termos:

> Não é exceção de nenhuma regra, como muita gente pensa. O teatro está cheio de figuras [...] cuja feição oculta a gente adivinha mais pelo que elas deixam de fazer que pelos seus atos, mais pelos seus silêncios que pelas suas palavras. Nas quais a dúvida em que se debatem é o único traço revelador de seu drama ou de seu caráter. [...] Seres aparentemente irreais ou francamente anormais cuja vida cênica tem o mesmo mistério da humana. Personagens não teatrais portanto no sentido restrito de espetaculosas. [...] Várias personagens de Pirandello por exemplo ao lado de um espírito de raciocínio formidável apresentam uma incerteza de caráter e um desequilíbrio de sentimentos que os fazem psicologicamente complicados, quase indecifráveis. [...] são muitas as figuras sombreadas, alquebradas sob o peso tremendo do seu inconsciente, de delineamento impreciso, que nem tudo quanto pensam dizem e nem tudo quanto dizem pensam, que se escondem dentro de si mesmas, presas de uma dúvida interior, agindo sob a pressão de sentimentos pessoais, cujos gestos são movidos

---

96 Anatol Rosenfeld, *O teatro épico*. São Paulo: Perspectiva, 1985, pp. 79-80.

por uma mola invisível e insuspeitada. [...] O espectador entra em contato direto e pode-se dizer material com as figuras em cena.[97]

Ao examinar a tragicidade moderna pela qual "a vida não vive", Alcântara Machado talvez não tomasse como certo que a chamada "mola insuspeitada" – que faz das pessoas bonecas – se move de acordo com o desenvolvimento das trocas e da acumulação capitalista. Por outro lado, sabia que a crise da ordem burguesa não poderia ser representada na inteireza como problema puramente interior. Pareciam-lhe insuficientes os painéis difusos do subjetivismo abstrato, que poderiam vir a sugerir algum elogio do falhamento e da inação do herói.

Em 1930, num momento de crise social ampla, ele ironiza os excessos da literatura confessional, esta "ficção em que não acontece nada", chegando a dizer que "obra de ficção em forma de romance, conto ou teatro que a gente não pode resumir não presta". É quando insiste na figuração objetiva da vida e refuta a teatralidade subjetivista da pura inação: "As personagens são poucas, o menos possível, monologam bastante, a conversa deles é uma troca de autossondagens".[98]

Alguma forma de ação, que não seja a rigor dramática, reclama seu lugar no espaço-tempo do palco. Sem isso, o teatro sucumbe ao vazio:

> Reagiu-se contra o drama-tribuna. Porém para cair no drama conferência. Não é bem confessionário. É melhor confessar: no drama – não se sabe o quê. [...] A intriga (se se pode chamar de intriga) não se passa no palco mas no cérebro das personagens. A ambição dos dramaturgos é arranjar descendentes e continuadores para Hamlet. Mas se esqueceu que Hamlet além de filosofar (e filosofava dentro da intriga) agia e fazia agir, que no drama gente trabalha, gente ri, gente cobra, gente conspira, ama, morre, mata, se suicida, vive afinal de contas. A indecisão do herói tem pernas, se movimenta, se concretiza em gestos. Tem vontade, pode-se dizer.[99]

---

97 "Pelo réu", *Revista do Brasil*, ano 1, n. 6, 30 out. 1926.

98 "Sobre a literatura hoje", *O Jornal*, 18 maio 1930. Em *Antônio de Alcântara Machado: obras, vol. 2: Pathé Baby e Prosa turística: o viajante europeu e platino*. Dir. Francisco de Assis Barbosa; org. Cecília de Lara. Rio de Janeiro: Civilização Brasileira; Brasília: INL, 1983, p. 247.

99 *Ibidem*, p. 249.

Ao estudar algumas das mais avançadas experiências técnicas da dramaturgia moderna, Alcântara Machado continuava incerto sobre sua exemplaridade em relação ao teatro brasileiro. No Brasil dos anos 1920, em que a burguesia ainda se mostrava como polo amorfo, em que a coisificação se praticava sob formas diretas de dominação associadas à cultura colonial escravista, era difícil descrever o modelo de realismo crítico a se praticar, bem como a medida e a qualidade da vontade individual a ser mostrada nos acontecimentos. Tal reflexão pediria um debate para além do teatro, no campo das causas materiais das dinâmicas sociais vigentes.

Encenação antiburguesa

Não é apenas na dramaturgia que Alcântara Machado aprofunda seu exame das técnicas críticas do teatro moderno. Desde 1926, seus escritos visualizam uma conexão estreita entre os campos da transformação: a cena teatral se convertia na força centralizadora da história do teatro ao praticar uma liberdade *narrativa* em relação à dramaturgia, com vistas a ampliar e modificar o sentido do texto, para o que reclamou autonomia e estatuto artístico, a ponto de transmudar o antigo ensaiador no moderno *encenador*. A escrita dramatúrgica, de outro lado, impulsionava o desenvolvimento cênico ao tentar representar o que só pode estar além do diálogo interindividual de tipo "realista", a vida recolhida no interior da subjetividade ou expandida nos confrontos dos coletivos sociais.

Foram progressos indissociáveis, o do espetáculo e o da escrita, e sua simultaneidade veio a marcar o primeiro modernismo teatral. Não podemos separar as conquistas técnicas de um encenador como Stanislávski dos experimentos poéticos de Tchekhov. Em perspectiva oposta, como lembra Bernard Dort, "o que teria sido Giraudoux sem Jouvet?".[100]

---

100   Bernard Dort, *O teatro e sua realidade*. Trad. Fernando Peixoto. São Paulo: Perspectiva, 1977, p. 63.

Quando Alcântara Machado destaca a "importância que no teatro de hoje se dá ao papel do diretor de cena", o faz no intuito de mostrar a multiplicação das experiências teatrais possíveis: "Não há uma técnica. Há muitas técnicas. Não há um estilo. Há vinte estilos".[101] A percepção é importante pois é o momento em que ele começa a dimensionar os avanços estéticos por sua correspondência com uma *crise* social de valores.

Para Bernard Dort, "o que acontece então é uma verdadeira mutação. O advento do encenador provoca no exercício do teatro o aparecimento de uma nova dimensão: a reflexão sobre a obra. Entre esta obra e o público, entre um texto 'eterno' e um público que se modifica, submetido a condições históricas e sociais determinadas, existe agora uma mediação".[102]

A verificação do papel agregador, crítico e narrativo exercido pela cena moderna faz com que os escritos de Alcântara Machado divulguem nomes de restrita circulação no Brasil de então: "À tarefa de renovação entregam-se autores e diretores, decoradores e atores. Ela se realiza sob todos os aspectos e a excelência do já conseguido é indisfarçável. Olhe-se a obra realizada por essas grandes forças orientadoras e centralizadoras: o francês Copeau, o inglês Craig, o alemão Max Reinhardt, o italiano Bragaglia, o russo Meyerhold".[103]

De um modo mais ou menos revolucionário, todos os encenadores dessa listagem comprometeram-se, em algum momento de sua trajetória, com o projeto de um teatro não realista, próximo ao que se chamou então de *teatro teatral*, cujo pressuposto era uma dupla negação: do estilo naturalista e da forma fechada do drama.

Este anseio de uma teatralidade livre, autônoma – guardadas as diferenças entre as várias poéticas –, correspondia a uma coautoria exigida pela encenação. O mundo absoluto da dramática era incompatível com uma cena que pretendesse assumir seu caráter narrativo, e neste sentido a encenação modernista tendeu, como um todo, para a atitude épica.

---

101   "O atraso de Júlio Dantas", em *Cavaquinho e saxofone*. Rio de Janeiro: Livraria José Olympio, 1940, pp. 448-50. Original de *O Jornal*, 24 mar. 1929.

102   Bernard Dort, *O teatro e sua realidade, op. cit.*, p. 69.

103   "Um aspecto da renovação contemporânea", *Revista do Brasil*, ano 1, n. 1, 15 set. 1926.

Mesmo o primeiro encenador moderno, o francês André Antoine, depois injustamente combatido pelo suposto prosaísmo de suas experiências naturalistas, deve ser considerado um radical narrador da cena. A verdade histórica é que a crítica antidramática nasceu graças ao trabalho politizado empreendido por homens como ele. E o repúdio posterior à sua obra deve ser explicado pelo conservadorismo político da geração seguinte, liderada e educada por um encenador religioso como Jacques Copeau.

Alcântara Machado comenta o trabalho narrativo de Antoine, de passagem, quando afirma que "a mania dos quadros vivos, das fatias de vida, só apareceu com o Teatro Livre". Atribui, assim, uma das principais características da nova dramaturgia – a decomposição do ato – às demandas épicas de um palco que pretendia, mais do que veicular um texto, estabelecer um ponto de vista sobre a história encenada.

A estruturação da peça em quadros afirmava a descontinuidade da obra e permitia maiores interferências cênicas, gerava brechas historicizantes pelas quais a obra transcende a ação individual. Alcântara Machado observa que "no drama histórico, principalmente no drama cíclico de uma existência ou de um acontecimento, a divisão em quadros é até uma necessidade. *Julius Caesar* é um exemplo antigo. *Joana D'Arc* é um exemplo moderno. Só que o que no drama de Shakespeare se chama cena, no de Shaw se chama quadro. Questão de nome unicamente".[104]

A divisão em quadros possibilita à dramaturgia a retirada da ação individual do centro motor da obra, técnica aparentada com a teatralidade anterior à hegemonia do drama burguês. Para o encenador, oferecia meios de evidenciar pontos de vista e revelar uma organização ideológica que a forma absoluta do drama costuma ocultar.

É comum a opinião de que a narratividade exposta não era uma intenção naturalista, poética que pretendia antes mostrar a vida mesma, sem nenhum artifício explícito, sem mediações estetizantes. Mas a própria ideia da *fatia de vida*, divulgada por Jean Jullien, implicava seleção. Por seu sentido de fragmento, a parte apresentada como indício de uma totalidade maior opunha-se à expectativa de um drama absoluto

---

104 "Choradeira sem propósito", *Revista do Brasil*, ano 1, n. 2, 30 set. 1926.

por parte do público. Na contramão dos hábitos de recepção da época, essa seleção regida pela força do tema poderia gerar uma nova atitude interpretativa: a vida mostrada sem nó e desenlace, sem começo crítico e final acabado, provocava a necessidade de se pensar no sentido crítico do recorte.

Estudos mais recentes sobre o trabalho de Antoine, como o de Jean-Pierre Sarrazac, mostram a sofisticação teatral com que o encenador francês trabalhou a partir da contradição entre naturalizar e artificializar. Muito longe de ser o copiador tosco da realidade empírica, aquele que pendurou peças de carne sangrentas para a ambientação de *Les Bouchers* [Os açougueiros] de Fernand Icres, Antoine foi um dos grandes pensadores da cena moderna. Pesquisou modos científicos de dar forma ao real. De acordo com Sarrazac, "Antoine não transpôs o real para a cena, mas criou sobre o palco o que se poderia chamar, em filosofia, de um análogo do real. Uma reconstrução do real, e inclusive uma reconstrução deformada do real".[105]

O teatro de Antoine experimentou ralentar o tempo dos gestos dos atores para fazer o público enxergar o que na temporalidade normal não seria visível. Em nome do naturalismo, estabeleceu novas convenções da cena. Não por acaso, seus modelos estavam nas descrições dos romances ambientalistas de Zola, a quem o Teatro Livre deve muito de sua visão teatral. A "detestável lenda de um Antoine rústico e primitivo", que teria praticado o grau zero do realismo, foi difundida, segundo Sarrazac, pelos adeptos conservadores de uma arte mais pura, entre os quais se incluem Lugné-Poe, Copeau e Jouvet. E deve ser creditada sobretudo à temática sociopolítica frequente neste teatro fundado por um ex-funcionário de uma empresa de gás, sustentado inicialmente por mecenato e cotas de associações de amigos ligados ao movimento socialista. Grande parte das peças do repertório apresentado no período de nove anos que durou o Teatro Livre, entre 1887 e 1896, passavam-se no meio operário e camponês,

---

105   Cf. Jean-Pierre Sarrazac, em palestra proferida no ciclo *Teatro e cidade*, organizado por mim para a Prefeitura Municipal de São Paulo, em outubro de 2001. Reflexão semelhante se encontra na obra *Antoine, l'invention de la mise en scène* (em colaboração com Philippe Marcerou). Paris: Actes Sud-Papiers, 1999.

mostrando, nos dizeres de Hermilo Borba Filho, os "pequenos e humildes, com o seu ambiente prosaico, [...] o lado sombrio, os aspectos sociais negativos".[106]

A reação conservadora foi violenta. É eloquente a metáfora com que o poeta simbolista Paul Fort defendeu o antinaturalismo de seu Teatro de Arte simbolista: reação "do perfume contra o mau cheiro". Foi o mesmo preconceito sórdido de classe que obscureceu o reconhecimento dos avanços técnicos de uma encenação épico-naturalista contemporânea da crise do drama.

Sendo o espetáculo uma arte efêmera, a história posterior inverteu a importância das pesquisas estéticas. Passou a considerar que os excessos veristas de Antoine limitaram o desenvolvimento de uma dramaturgia nova. Nos anos 1920, estava disseminada a opinião da geração pós-simbolista de Copeau e Jouvet, reproduzida pelo próprio Alcântara Machado, quando informa que "na França o naturalismo começa mal e mal. [...] O próprio Antoine lutava no escuro, errando no mais das vezes. De forma que o triunfo completo e merecido de um Becque, de um Renard ou de um Maeterlinck parecia impossível".[107]

Esse engano de avaliação histórica não nos impede de ver, contudo, o quanto o modelo de encenação moderna de Alcântara Machado, tal como estava sendo pensado de modo fragmentário em seus artigos, esteve muito mais próximo da pesquisa antiburguesa e antidramática do socialismo cênico de Antoine do que da cena teatralista purificada de Copeau, ainda que suas opiniões expressas possam indicar o contrário.

Evidentemente, o tempo tornou impraticável muito do repertório dramatúrgico do Teatro Livre, escrito numa época de transição, com seu ambientalismo descritivo, apego ao detalhe cotidiano identificável e moralismo em tom menor. Elementos que, desvinculados de seu contexto cênico e político revolucionário, sugerem uma forma preservacionista, feita de dramaticidades difusas. Se lido apenas do ponto de vista literário, sem que se dimensione seu progressismo histórico, o repertório de Antoine dá argumento para a avaliação de Paul Ernst, segundo

---

106 Hermilo Borba Filho, *Diálogo do encenador*. Recife: Imprensa Universitária, 1964, p. 58.

107 "Henrik Ibsen", *Diário Nacional*, 12 abr. 1928.

a qual "as convenções do naturalismo converteram o teatro num lugar de resignação e desesperança".[108]

Entretanto, Antoine foi capaz de fazer o que fez graças ao trabalho de sua equipe no palco, responsável por uma dimensão épica extratextual: a cena dialogava com a crise dramática ao narrar através do corpo, dos gestos, dos movimentos, da iluminação, da cenografia, da música. E produzia novos confrontos críticos com os hábitos de classe da recepção, ao projetar um espectador socialista. Uma tensão se estabelecia, assim, entre o ilusionismo do projeto e o anti-ilusionismo dos procedimentos. Por sua impermanência, são aspectos que a história tem dificuldade em registrar.

A encenação moderna que interessou a Alcântara Machado não excluía a invenção épica como acesso ao real. De algum modo seria aquela que não disfarça na cena a existência de um ponto de vista organizador.

Influência de Jacques Copeau

A boa acolhida que o pensamento teatral de Jacques Copeau e de seus discípulos teve nos países periféricos do capitalismo (repercussão, inclusive, maior do que seu sucesso artístico na França) – e que pode ser lida com frequência nos textos de Alcântara Machado – tem muitas razões. Talvez as principais delas estejam ligadas à despolitização daquela atitude vanguardista.[109]

Algo antiburguesas em seus procedimentos formais, as montagens da geração de Copeau e de seus discípulos do "Cartel dos Quatro" (Dullin, Baty, Jouvet e Pitoeff) depuravam-se de qualquer radicalidade temática na procura de uma justa medida da teatralidade.

A escola francesa deplorava o comercialismo e o exibicionismo do teatro de bulevar, barateamento que contaminava artistas e público. Essa ênfase negativa muito inspirou a cruzada antimercantil de

---

108 *Apud* Marvin Carlson, *Teorias do teatro: estudo histórico-crítico, dos gregos à atualidade.* Trad. Gilson C. C. de Souza. São Paulo: Editora Unesp, 1997, p. 320.
109 Veja, a este respeito, o ensaio "A resistência da crítica ao teatro épico", de Iná Camargo Costa, em *Sinta o drama, op. cit.*, pp. 75-102.

Alcântara Machado. Copeau foi um dos maiores críticos europeus da inércia e da mediocridade do gosto cultural, condicionadas pelos padrões de consumo. Por outro lado, condenava a radicalidade programática das vanguardas europeias, a pretexto de negar qualquer "originalidade vistosa demais".

Quando se comparavam com os seus contemporâneos de outros países, os integrantes do Cartel acreditavam estar corrigindo os excessos críticos – leiam-se políticos – do expressionismo alemão e do construtivismo russo. Propunham uma teatralidade equilibrada e ordenada diante do estilo do texto, respeitosa do primado literário da cena, veneradora dos clássicos. *Os cadernos do Vieux-Colombier*, publicação de Copeau entre 1913 e 1914, consideravam Antoine um mestre, mas renegavam o que julgavam ser uma conversão de procedimentos em doutrina. E lamentavam nos "alemães e russos" o fato de aplicarem a inovação sem "necessidade interior".[110]

A meta dessa geração francesa, de larga influência no teatro brasileiro, foi um humanismo universal e abstrato, preservado de quaisquer funcionalidades extraestéticas. Visavam a uma "verdadeira simplicidade", retomada do antigo decoro do classicismo monárquico, que devia evitar qualquer "tendência ofensiva para com a fineza e moderação do gosto francês".[111]

Contra os excessos das vanguardas europeias, Gaston Baty chega a fazer um patético autoelogio da cultura cênica modernista francesa: "As audácias se tornaram sensatas e percebeu-se que o que ficou definitivamente ligado ao patrimônio da arte cênica era mais ou menos aquilo que os encenadores franceses tinham aceito inicialmente. Uma vez mais, nosso país cumpriu a missão de colocar no devido lugar uma novidade, de eliminar excessos, de fazer durar aquilo que é durável, e de a reajustar à medida clássica".[112]

---

110 Cf. André Veinstein, *Du Théatre Libre au Théatre Louis Jouvet: les théatres d'art a travers leurs périodiques (1887-1934)*. Paris: Billaudot, 1955, p. 74.

111 Jacques Copeau, "El papel del director", em Sérgio Jimenez e Edgar Ceballos (org.), *Técnicas y teorias de la dirección escénica*. 2ª ed. México: Gaceta, 1988 (col. Escenologia), p. 303.

112 Gaston Baty, "O encenador", *Revista de Estudos Teatrais*, n. 3, São Paulo: set. 1958, p. 33.

O descarte da funcionalidade social e política empreendida pela escola francesa dos anos 1920 não soava incômodo a Alcântara Machado. Nunca deixou de admirar "esse fenomenal" Jacques Copeau. Em contrapartida, seu pensamento estético se tornava avesso a qualquer visão de teatro simpática à "nobreza de fazer o espectador se esquecer da vida real, de lhe permitir escapar de tudo que o circunda, de não ser seu contemporâneo", como propagavam os discípulos do encenador francês.[113]

Para Alcântara Machado, o bom teatralismo deveria conduzir à observação das relações da vida, e por isso a doutrina teatral de Copeau era adotada por ele de modo ambivalente. Reproduziu alguns de seus pontos de vista, mas tendeu a rejeitar no conjunto seu irrealismo estetizante. Registrou a tendência à purificação artística em prol da beleza teatral, mas a ela opôs sua visão crítica anti-idealista.

A oscilação é compreensível na medida em que a vanguarda francesa, no que tange a sua forma de trabalho, não a sua ideologia estética, desenvolveu experimentos semelhantes aos das vanguardas politizadas.

Sua compreensão das novas relações entre cena e texto, por exemplo, mostrava-se avançada quanto às possibilidades narrativas do palco, e nesse sentido se interessava por aquilo que mais tarde Roger Planchon chamou de *escrita cênica*. Gaston Baty observa a importância do controle técnico do espaço-tempo da cena, do cuidado com a sintaxe narrativa do palco, quando critica o preconceito que acusava o encenador de favorecer a decomposição da peça em numerosos quadros apenas para ampliar suas interferências cenográficas: "Como se a decomposição em atos ou quadros não dependesse unicamente do assunto tratado. [...] quando a ação é levada ao seu ponto de crise, será absurdo recortá-la inutilmente. Pelo contrário, é a decomposição em quadros que se impõe quando se trata de evocar um ambiente complexo ou quando se devem chocar atmosferas diferentes, e, sobretudo quando eles fazem seguir, de nuance em nuance, o desenvolvimento da vida interior das personagens".[114]

Nessa passagem, ele também demarca a posição estética da encenação francesa, que tinha menos interesse em multiplicar as imagens da vida contemporânea e mais em "restituir as almas com menos

---

113 *Ibidem*, p. 33.
114 *Ibidem*, pp. 33-4.

artifícios". O paradoxo, no caso, é que a busca de uma forma antiburguesa surgia da formulação de um ideal regressivo de teatro puro.

Um crítico mais generoso poderia ver nessa possibilidade estética uma atitude politizante de esquerda. Anos antes, por exemplo, Paul Ernst em seu *O drama e a visão de mundo moderna*, de 1899, afirmou ser melhor retornar a ideais antigos, mesmo que provenientes dos valores aristocráticos, do que representar os homens dominados pelas forças da objetividade e da alienação burguesa. Contra qualquer sugestão de que o ser humano está definitivamente subjugado por um destino cego, preferia-se o idealismo ingênuo de um herói mostrado em sua luta individual vitoriosa contra as necessidades, o que serviria ao menos para "manter viva uma visão do homem que ainda não era politicamente realizável", e assim preservaria o ideal revolucionário até que "as massas se capacitassem a partilhá-lo".[115]

Na década de 1920, porém, o modernismo de Copeau e seu teatro do Velho Pombal pouco sugeriam a lembrança das lutas coletivas. Sua única qualidade crítica – o que não era desprezível – estava na renovação coletivizadora do modo de trabalho, na ordenação igualitária do elenco, no treinamento corporal constante, independente das montagens, no uso das improvisações e no estudo rigoroso de texto. E isso ganhava forma numa cena fundada na ação dos atores, em que o espaço ficcional era criado pelo elenco, à vista do público, num resgate do princípio clássico de estimular a colaboração imaginária do espectador através do palco nu, aspecto comentado por Alcântara Machado quando dizia que "a parte de imaginação no teatro não é pequena": a "boa peça é aquela cuja ação se desenrola em nossa imaginação".[116]

O despojamento dos meios espaciais da cena, a negação do individualismo do palco italiano e a proposta de um teatro de equipe não eram, contudo, novos quando a escola francesa os difundiu. A tarefa histórica de Copeau foi divulgar esses princípios como se fossem puramente estéticos, o que facilitou sua penetração nos teatros burgueses do mundo que preferiam uma modernização conservadora. Copeau foi tão admirado no Brasil porque, entre outras coisas, pretendeu instituir uma renovação ética do teatro com base numa *ordem* transcendental:

---

115 *Apud* Marvin Carlson, *Teorias do teatro, op. cit.* p. 320.
116 "Pelo réu", *Revista do Brasil*, ano 1, n. 6, 30 nov. 1926.

"Costuma-se imaginar que a novidade é a mudança. Mas não é de jeito nenhum da mudança que nós temos necessidade, muito menos da mudança prematura, de mudanças artificiais e forçadas, mas sim de um sério retorno aos princípios".[117]

O projeto reformista da escola francesa despolitizou a dimensão antiburguesa da cena europeia ao combater o caráter absoluto do drama sem deixar de combater o caráter absoluto da cena. Alcântara Machado resume esse movimento formal nos seguintes termos: "Trata-se de reteatralizar o teatro (expressão posta em voga pelo *Vieux-Colombier* e usada agora por Lenormand), expurgá-lo da praga literária, reintegrá-lo em si mesmo, fazer com que ele tenha nele, e só nele, além de seu princípio o seu fim".[118]

Na série de escritos sobre a vitalidade da pesquisa europeia, ele nunca deixa de elogiar o idealismo de Copeau. A proposta de um "jogo de teatro" ou de um ensaio de divertimento, em que "tudo permanece suspenso como num esboço", lhe parece viva como um belo aspecto sugestivo. No entanto, em setembro de 1926, seus escritos recusam o autorreferencialismo dessa busca de uma pureza de princípios:

> A noção de teatro puro é idealística. Ninguém a atingiu e ninguém conseguirá atingi-la nunca. [...] O que Cocteau fez (vestindo a Morte em trajes de cirurgiã em seu *Orpheé*) não é diverso do que os clássicos do século XVII fizeram tantas vezes. [...] Mesmo porque não há ramo de arte que tenha vida completamente independente. O teatro sobretudo nunca poderá dispensar a contribuição de outras artes. A preponderância na fusão de certos elementos sobre outros, ou melhor, o espírito que preside a essa fusão é que dá o caráter. Assim como a cena nunca pode prescindir da pintura e da arquitetura, não deve hoje recusar a colaboração utilíssima do cinematógrafo, dos seus meios formidáveis de expressão. [...] O cinematógrafo dá ao teatro o poder de evocação de que este carece. Faz-lhe um bem portanto.[119]

Ao se pôr ao lado do espetáculo aberto a outras artes, seu critério passa a ser a capacidade de ativação do espectador atual. A cena

---

117 Cf. André Veinstein, *Du Théatre Libre au Théatre Louis Jouvet*, *op. cit.*, p. 78.
118 "Teatro e literatura", *Diário Nacional*, 24 nov. 1928.
119 "Choradeira sem propósito", *Revista do Brasil*, ano 1, n. 2, 30 set. 1926.

modernista deve usar o meio que lhe parecer mais útil para dialogar com sua época. Restará compreender se a inter-relação formal entre as várias artes no espetáculo cênico deve ser feita sob o signo de uma fusão, noção cara às vertentes metafísicas do teatro modernista desde Wagner, ou se a encenação praticaria atritos e oposições tensas entre seus elementos constitutivos, capazes de expressar dinâmicas extraestéticas. Descortina-se para ele a convicção íntima de que a modernização dos palcos depende de uma reflexão conjunta de dramaturgos, encenadores e atores sobre a complexa questão da *função socializante* da arte.

Semelhança formal com o teatro político

Quando a cena se torna para Alcântara Machado uma questão também decisiva, começam a surgir, nos textos posteriores a 1926, reflexões sobre a possibilidade de que o teatro modernista surja da hibridização de formas espetaculares.

Não é apenas o cinematógrafo que pode colaborar com a nova prática teatral, mas também a pantomima, a farsa circense e o *music-hall*. Em 1928 dedica um artigo ao *café-concerto*, esse "misto de circo e teatro" que ganha a "cada dia que passa maior prestígio": "Numa época em que o teatro procura voltar ao seu verdadeiro caráter de diversão, o café-concerto é de fato o espetáculo que maiores probabilidades de êxito reúne [...]. Nele cabe tudo, nada fica deslocado e o divertimento é quotidianamente valorizado pela diversidade. [...] Arte condensada e ligeira feita para o sôfrego paladar moderno".[120]

Não é a primeira vez que divulgava formas novas pelas quais "o teatro age como um liberto". Argumenta que a utilidade do cinema e do café-concerto depende de uma "absorção inteligente" por parte do espetáculo, capaz de levar em conta as diferenças de formalização com vistas a um maior alcance comunicacional:

Meios de evocação, simultaneidade, movimento, plasticidade, perfeição rítmica, liberdade de fantasia – tudo isso o teatro, dentro de suas possibilidades,

---

120   "Café-Concerto", *Diário Nacional*, 22 dez. 1928.

vem procurando imitar do cinematógrafo. Para lucro seu. Com o café-concerto aprende o traço rápido, a síntese fulminante, a força no burlesco, a instantaneidade cômica, o vigor caricatural, o imprevisto, o multiforme poder impressivo. [...] Sob a influência forçada de um e de outro ele vem adquirindo novas maneiras de expressão, estendendo seu campo de ação [...].[121]

As tendências apresentadas por ele coincidem com muitas das pesquisas levadas adiante pelos movimentos de teatro politizado na União Soviética e na Alemanha da República de Weimar, época em que tantos artistas experimentavam as ligações possíveis entre vanguardismo político e estético. Eram formas cênicas que provinham de antes, mas que se radicalizaram a partir de seu uso interessado.

Desde o início do século, o cabaré de variedades servia de modelo para a cena experimental. O futurismo, em particular, fez uso da forma na busca de uma "brevidade, precisão e rapidez" que fosse capaz de reunir várias artes.[122] E o circo era a outra referência fundamental para o trabalho de revelação estética da impostura burguesa. Para além de seu potencial simbolismo grotesco, gerado pela exposição de animais com virtudes humanas e de homens coisificados, era uma manifestação espetacular baseada no conceito de *atração*, em números independentes que podiam ser organizados em modos narrativos variados. O teatro russo posterior à Revolução resgatou as experiências de Meyerhold produzidas em seu Estúdio a partir de 1913 e encontrou nesses gêneros populares destituídos de *aura* uma ferramenta para a experimentação crítica. *O mistério bufo*, de Maiakóvski, encenado por Meyerhold em 1918 e 1921, foi um grande modelo para muitas sátiras políticas, tendência descrita pelo crítico Konstantin Rudnítski como *cirquização* da arte, e que seria acompanhada de outros modos paródicos, como a *café-concertização* e a *cinematização* do teatro.[123]

---

121 "Um aspecto da renovação contemporânea", *Revista do Brasil*, ano 1, n. 1, 15 set. 1926.

122 Ver, a este respeito, o texto de Meyerhold sobre o manifesto de Ernest von Wolzogen em: *O teatro de Meyerhold*. Trad. e org. Aldomar Conrado. Rio de Janeiro: Civilização Brasileira, 1969, p. 91.

123 Dessas tendências tomaram parte Serguei Radlov e jovens encenadores, depois cineastas famosos, como Trauberg, Kozintsev e Eisenstein, todos sob a influência de Meyerhold. Cf. Konstantin Rudnitski, *Russian and Soviet Theatre: Tradition and the Avant-Garde*. Trad. Roxane Permar. Londres: Thames and Hudson, 1988.

MODELOS DA RENOVAÇÃO ESTRANGEIRA

Alcântara Machado, em 1926, afirma, numa imagem provocativa, que tudo o que a literatura dramática no Brasil mais precisa é de "sangue novo e bolchevista". Sua ambivalente simpatia pelo comunismo não permite considerar isso mais do que uma frase de efeito. Entretanto, a partir de 1928, quando sua posição antifascista se intensifica, ele apresenta imagens concretas da teatralidade bolchevista na perspectiva de que existem ali modelos a serem imitados:

> Pela milésima vez em matéria de teatro e de coragem a Rússia acaba de escandalizar a Europa. Anda esta, com efeito, de pelo arrepiado com a representação em Moscou de uma peça tendo por tema a desastrada expedição de Nobile ao Polo Norte. São vários quadros musicados, com um pouco de farsa e um pouco de tragédia, feitos à maneira moderníssima e que alcançaram enorme sucesso. E é sem dúvida esse sucesso que preocupa a experimentada Europa. [...] Como se vê a peça é audaciosa, autenticamente bolchevista.[124]

É das primeiras vezes em que os valores extraestéticos surgem à frente dos artísticos em sua crítica. Após descrever a estrutura da peça, de explícita sátira ao fascismo italiano, ao Vaticano e ao imperialismo dos países ricos,[125] ele propõe que, mesmo se ela não tiver qualidade artística, "valerá sempre pelo protesto que encerra. Tão claro que não precisa de explicação". A reflexão sobre a função da arte encontra entrada em seu pensamento teatral.

Em março de 1930, num artigo escrito em favor de uma literatura mais criticamente realista, ele refuta os estereótipos de um povo russo "místico e fanático" e adota o teatro de Meyerhold como contraexemplo:

> E a prova de que (ao contrário do que se sustentou e ainda se sustenta) a massa russa não se pode reconhecer inteira nos livros de Tolstói está no fato de Meyerhold, por exemplo, para interessá-la, e realizar o seu objetivo de um teatro popular russo, recorrer ao teatro de pura invenção, teatro de bonecos, de personagens esquemáticas, onde os atores se divertem antes de divertir os espectadores, e essa divisão é também ou principalmente exterior, física, provocada pela ação mesmo

---

124 "Nobile no teatro", *Diário Nacional*, Seção Caixa, 19 dez. 1928.
125 São os temas de *O homem e o cavalo*, de Oswald de Andrade.

ilógica e inconsequente, teatro que obedece assim à melhor tradição ocidental.[126]

Nos escritos do diretor alemão Erwin Piscator redigidos no mesmo período e reunidos no livro *Teatro político*, observa-se que a utilização de formas espetaculares híbridas, de ação ilógica, capazes de desautorizar o palco como um mundo absoluto, mantém conexão direta com as preocupações da cena política. É uma coincidência quanto às inquietações formais que aproxima o pensamento teatral de Alcântara Machado de uma cena de potencial politizante, ainda que a crítica anticapitalista não fosse preocupação consciente.

Como seus companheiros russos, Piscator experimentou uma espetacularidade de formas: o teatro de revista vermelho, o drama documentário (que contrapunha cinema e teatro), as epopeias satíricas. Em todas elas, procurou mostrar mais do que apenas "um aposento apertado com dez homens infelizes", e sim, a partir dele, todo "um bairro miserável da metrópole moderna". Seu projeto foi "elevar a dor psíquica do indivíduo até chegar ao geral, ao que há de típico na atualidade". Dito de outro modo, seu intento era superar o recorte cênico privado, "o aspecto simplesmente individual das figuras e o caráter contingente do destino. E isso por meio da criação de um vínculo entre a ação no palco e as grandes forças efetivas na história".[127]

Para Peter Szondi, a utilização de filmes no teatro de Piscator, essa "épica do cinema, baseada na contraposição de câmera e objeto, na representação subjetiva da objetividade como objetividade, permitiu a Piscator acrescentar ao fato cênico o que escapa à atualização dramática: a *coisidade* alienada 'do social, do político e do econômico'".[128]

A simpatia de Antônio de Alcântara Machado pela cena experimental, que julgo não ter exagerado, significou um interesse amplo por formalizações épicas também no que se refere aos "conteúdos sociais manifestos". Ainda que ocupem pouco espaço em seus escritos, é

---

126 "O russo de literatura, Lenine e a serra mecânica". em *Antônio de Alcântara Machado: obras, v. 2, op. cit.*, p. 232.

127 Cf. Peter Szondi, *Teoria do drama moderno, op. cit.*, pp. 128-9.

128 *Ibidem*, p. 131.

significativo que ele procure vincular, nos últimos textos, a dimensão formal do novo teatro com a força trazida por assuntos sociopolíticos, talvez por estar, já na década de 1930, mais interessado naquilo que no necrológio de Leopoldo Fróes ele nomeou como "função essencialmente socializante do teatro" que a guerra formou.[129]

A difícil encenação brasileira

O pensamento teatral de Alcântara Machado é feito do exame do contraste entre a vitalidade da vanguarda teatral europeia e a miserabilidade da situação artística brasileira. Do lado de lá, os avanços cênicos e dramatúrgicos deveriam ser medidos pelas conquistas formais, notáveis mesmo diante da perda de alcance social do teatro, no quadro das diversões capitalistas: "Daqui a cinquenta anos muita gente há de se admirar que no tempo de Shaw, Pirandello, Copeau, Meyerhold, Sologoub, Kaiser, Lenormand, Romains, Craig e muitíssimos outros do mesmo quilate havia quem proclamasse a decadência do teatro [...]. A verdade é que essa gente chora a morte do teatro antigo. Esse sim está morto e bem morto. Foi uma das vítimas da guerra".[130]

Sabia, entretanto, que os feitos do tempo não passavam de uma "seleção de materiais". E a principal qualidade modernista era a busca incessante: "O teatro contemporâneo atirou-se para um terreno nunca batido antes dele. Buscando o quê? Ninguém sabe ao certo. O essencial é que busque. Desesperadamente".[131]

Sua dificuldade em reconhecer as escassas tentativas modernistas que estavam sendo praticadas no teatro brasileiro da década deveu-se à radicalidade de seus critérios. Cometeu, por isso, injustiças. Mal chegou a notar tentativas importantes como a de Renato Vianna, que por anos trabalhou pela modernização técnica e estilística da encenação e

---

129   "Leopoldo Fróes", em *Revista Nova*, ano 2, n. 7, 1932, p. 359.

130   "Do futuro e da morte do teatro (mais uma vez)", *Revista do Brasil*, 15 jan. 1927.

131   "Da estupidez dos oráculos", *Revista do Brasil*, ano 1, n. 5, 15 nov. 1926.

dramaturgia nacionais.[132] Quanto à experiência do Teatro de Brinque-do, de Álvaro Moreyra, parece ter mantido distância intolerante, torna-da mais tensa depois da cisão do grupo modernista, quando Oswald de Andrade tentou promover Moreyra ao posto de formulador do teatro antropofágico Sem Nome.[133]

Num comentário de 1929 sobre a possível montagem brasileira de *Knock*, peça que tinha sido montada por Louis Jouvet na Comédie des Champs-Elysées, pode-se ler um ataque a toda tentativa de encenação brasileira feita como vanguardismo de fachada:

> [*Knock*] não pode deixar de ser representada com marcação e cenários moderníssimos. [...] Imagine-se agora que contrafação será o *Knock* bra-sileiro. A montagem não destoará com certeza da de uma peça de Paulo Magalhães ou outro parecido. [...] O teatro moderno é uma arte de reação (muito diversa daquela incrível que anda pelos nossos teatros), indepen-dente, autônoma, que pede atores, encenadores e ensaiadores, nela educa-dos, capazes de senti-la, compreendendo a finalidade e os segredos dela. Esses atores, encenadores, ensaiadores nós ainda não possuímos. Os que existem só poderão estragar o chamado teatro de vanguarda se por ele embarafustarem. E é sempre preferível vê-lo ignorado que mal servido.[134]

Sem uma modificação estrutural – de formas e modo de produ-ção – seria impossível qualquer movimento maior de modernização do teatro brasileiro. Mas o problema também era da ordem dos assuntos.

---

132   Um de seus raros textos sobre Renato Vianna refere-se à experiência paulista com o grupo da Colmeia: "Colmeia, em verdade, por mais de uma razão merece in-centivo. É uma companhia brasileira de comédia na qual há mais artistas brasileiros do que portugueses, coisa raríssima e admirável. Além disso, quase que totalmente constituída por moços, o que é também magnífico. Ainda mais: não tem figura de proa, não é conjunto do qual faz parte o popular ator Beltrano ou a elegante atriz Fu-lana. Uma colmeia que não possui abelha-mestra. Rompe, portanto, felizmente, com esse hábito muito brasileiro (ou, se preferirem, muito humano) de esconder com um nome pomposo qualquer desvalia de vários nomes obscuros. Na Colmeia os triunfos, os fracassos, são esforços comuns". Em Antônio de Alcântara Machado, "A abelha de ouro", *Jornal do Comércio*, 06 dez. 1924.

133   Ver a este respeito a edição da "Revista de Antropofagia", *Diário de São Paulo*, 14 abr. 1929, em *Revista de Antropofagia, reedição da revista literária, primeira e segun-da 'dentições', 1928-1929*. São Paulo: Abril Cultural/Metal Leve, 1975.

134   "Na previsão de um desastre", *Diário Nacional*, 16 jan. 1929.

Nenhuma das tentativas de vanguardismo cênico nacional sinalizava a menor vontade de dialogar com movimentos reais da sociedade, de "trabalhar para o teatro que sobreviveu ao teatro", como sugeria um poema de Kiesler citado com entusiasmo por Alcântara Machado: "Nós trabalhamos para o corpo são de uma nova sociedade. E temos confiança na força das novas gerações".

Muito aquém de uma preocupação com a História, o teatro brasileiro sofria de males comuns a um país em que a produção cultural vive apartada da práxis social. A elite intelectual da "civilização do café", para Alcântara Machado, se assemelhava àquela elite literária russa dos Oitocentos, que povoava sua literatura de personagens plasmados no "intelectualismo, misticismo, egoísmo, sentimentalismo, espiritualismo e outros ismos", e assim projetava sua crise de classe em toda a realidade figurada: "É que o russo de literatura – seja porteiro, estudante, nobre, mulher da rua, camponês, professor, assassino, padre, soldado, suicida –, o escritor do século XIX o faz à sua imagem. À imagem de uma minoria isolada no meio do analfabetismo, da indiferença, da servidão, confinada dentro de sua angústia".[135]

Contra o isolamento melancólico e suas saídas místicas, e ao mesmo tempo sem querer falsificar a realidade da vida social, Alcântara Machado buscou modelos teatrais ativadores. Sem forçar a cor política de suas escolhas formais, acredito que uma boa imagem do seu ideal de realismo crítico pode ser encontrada na descrição de Lênin como o *inliterário*, o russo tão russo e tão contrário à ideia generalizada de russo: "Todo ele ação, pisando nas teorias, atento à realidade de cada instante, adaptando-se às circunstâncias do momento, transformando-se, despersonalizando-se em certo e bom sentido, não olhando meios para atingir o fim".[136]

Uma convicção estava formada: o Brasil como problema de representação teatral pedia a pesquisa de formas de ação teatral capazes de dar conta das inações desta sociedade. Realismo sem nenhum realismo, de formas não dramáticas ou aptas a expor sua ideologia. Formas

---

135 "O russo de literatura, Lenine e a serra mecânica", em *Antônio de Alcântara Machado: obras, v. 2, op. cit.*, p. 232.
136 *Ibidem*, p. 233.

objetivantes. Nem retóricas nem estetizantes: antirromânticas. Teatro da decomposição do ato e das figuras falhadas, de quadros dinâmicos que vinculam o particular e concreto ao geral das causalidades amplas, em que a imaginação do público é mobilizada para fora da cena. Formas épicas na medida em que denunciam uma organização narrativa interposta entre as personagens e o espectador, este sim tornado agente da obra. Formas, enfim, que não estavam disponíveis na tradição literária do teatro brasileiro, mas que talvez estivessem num novo modo de olhar as ruas.

3.
PESQUISA
DA FORMA
BRASILEIRA

Uma das grandes dificuldades artísticas do movimento modernista em São Paulo foi conciliar – nos discursos críticos e na estrutura da obra literária – duas ideologias ligadas a processos históricos diferentes: o direito à pesquisa estética (mais do que isso, o dever da experimentação) e o projeto nacionalista. Como tornar compatíveis a construção de uma inteligência nacional, autônoma, "radicada na terra", na expressão de Mário de Andrade, produto da alma coletiva de um povo livre (associada historicamente à ascensão da burguesia), com um experimentalismo estético de teor crítico, difundido na Europa das proximidades da Primeira Guerra, e conformado pela experiência mundial da crise da ordem burguesa? As principais obras literárias da década de 1920 no Brasil apresentam, entre seus objetivos, a tentativa de realizar essa junção, complexa porque baseada entre propósitos de épocas distintas, mas que foi cara aos artistas de países periféricos do capitalismo. Mário de Andrade, em 1926, a definiu como uma necessidade de "harmonizar as conquistas revolucionárias com as forças psíquicas da nação".[137]

No momento em que Alcântara Machado se aproxima do modernismo, no início de 1924, pouco antes de ser lançado o manifesto da poesia *Pau-Brasil* por Oswald de Andrade, já se difundia entre os escritores a convicção de que essa "harmonização" só era possível numa perspectiva de algum modo trans-histórica, tal como sugerida pelo programa primitivista, que pedia a investigação mais ou menos idealizada de "fontes populares que se encontram em todos os povos", meio fundamental para a edificação do que Apollinaire chamou *espírito novo*.

A própria ideologia do nacionalismo artístico parece ter ressurgido naqueles anos modernistas a partir da autorização estética da vanguarda primitivista internacional, em sua insatisfação com os valores

---

137 Mário de Andrade, "O bom caminho", *Terra Roxa e Outras Terras*, ano 1, n. 2, São Paulo: 3 fev. 1926, p. 3. Todas as citações dessa revista são provenientes das reproduções fac-similares com o mesmo título, editadas em São Paulo: Martins/Secretaria da Cultura, Ciência e Tecnologia, 1977.

centrais da cultura ocidental, em seu fascínio por imagens deslocadas no tempo e espaço da cultura, vindo a se constituir numa ponte necessária para a desejada mundialização da nossa produção. Num texto publicado em *Terra Roxa e Outras Terras*, revista dirigida por Alcântara Machado e A. C. Couto de Barros entre 1926 e 1927, o escritor Sérgio Milliet escreve que "a tendência primitivista da nossa arte está se manifestando pelo nacionalismo. Ora, o nacionalismo é um princípio e não um fim. O fim só pode e só deve ser geral, e nunca particular. Mas quem nunca teve nada precisa começar pelo começo, eis por que o nacionalismo nos é urgentemente necessário. Indispensável".[138]

É bem verdade que no Brasil as culturas ditas primitivas se "misturam à vida cotidiana", como observou o crítico Antonio Candido, o que tornava esse programa de vanguarda aparentemente mais adequado à nossa herança cultural do que à europeia. Mas sua utilização na arte progressista dos países industrializados derivou da procura de modos estéticos não burgueses capazes de "esconder a poesia por debaixo do objeto", segundo a fórmula de Jean Cocteau divulgada pelo crítico Sérgio Buarque de Holanda,[139] o que pedia uma perspectiva deslocada em relação às tradições burguesas hegemônicas. Aqui, este deslocamento, tornado puramente temporal, aparecia como tentativa de enraizamento, de adequação entre presente anômalo e passado colonial.

Sua produtividade parecia depender das diferenciações estabelecidas na imagem dessa ingenuidade original a ser expressa na obra artística, que em algum nível deveria ser capaz de negar-se a si mesma e desestabilizar a unidade apaziguadora da voz poética. Nunca seria simples a instauração de uma "inocência construtiva" defendida pelo *Manifesto Pau-Brasil*, a julgar pela brincadeira dialogada de Mário de Andrade em que Dona Poesia o acusa nos seguintes termos: "Tu é um primitivo! Banca ingênuo sem sê!".[140]

---

138 Sérgio Milliet, "Pontos nos is", *Terra Roxa e Outras Terras*, ano 1, n. 3, São Paulo: 27 fev. 1926, p. 4.

139 Sérgio B. de Holanda, "Pathé-Baby", *Terra Roxa e Outras Terras*, ano 1, n. 6, 6 jul. 1926, p. 3.

140 "Pirandello, a epiderme desvairada e um sentimento alegre da injustiça", em *Terra Roxa e Outras Terras*, ano 1, n. 4, São Paulo: 03 mar. 1926, p. 3.

Em geral, houve uma tendência a que o problema de conjugar pesquisa estética antiburguesa e nacionalismo fosse encarado pelo modernismo paulista como uma questão de "fusão" ou "harmonização" (termos que sugerem uma estabilização a-histórica, e não uma síntese dialética) porque, em última instância, estava em jogo o debate, nem sempre consciente, sobre em que medida uma imagem mais ou menos estável do indivíduo brasileiro deveria ser corporificada na obra.

Nesse ponto, surgia a principal diferença em relação ao romantismo, tal como avaliado por Mário de Andrade, comparação fundamental para os artistas da época. Ambos os movimentos, ao trabalhar pela independência nacional, julgaram retornar às fontes da coletividade, nutrindo-se das forças populares para o encontro de modelos livres. Mas o nacionalismo dos românticos tinha sido, nos dizeres do testamento intelectual de Mário de Andrade, "episódico", excepcional, pouco totalizante como realidade de espírito. "E em qualquer caso, sempre um *individualismo*."[141]

A ambicionada desenvoltura do "sujeito modernista", que marca os primeiros anos do movimento, capaz de libertar a fala poética das amarras individualistas e projetar indivíduos menos confinados em si mesmos, foi cultivada pelas vanguardas do mundo todo através de resgates antropológicos e psicanalíticos, desrepressores da vida íntima e coletiva. A crítica ao individualismo retórico queria, em termos culturais, contribuir de algum modo para a criação de uma "individualidade, e portanto de pátria" num país que não tinha essas noções difundidas na sociabilidade. Mas talvez esse movimento estivesse próximo demais do subjetivismo romântico que rejeitava.

O crítico Roberto Schwarz, analisando a matéria-prima da obra de Oswald de Andrade, demonstra o quanto certos procedimentos, aparentemente libertadores, apenas reforçavam as visões hierarquizantes de uma sociedade sem nenhuma perspectiva igualitária: "O sujeito ativo e desimpedido da poesia vanguardista coexiste com a ânsia generalizada do reconhecimento superior, própria ao *Ancien Régime* das dependências pessoais, originária do período colonial".[142]

---

141 Mário de Andrade, "O movimento modernista", em *Aspectos da literatura brasileira*. 5ª ed. São Paulo: Martins, 1974, p. 243.

142 Roberto Schwarz, "A carroça, o bonde e o poeta modernista", *op. cit.*, p. 18.

De outro lado, não se pode desconsiderar de modo genérico a "energia plasmadora" do nacionalismo estético, a força agregadora dessa difusa busca da "alma nacional", sobretudo quando capaz de, pela reinvenção de matrizes populares, converter o procedimento primitivista em atitude crítica,[143] pela qual a forma rompe a estabilidade positiva do sujeito autoral.

Mário de Andrade comenta esse campo de contradições do seguinte jeito: "E o que nos igualava, por cima dos nossos despautérios individualistas, era justamente a organicidade de um espírito atualizado, que pesquisava já irrestritamente radicado à sua entidade coletiva nacional. Não apenas acomodado à terra, mas gostosamente radicado em sua realidade. O que não se deu sem alguma patriotice e muita falsificação [...]".[144]

A novidade histórica do primitivismo-nacionalista, conquista que não o isenta de equívocos, estava numa inédita "interpretação triunfalista de nosso atraso", como escreveu Roberto Schwarz a partir da ideia de Antonio Candido. Pela primeira vez, o desajuste entre os padrões burgueses e as realidades derivadas do patriarcado rural não era "encarado como vexame, e sim com otimismo – aí a novidade –, como indício de inocência nacional e da possibilidade de um rumo histórico alternativo, quer dizer, não burguês. [...] A ideia é saltar da sociedade pré-burguesa diretamente ao paraíso".[145]

Acredito que a hesitação de Alcântara Machado em simplesmente aplicar o projeto primitivista a suas reflexões sobre teatro se deve tanto ao seu apego relativo às formas da individuação dramática (que pareciam persistir sempre que sua análise incidia sobre o teatro brasileiro, ao contrário da simpatia antidramática pela vanguarda europeia) quanto a uma íntima recusa, aos poucos desfeita, em relação às imagens alegóricas do país. Preferia o realismo cômico à sacralidade melancólica da forma alegórica.

---

143 Cf. José Guilherme Merquior, "A estética do modernismo do ponto de vista da história da cultura", *Formalismo e tradição moderna: o problema da arte na crise da cultura*. Rio de Janeiro: Forense-Universitária; São Paulo: Edusp, 1974, pp. 77-102.

144 Mário de Andrade, "O movimento modernista", *op. cit.*, p. 243.

145 Roberto Schwarz, "A carroça, o bonde e o poeta modernista", *op. cit.*, p. 37.

Tendo defendido o nacionalismo no teatro a partir de 1924, foi somente quatro anos depois que Alcântara Machado afirmou a necessidade concreta de uma *salvação pelo popular*, num alinhamento mais direto com o primitivismo pau-brasil e antropófago.

No meio-tempo, preferiu constatar a miséria geral do teatro brasileiro em comparação com a vitalidade da vanguarda europeia. E o fez como provocação ao debate, a julgar pelo tom apocalíptico de certos discursos. Para ele, as únicas exceções à indigência geral de nossa brasilidade teatral provinham de gêneros populares como a revista e a burleta. E a única novidade viva de nossa cena eram as pantomimas do palhaço Piolin. Foram essas suas primeiras mudanças de gosto, pelas quais o culto anterior ao teatro crítico-literário da civilização europeia deveria ser revisto diante de formas artísticas geradas num contexto local, a partir de uma tradição não literária.

Em 1926, ainda era difícil imaginar, fora do campo atemporal da poesia lírica, formalizações capazes de fundir o avanço modernista e a tradição brasileira sem incorrer no individualismo tardo-romântico que predominava nos palcos. O teatro, principalmente se concebido como drama, pressupõe desenvolvimento da ação no tempo. A lenta conversão ao primitivismo dependeu de seu simultâneo estudo dos padrões antidramáticos europeus, do entendimento de modos alternativos de estruturação da ação, para além do desenvolvimento temporal contínuo e causal. Uma negação do drama literário que demorou a se realizar.

Esse conservadorismo na reflexão sobre o teatro talvez decorra de uma confusão técnica entre os planos da ficção e realidade: a presença real humana no espetáculo cênico leva muita gente a confundir a apresentação por meio de indivíduos com a necessidade da representação individualizada.

Outra questão importante para Alcântara Machado, que talvez ajude a explicar a demora em aderir ao "salto primitivista", era seu senso de objetividade. Seu pensamento teatral nunca deixou de se pautar pela procura de um certo realismo capaz de dar forma não falsificada às ações (e inações) dos homens desta sociedade, e justamente neste aspecto – o da tentativa de achar um modo crítico de lidar com a rarefação do objeto social – encontra-se a grande dificuldade da representação teatral no Brasil.

Matéria-prima nacional

Os primeiros comentários de teor brasileirista de Alcântara Machado são publicados no *Jornal do Commercio* a partir do início de 1924, pouco menos de um ano após o início de sua colaboração jornalística regular. Até então ele mantinha uma desconfiança do "lugar-comum de um espírito nacionalista se insurgindo contra um passado sem pátria".[146] Agora inclui-se entre os que esperam o nascimento do teatro "nacional, nacional". Repudia a desnacionalização do assunto francês para que fosse desenvolvido "em brasileiro" e ironiza o fato de o comediógrafo brasileiro imaginar um "enredo que ele julga parisiense, e que às vezes é mesmo".[147]

Num texto de 1924, intitulado "O que eu disse a um comediógrafo nacional", mostra que os três estilos básicos das comédias produzidas pela Geração Trianon, por ele classificadas como *piegas, caricatural* e *de costumes*, resultam da "influência nefasta das comediazinhas parisienses, dedicadas aos forasteiros, de há vinte, trinta anos atrás (primeiro ato: adultério; segundo: separação; terceiro: pacificação) no pieguismo nacional. Colombo! Fecha a porta de teus mares ao teatro estrangeiro falsificado e deteriorado! Sob o sol brasileiro, ele apodrece, cai aos pedaços e desfaz-se em banalidades e estupidez".[148]

Sua conversão ao brasileirismo artístico é intensa, mas isso não implica a procura de formas brasileiras, ideal que só apareceria mais tarde. Sua primeira tendência é combinar assuntos concretos da realidade local a modelos estrangeiros atuais, como se lê no seguinte trecho:

> [...] Abrasileiremos o teatro brasileiro. Melhor: apaulistanizêmo-lo. Fixemos no palco o instante radioso de febre e de esforço que vivemos. As personagens e os enredos são encontradiços, nesta terra de São Paulo, como os Ford, nas ruas de todos os bairros, procurando passageiros, quer dizer, autores... [...] É tomá-lo! É tomá-lo! Não vê? Ali, ao longo do muro da fábrica. O casal de italianinhos. Ele se despede, agora. Logo mais vem

---

146   "Henrik Ibsen", *Diário Nacional*, 12 abr. 1928.

147   "Quando o amor vem...", *Jornal do Comércio*, 25 jan. 1924.

148   "O que eu disse a um comediógrafo nacional", *Novíssima*, n. 8, ano 1, São Paulo, nov.–dez. 1924. Republicado em *Cavaquinho e saxofone, op. cit.*, p. 434.

buscá-la. Um belo dia mata-a. Traga este drama de todos os dias para a cena. Traga para o palco a luta do operário, a desgraça do operário, traga a oficina inteira. Pronto, ali vai outro. É um cavalheiro gordo, de gestos duros e gravata vermelha. Ontem engraxate; hoje industrial. A escalada desse homem é o mais empolgante dos enredos teatrais. Dê passagem a mais este que ali vem. É um grileiro. Resume toda a epopeia da terra roxa. [...] Anhanguera moderno, mais inteligente, mais feliz. Atenção: mais um. Sim, mais um que passa. Nasceu na Itália. Três anos de idade: São Paulo. Dez anos: vendedor de jornais. Vinte anos: bicheiro. Trinta anos: chefe político, juiz de paz, candidato a vereador. [...] Argumentos nacionalíssimos. Há a importar as fórmulas, tão somente as fórmulas. As de hoje, as deste tempo, as fórmulas inovadoras e moças de Romains, de Shaw, de Pirandello, de Zimmer, de Tchapek, de Gantillon, de tantos, de tantos. Vamos! Um bocadinho de coragem e de mocidade! Então temos que estacar na *Flores de sombra*?".[149]

Nessa sugestão dramatúrgica, Alcântara Machado caminha muito perto de sua própria ficção literária. O drama de todos os dias, a ser mostrado em cena, almeja a escala da epopeia. Deve compor um painel de heróis moralmente ambíguos. Uma formalização ampla no tempo e espaço, estruturada em episódios. Nele predomina o exame da ação e não o julgamento do caráter individual. Não é casual a analogia com a vontade de Brecht de trazer para o palco a "cena de rua", esse teatro "de todos os dias".

Uma sensibilidade épica parece ter sempre estado subjacente à visão teatral de Alcântara Machado, mesmo quando a militância modernista o aproximou de outras convicções. Mário de Andrade escreveria após a morte do amigo: "[os homens representados] como indivíduos, como tipos, eram uma tal fonte de estudo que ele se esquecia frequentemente de amá-los". Dirá também, a respeito de *Brás, Bexiga e Barra-Funda*, num rebaixamento do que podemos considerar uma virtude técnica:

Numa curiosa fraqueza de concepção, os heróis do livro são heroizados pelos casos em que se acham envolvidos. É o caso, é a anedota do conto, que *heroiza* os seres e lhes dá caráter, porque o moço escritor ainda estava muito enamorado da ação. E a caracterização quase que vem

---

149 *Ibidem.*

exclusivamente de fora para dentro, em vez da vice-versa mais legítima. Os tipos ainda são apenas vagamente *heróis* de si mesmos.[150]

Em pouco tempo, já no final de 1925, após uma viagem à Europa, essa convicção brasileirista de tendências épicas deixa de apregoar a necessidade da importação de fórmulas. A riqueza de materiais históricos brasileiros só pode ser representada com uma pesquisa técnica nova e local: "Tudo no Brasil é inédito. Tudo ainda espera exploração. A nossa riqueza de materiais literários é *matarazziana*. Façamos a poesia brasileira, o romance brasileiro, o teatro brasileiro. No fundo, na forma, na expressão. E modernamente. Tentar o contrário é ridículo, tolo e antinacionalista".[151]

Será nas páginas da revista *Terra Roxa e Outras Terras*, no início de 1926, que Alcântara Machado começará a pensar mais detidamente sobre a possibilidade de uma "evolução independente" do teatro brasileiro. Nos sete números de existência da publicação, redigiu cinco artigos polêmicos sobre "a conquista de nós mesmos" e a descoberta de uma finalidade para o teatro nacional. Neles transparece o anseio, algo enfático demais, de se conquistar uma "profunda brasilidade". Formula-se, aos pedaços, um programa de pesquisa para a criação de um novo teatro.

Seu primeiro artigo em *Terra Roxa* representa uma passagem. De um lado persiste a crítica à miséria brasileira, às peças de "costumes nossos, mas com essência e trejeitos parisienses", tristes expressões de um teatro que em nada corresponde à "imensidade inexplorada da matéria-prima dramática", que ignora o "pulular de temas e personagens" da transformação da sociedade brasileira:

> E só vendo a pobreza dos tipos! Sempre os mesmos. Sempre a criada, pernóstica e mulata, que diz cousa em francês do Bangu. Sempre o casal de fazendeiros analfabetos e o moço que chega da Europa. Sempre o novo-rico português. Sempre a menina piegas. Sempre essa gente. Só ela. Sempre. A cena nacional ainda não conhece o cangaceiro, o imigrante, o grileiro, o político,

---

150 Mário de Andrade, "O túmulo na neblina", em Francisco de Assis Barbosa, *Intelectuais na encruzilhada*, *op. cit.*, pp. 63-4.

151 "Partida para Cythera pela Companhia Leopoldo Fróes no Cassino", *Jornal do Comércio*, 5 dez. 1925.

o ítalo-paulista, o capadócio, o curandeiro, o industrial. Não conhece nada disso. E não nos conhece. Não conhece o brasileiro. É pena. Dá dó.[152]

De outro lado, ele elege seu mais importante modelo primitivista para o teatro brasileiro, as pantomimas do palhaço Piolin, primeira transposição teatral do projeto *Pau-Brasil*:

> São Paulo tem visto companhias nacionais de toda a sorte. Incontáveis. De todas elas, a única, bem nacional, bem mesmo, é a de Piolin! Ali no Circo Alcebíades! Palavra. Piolin, sim, é brasileiro. Representa Dioguinho, o Tenente Galinha, Piolin sócio do Diabo, e outras cousas assim, que ele chama de pantomimas, deliciosamente ingênuas, estupendas, brasileiras até ali. [...] Diverte. Revela o Brasil. Improvisa brasileiramente tudo. É tosca, é nossa. É esplêndida. Piolin e Alcebíades são palhaços, o que quiserem, mas são os únicos elementos nacionais com que conta o nosso teatro de prosa. Devem servir de exemplo. Como autores e atores.[153]

Vagueza e precisão em Piolin

O palhaço Piolin – Abelardo Pinto (1897-1973) – foi objeto de culto dos escritores paulistas ao longo de anos, com mais intensidade no período entre os dois manifestos de influência primitivista, o *Pau-Brasil* e o *Antropófago*. Foi assunto de crônicas, pretexto de polêmicas, homenageado em almoços – num deles foi devorado antropofagicamente –, além de ter sido uma espécie de consultor de Oswald de Andrade para questões cômicas.

Serviu de símbolo para o modernismo paulista desde que Oswald de Andrade o apresentou ao grupo, referendado pela admiração efusiva que lhe dedicou o poeta suíço Blaise Cendrars, considerado por Sérgio Milliet seu descobridor, e que teria dito ser Piolin um dos grandes do mundo, superior ao trio de palhaços italianos Fratellini, que há anos atuava em Paris.

———

152 "Indesejáveis", em *Terra Roxa e Outras Terras*, ano 1, n. 1, São Paulo: 20 jan. 1926, p. 5.
153 *Ibidem*.

O referenciamento internacional do culto a Piolin provinha de uma ampla tendência de intercâmbios entre vanguarda e artistas populares. Maiakóvski escreveu entradas para o palhaço Lazarenko; os futuristas italianos tinham como modelo sintético Petrolini, cômico de variedades que já se apresentara em São Paulo em 1921; e Jean Cocteau, forte influência no grupo paulista, fez representar seu *Boeuf sur le toit* [Boi no telhado] também por palhaços de circo.[154]

O parentesco com a tendência internacional foi denunciado por Tristão de Athayde na imprensa do Rio de Janeiro, em imediata resposta aos artigos da *Terra Roxa*: "Quanto aos louvores ao Circo Alcebíades (correspondente paulista do nosso Spinelli), como teatro eminentemente nacional, é influência já do pau-brasil de auriverde memória, já da moda parisiense que nestes últimos anos foi lançada pela *extrême-gauche* literária, que lançou o circo e o café-concerto como reação contra a decadência e vulgarização do teatro".[155]

Mais do que um simples reflexo parisiense, a simpatia pela teatralidade de Piolin deve ser estudada em seus aspectos formais: naquilo que Alcântara Machado descreveu como capacidade de "revelar o Brasil" e "improvisar brasileiramente". De algum modo a aparência tosca das pantomimas "ingênuas" parecia oferecer uma possibilidade para o nosso avanço teatral.

No terceiro número de *Terra Roxa*, sob o pseudônimo de Pau D'Alho, Mário de Andrade toma posição no debate ao descrever a arte de Piolin na perspectiva de sua liberdade inconsciente:

> Os únicos espetáculos teatrais que a gente inda pode frequentar no Brasil são o circo e a revista. Só nestes inda tem criação. Não é que os poetas autores de tais revistas e pantomimas saibam o que é criação ou conservem alguma tradição efetivamente nacional, porém as próprias circunstâncias da liberdade sem restrições e da vagueza desses gêneros dramáticos

---

154   Ver, a este respeito, o artigo "Petrolini e o teatro futurista no Brasil", de Annateresa Fabris e Cacilda Teixeira da Costa, *O Estado de S. Paulo*, ano 4, n. 253, 21 abr. 1985, Suplemento Cultura, p. 4.

155   *Apud* Arruda Dantas, *Piolin*. São Paulo: Panartz, 1980, pp. 142-3. O artigo original de Alceu de Amoroso Lima é de 1926 e foi republicado na obra *Primeiros estudos*, de 1927.

permitem aos criadores deles as maiores extravagâncias. Criam por isso sem leis nem tradições importadas, criam movidos pelas necessidades artísticas do momento e do gênero, pelo interesse de agradar e pelas determinações inconscientes da própria personalidade.[156]

Afora alguns poucos comentários técnicos sobre a capacidade de deformar a subliteratura a ponto de elevá-la à condição de grande arte, afora a observação de que a "precisão do ridículo risível é que salva da perdição" tais pantomimas, o foco central do artigo de Mário de Andrade está no elogio à potência subjetiva de uma criação autônoma. Piolin é exemplo de um puro criativo graças à liberdade sem restrições e à vagueza do gênero. Como os românticos que punham o sujeito criador acima da ação criativa, Mário de Andrade trata Piolin como um gênio bruto, que "parece conservar a inconsciência do seu valor. E sobretudo a indiferença no criar. Pra certa ordem de artistas geralmente a perseverança do valor depende da desatenção estética com que inventam. Piolin se quiser conservar o valor extraordinário que possui tem de permanecer o criador desatento que até agora foi".[157]

A ingenuidade do comentário de Mário de Andrade é proporcional ao desejo de atribuir ingenuidade ao objeto. O olhar modernista sobre Piolin desconsiderava a rigorosa base técnica – física e imaginária – necessária àquele tipo de trabalho cômico e estava desatento a todos os "degraus da arte circense" necessários para a formação de um palhaço. Não atribuía valor ao suporte acrobático e à codificação interpretativa que viabilizam a comicidade chã e materialista desse tipo de artistas, para quem o gesto e o movimento do corpo são os meios fundamentais da invenção.

Importava destacar o simbolismo do livre acesso ao inconsciente expresso naquelas entradas cômicas, elogiar seu jeito de "criação verdadeira", provinda de regiões onde a intencionalidade construtiva não chega. Se o argumento soava plausível era porque Piolin parecia trabalhar com elementos tão rarefeitos e cambiantes quanto são seus objetos, as personagens-tipo contraditórias. Mas essa é uma confusão apenas aparente entre ator e personagem, da qual depende a eficácia do jogo

---

156 Mário de Andrade, "Do Brasil ao *Far-west* - Piolin", *Terra Roxa e Outras Terras*, ano 1, n. 3, 27 fev. 1926, p. 2.
157 *Ibidem.*

teatral do palhaço. A rigor, é a precisão física extrema que instaura a volubilidade dos atos e sujeitos ficcionais corporificados pelo palhaço.

Apreciáveis por qualquer plateia, os números circenses de Piolin continham a mesma rapidez, poder de síntese e fulminância futurista que Alcântara Machado emprestava do cinema e dos jornais para seus contos. Também tinham algo de uma imagem documental sob a "forma do irreal". Contemplados na distância das frisas, pareciam obras de uma irrealização absoluta, que encantava os modernistas por seu sentido de incompletude e descompromisso com os hábitos da verossimilhança.

Foi com Piolin que Alcântara Machado se distanciou de uma expectativa dramática que julgava necessária ao teatro brasileiro e reconheceu virtudes numa cena da "desordem", intuindo também que o primado da transformação teatral haveria de ser cênico. Seu limite foi não ter procurado relacionar a aparente informalidade e incompletude com procedimentos de construção que todo bom palhaço exercita até incorporá-los como seus. Dava assim o primeiro passo para a hipótese de uma teatralidade da *bagunça* feliz, ideal ambíguo que enunciará mais tarde.

Num texto do mesmo período, Menotti del Picchia mostra o quanto essa escolha simbólica provinha também de uma idealização política, segundo a qual a liberdade do instinto deveria, sem mais nem menos, reger as práticas sociais:

> O picadeiro é a crítica no palco democrático, isto é, a sagração plebiscitária das mais heterogêneas multidões. A arte teatral brasileira deve surgir daí, desse concurso ou eleição onde vota o soldado, a criança, a cozinheira, o deputado, o escritor, o plutocrata. O circo é a matriz ingênua e limpa da arte cênica, sem convenção, porque ali não existe seita, preconceito, esnobismo. O instinto e o instinto [*sic*] – mesmo que não estivesse em moda Freud – é a verdade nua e crua da alma humana [...]; no circo ou há graça ou não há graça. Ou há talento espontâneo, socialista, coletivo ou há burrice chata, com vaias, pontas de charutos acesos na cabeça do histrião.[158]

A reação a essa esperança modernista de uma teatralidade ingenuamente socialista veio, ligeira e cortante, de integrantes do pensamento católico de direita. Por anos Mário de Andrade se perturbou com as

---

158 *Apud* Arruda Dantas, *Piolin*, *op. cit.*, p. 139-40.

acusações de Tristão de Athayde de que o movimento paulista fazia um "academicismo às avessas" ao elogiar o Circo Alcebíades. Tristão considerava a eleição primitivista um exemplo de "regionalismo urbano", talvez por pressentir um eco do populismo ou do paulistanismo do grupo de São Paulo. Mário de Andrade, num texto de cinco anos depois, ainda responde às acusações:

> Piolin é realmente um grande palhaço, muito embora esta verificação gritada pelos modernistas de São Paulo tenha muito irritado uns tempos a sensibilidade de Tristão de Athayde, que via em nosso entusiasmo apenas uma transplantação do amor pelo *music-hall* que tomou a Europa depois da Guerra. É muito provável que os modernistas de então se lembrassem do circo brasileiro por causa da moda europeia, mas o fato é que ninguém tem a culpa de Piolin ser grande deveras, e mesmo às vezes genial. E na verdade o entusiasmo dos modernistas de S. Paulo não era pelo circo, era por Piolin.[159]

Não é fácil encontrar nos escritos modernistas comentários que permitam fazer de Piolin mais do que um modelo simbólico. A "dúvida inquieta" que paira sobre sua grandeza, prevista por Mário de Andrade, e que incide sempre sobre as voláteis obras dos palcos e picadeiros, só é diminuída por impressões registradas sem maior detalhismo. Numa carta a Manuel Bandeira, de 1924, ele assim se referiu, talvez pela primeira vez, ao seu contato com o artista: "Vamos dar um almoço ao Piolin. Conheces? É um palhaço admirável que começou imitando Chicharrão e ultrapassou de muito o modelo uruguaio. Piolin não é propriamente um criador, não há dúvida. Mas descobre o ponto de bala que Chicharrão foi incapaz de descobrir".[160]

Numa crônica de 1925, Alcântara Machado dá outra breve imagem da qualidade técnica diferencial do ponto de bala, que poderia estar num modo de combinar jogo vocal e corporal. Naquela que é sua primeira crônica em jornal, descreve um palhaço de ficção, Cyrillo, com

---

159 Mário de Andrade, "Circo de cavalinhos", *Táxi e crônicas no Diário Nacional.* São Paulo: Duas Cidades/Secretaria da Cultura, Ciência e Tecnologia, 1976.

160 *Correspondência Mário de Andrade & Manuel Bandeira.* Org. int. e notas de Marcos A. de Moraes. 2ª ed. São Paulo: Edusp/Instituto de Estudos Brasileiros, Universidade de São Paulo, 2001, p. 141.

atributos provavelmente emprestados de Piolin: "a voz que ia do falsete do cornetim ao estrugir da trombeta; Cyrillo sabia fazer rir até as lágrimas. Não raro, um simples bamboleio de corpo era o bastante".[161]

A técnica da voz cambiante era uma qualidade necessária a todo palhaço Augusto (denominação francesa do *excêntrico* ou *Toni*), ligada à origem não verbal das participações desse tipo de artista nos números dos espetáculos equestres do final do século XVIII. Bem antes de a palavra ser legalizada nos picadeiros, o que se deu na França somente a partir de 1864 (antes os diálogos dramáticos eram restritos aos palcos autorizados), uma qualidade fundamental do então artista *grotesco* era a partitura vocal. O estudioso do circo Tristan Rémy relata que o *clown* Billy Saunders, que aparecia no Anfiteatro de Astley, protótipo lendário do circo moderno, limitava suas intervenções faladas às vogais, às variações do "a-e-i-o-u" que pontuavam suas acrobacias.[162] No seu *Circo de cavalinhos*, Yan de Almeida Prado, com o pseudônimo Terêncio Martins, confirma que "na voz está grande parte da grandeza de Piolin. Direi mais, dela provém a superioridade do discípulo sobre o mestre Chicharrão. É curioso ver como a atenção que o primeiro desperta cresce quando ele esganiça a voz, e diminui quando casualmente recupera o timbre natural".[163]

Seus célebres guinchos em "iiiiiih", seus números com apitos que obrigavam o corpo a "falar", sua risada produzida por uma garganta privilegiada, combinados a uma "marcante movimentação de pernas", talvez fossem seus trunfos maiores como cômico de pista. Num trecho de crônica, em 1928, Alcântara Machado volta a mencionar as habilidades de seu jogo cênico: "Neste tempo sem beleza só ele ainda nos resta, sabendo brandir um bengalão e soltar uma risadinha, rei do passo do urubu malandro e do príncipe da pagodeira".[164]

---

161   "Círyllo", *Jornal do Comércio*, 21 set. 1924. Republicado em *Antônio de Alcântara Machado: obras, v. 1, op. cit.*, pp. 81-3.

162   Cf. Tristan Rémy, *Entrées clownesques*. Paris: L'Arche, 1962.

163   Terêncio Martins (Yan de Almeida Prado), *Circo de cavalinhos: crônica paulista de 1929*. São Paulo: edição do autor, 1931. Crônicas publicadas em São Paulo no *Diário Nacional* em janeiro e fevereiro de 1929.

164   "Consolação", *Diário Nacional*, 6 out. 1928.

Dentre os escassos comentários sobre a técnica cômica de Piolin, encontra-se uma descrição feita por Menotti del Picchia sobre seu modo de representar a morte, em que Piolin compunha, provavelmente, uma complexa paródia dos finais trágicos encenados por atores românticos, inversão bufa do instante máximo da atuação no palco literário: "Morrendo, Piolin, é supremo. Já o vi esticar a canela várias vezes. Uma criação! Piolin morre, com rigorosa sucessão mímica, fisiológica, épica, teatral e sentimentalmente. Há uma gradação de emoções estilizando sua morte no circo. É um arco-íris hilariante e macabro de gestos e de máscaras".[165]

Uma descrição como essa, no entanto, pouco permite visualizar a real dimensão relacional da cena. Alcântara Machado talvez tenha sido o único dos modernistas a perceber que a genialidade de Piolin dependia de um conjunto de elementos maior do que o talento. Sua força não vinha só do controle rítmico individual ou do uso dos adereços e elementos como a careca falsa, gravata enorme, bengala, figurino comum para esta espécie de palhaço, o *Augusto*, que surgiu historicamente da paródia do proprietário do circo e parecia mimetizar o ponto de vista das massas de trabalhadores e desajustados da Revolução Industrial. Vinha também de uma dinâmica relacional com o parceiro de menor brilho, que lhe servia de escada, o *clown* (também chamado *Branco*), papel desempenhado pelo dono do barracão, Alcebíades, e que costuma guardar em sua imagem o passado aristocrático.

Era opinião corrente que Alcebíades não estava à altura do gênio de Piolin. Entretanto, uma regra tradicional do jogo de palhaços é justamente a da oscilação entre o ponto de vista normal e o grotesco, entre a atitude centrada do *clown* e o comportamento excêntrico do palhaço Augusto, entre o hábito cotidiano da composição de Alcebíades (aqui identificado realmente com o dono do circo) e o gesto paradoxal e subversivo de Piolin (identificado com o trabalhador desviante, perturbador do patrão). Mário de Andrade referia-se ao parceiro de Piolin como o palhaço "desimportante que é Alcebíades", e Yan de Almeida Prado escreveu que "Piolin é prejudicado pelo Alcebíades, cujo maior defeito

---

165 *Apud* Maria Augusta Fonseca, *Palhaço da burguesia: Serafim Ponte Grande, de Oswald de Andrade, e suas relações com o universo do circo*, São Paulo: Polis, 1979, p. 33. A crônica original é do *Correio Paulistano* de 27 mar. 1929, assinada por Helios.

provém da má caracterização. Não se apresenta com nariz postiço, nem voz diferente da natural, nem com qualquer outro disfarce que o transforme aos olhos do público".[166]

O ponto importante pelo qual a teatralidade de Piolin poderia ser mesmo modelar para o teatro brasileiro não estava na vagueza genial da *técnica* interpretativa, em verdade altamente codificada e rigorosa, mas sim na sugestão de ambiguidade dos *objetos* apresentados. O que se tornava artisticamente mais potente com a descontinuidade épica de uma estrutura de números de atrações que tudo põe sob o signo da coisificação e animalização na mesma medida em que denuncia esse gesto. Piolin parecia realizar a ativação cômica das *figuras falhadas*, ao revelar sua sujeição violenta, ao reagir ao jogo cênico imposto de fora. E sua relação sempre mutante com a mesmidade do duplo Alcebíades era essencial para o jogo de alternâncias entre vícios e virtudes, vivacidade e rigidez.

Tendo no seu passado um legado múltiplo de técnicas cômicas da modernidade, provenientes de fontes díspares como a arlequinada de feira francesa, os sainetes espanhóis, a farsa *clownesca* inglesa e tantas outras matrizes sempre renovadas por necessidades cotidianas de comunicação com públicos urbanos cada vez mais amplos, o palhaço do começo do século XX herda do Pierrot francês uma sina geral, a de ser um trabalhador ou vagabundo inadaptado. Vive a ambígua condição de um pobre diabo desorientado, perplexo, perdido mas vivo em sua possibilidade de reagir. Jean Duvignaud nota que essa "incapacidade de adaptação parece ser correlata à situação das 'classes perigosas': os novos imigrantes urbanos, retirados da vasta zona provinciana em que viviam secularmente, não encontraram ainda a sua via de penetração nos meios grandes da cidade. Em nossos dias, no ambiente dos emigrados europeus ainda não integrados na sociedade norte-americana, não vimos Chaplin inventar o personagem Carlito?".[167] Essa prototipia de uma criatura inadaptada mas ativa, coisificada mas vivificada, feita de estupidez reveladora e idiotia sábia, movendo-se entre um pragmatismo terra a terra e uma adaptabilidade grotesca, capaz das lágrimas desmedidas e

---

166   *Apud* Arruda Dantas, *op. cit.*, p. 122.
167   Cf. Jean Duvignaud, *Sociologia do comediante*. Trad. Hesíodo Facó. Rio de Janeiro: Zahar, 1972, p. 144.

suspiros patéticos – e que conota em suas contradições uma situação de classe –, foi apenas pressentida nos escritos modernistas. Piolin tinha meios radicalmente concretos e precisos de representar a instabilidade de seus sujeitos ficcionais, objetualizados pela vida.

Dessa reflexão poderia surgir uma ativação modernista de um modelo – Piolin – que sinalizava pela primeira vez no teatro brasileiro, em forma complexa, uma possibilidade de representação local da *reificação* gerada pelo capitalismo moderno, sem sentimentalismo em relação aos humildes.

O próprio Piolin admitia se inspirar nas comédias cinematográficas da época, sendo Carlitos uma das principais fontes para seus roteiros e improvisações. Ao analisar o entrecho de *Do Brasil ao Far-West*, título que já sugere um choque cultural e estético, Mário de Andrade destaca a contradição que eleva a peça acima da "subliteratura": "Embora ainda o bem vença o mal e o herói simpático seja honesto, o bem é cômico, o herói é coberto de opróbrios e ridículos, e a peça não tem nenhuma lógica realista".[168]

A reflexão sobre a suposta brasilidade da figura falhada de pantomima se torna mais complexa anos depois, quando ele vislumbra nesse protótipo da desclassificação social um tipo psicológico universal e ao mesmo tempo "caracteristicamente brasileiro". É o momento da melhor explicação de Mário de Andrade para o ponto de bala do artista símbolo do modernismo:

> A graça de Chicharrão era, e é, a dos palhaços em geral. A comicidade de Piolin evoca na gente uma entidade, um ser. E de tanto maior importância social que essa entidade converge para esse tipo psicológico geral e universalmente contemporâneo do ser abúlico, do ser sem caráter predeterminado e fixo, do ser "vai na onda". O mesmo ser que, apesar de suas especificações individuais, representam Carlito, Harry Langdon, os personagens de Ulisses, os de Proust e as tragicômicas vítimas do relativo que Pirandello inventou. Nesta ordem geral do ser humano, que parece criada pela inquietação e enormes perplexidades deste fim de civilização, ser que nós todos profundamente sentimos em nós, nas nossas indecisões e gestos contraditórios, é que o tipo criado por Piolin se coloca também.

---

168 Mário de Andrade, "Do Brasil ao Far-west – Piolin", *Terra Roxa e Outras Terras*, ano 1, n. 3, 27 fev. 1926, p. 2.

Dentro de toda a deformação caricata, Piolin é um ser real, embora completamente antirrealista no sentido em que foram "realistas" os Zolas, os Eças e os Aluísios de Azevedo.[169]

Graças à descoberta de Piolin, Alcântara Machado começa a vislumbrar potências espetaculares semelhantes em gêneros teatrais populares como a revista e o teatro de variedades, que antes abominava. Nesta gradativa crença numa *salvação pelo popular* – em breve essa seria, para ele, a única coisa que ainda se podia tentar no teatro brasileiro –, o ponto de referência continuava fora do país, ainda que a intenção fosse outra. E mesmo a proposta de recuo em direção a uma subjetividade livre era a defesa de um salvo-conduto ao artista, antes de ser uma proposta de prática concreta para as obras. De outro lado, aquela "desenvoltura do sujeito", a ser conquistada pela nudez do fato, para usar os termos de Roberto Schwarz,[170] pode ser lida, em suas contradições, como um primeiro passo para uma práxis, e nesse sentido a aposta modernista na teatralidade de Piolin me parece uma escolha feliz. Num poema de abril de 1931, publicado pela poeta e ativista Patrícia Galvão – a Pagu – no jornal *O Homem do Povo*, sob o pseudônimo K. B. Luda, a imagem de Piolin e de seu criador surgem politizadas. A descrição, que brinca com o "malzinho sem querer" provocado pelo prazer alienante, é sobretudo uma lembrança aos modernistas de que existe outra possibilidade de função social do artista: "Aqui até Piolin fala a verdade. E nós amigos dele vemos na sua figura sem máscara, sem tinta, a mesma inteligência do *clown*, o mesmo orgulho do pobre que ele sempre representa e o mesmo desprezo pelo rico que ele sempre ridiculariza. Piolin proletário. Piolin que faz um malzinho sem querer, de dar momentos de sensacional alegria ao povo que o vai ver. E o pessoal com a ENTRADA do Piolin esquece que é explorado. Piolin do povo, artista do povo".[171]

---

169   Mário de Andrade, "Circo de cavalinhos", em *Táxi e crônicas no Diário Nacional, op. cit.*, p. 104.

170   Cf. Roberto Schwarz, "A carroça, o bonde e o poeta modernista", *op. cit.*, p. 17.

171   Oswald de Andrade e Patrícia Galvão, *O Homem do Povo*, edição completa e fac-similar. São Paulo: Imprensa Oficial do Estado S. A. Imesp/Divisão de Arquivo do Estado de São Paulo, 1984. Edição n. 6, de 7 abr. 1931. Veja-se também o estudo: *Mixórdia no picadeiro: circo, circo-teatro e circularidade cultural na São Paulo das décadas de 1930 a 1970*, de Walter de Sousa Junior. Tese (doutorado em

Lukács escreveu que a poesia primitiva parte sempre do fato fundamental da importância da práxis. E essa atividade, na sua acepção mais ampla, só existe porque transcende a atuação meramente estética. A teatralidade de Piolin não era produzida como obra de arte, mas como diversão para consumo, e seu rigor decorria da necessidade de eficácia imediata diante de um público composto por diferentes classes sociais. Sua qualidade artística – e até os eventuais efeitos politizantes de seu trabalho – provinham de uma construção destinada a outros fins, e essa funcionalidade múltipla de sua arte, para lá de estética, e que seria central para a discussão da cultura a partir dos anos 1930, faria Alcântara Machado superar a simples oposição entre comercialismo e idealismo estético, no sentido de uma compreensão mais material dos possíveis caminhos para o teatro brasileiro.[172]

———

Comunicação). São Paulo: Escola de Comunicações e Artes, Universidade de São Paulo, 2008.

172 Ao longo do livro *Piolin*, de Arruda Dantas (o autor prefere essa grafia) encontram-se descritas algumas cenas cômicas do palhaço: "De repente, uma *pulga* mordia a perna de Piolin, que interrompia o dueto musical, para procurar a pulga. Alcebíades se queixava da interrupção; Piolin se justificava, desaparecia a pulga, o dueto prosseguia. Mas a pulga voltava, atacando outra parte do corpo de Piolin. E assim, sucessivamente, desenrolava-se a luta do Palhaço com a pulga, interrompendo-se a música e irritando Alcebíades. Até que Piolin conseguia pegar o inseto e matá-lo sobre uma cadeira, com grande alarido". Outro número clássico de Piolin, e pelo qual ele próprio tinha predileção, "era o das *abelhas ou pássaros*, em que Piolin e o comparsa vinham de saiotes de bailarinas, com apitos na boca; representavam a cena – um idílio, com problemas, arrufos e ciúmes, apenas com mímicas e assobios dos apitos". Trata-se de uma reminiscência do *Idílio dos sabiás*, de Chicharrão. Havia também a cena da *Morte*: "Piolin, colocando uma vela acesa sobre a cabeça, atirava-se com um revólver; caía; e ficava se estrebuchando, agonizando, até morrer. A hilaridade estava no estrebuchamento". A pantomima do *faminto*: "Piolin chega ao restaurante, para almoçar; senta-se e o garção o atende; escolhe o prato e o garção se retira. Todavia, a fome do freguês é invencível; e o prato encomendado está demorando para chegar. Piolin arranca uma pétala de flor, cujo vaso adorna a mesa; leva-a a boca, distraído e aprecia o sabor. Começa, então, a comer as pétalas de flor. Anima-se: passa às flores, folhas e caules, sucessivamente, para o prato; tempera-os como salada; e devora tudo. Depois, come o próprio vaso; come os talheres; o prato. Quando ia começar a comer o guardanapo, o garção chega com o pedido fumegante. Mas o freguês já está almoçado e satisfeito". Segundo Dantas, percebe-se nessa pantomima, bem claramente, sem qualquer disfarce, reminiscências de Charlie Chaplin. Arruda Dantas, *op. cit.*, pp. 125-48.

Anchieta e a sátira colonial

O segundo passo de Alcântara Machado em seu estudo de formas brasileiras pode ser localizado num artigo que publicou no quinto número de *Terra Roxa e Outras Terras*, sobre a obra de José de Anchieta. "Nosso primeiro dramaturgo" mostra uma leitura do teatro do jesuíta que o situa historicamente à frente de sua época. O avanço estaria na procura de modos críticos locais de representar a vida da colônia em formação. Ao contrário da visão habitual de um Anchieta reprodutor do legado medieval, de um teatro de alegorização das virtudes sacras, Alcântara Machado o apresenta como inventor de uma cena "moderníssima", de qualidades cômicas capazes de gerar um diálogo com seu público que raramente veio a se realizar no país com a mesma força.

O comentário sobre Anchieta precisa também ser lido dentro do contexto ideológico do *paulistanismo* de uma revista que, não por acaso, tinha o nome *Terra Roxa e Outras Terras*. Parte daquela edição era dedicada a festejar a doação feita ao Museu Paulista de uma carta manuscrita do Padre Anchieta. O documento tinha sido comprado de leiloeiros em Londres em troca do valor correspondente a trinta sacas de café, recolhidas de fazendeiros numa campanha encabeçada pela própria *Terra Roxa*. As palavras de Paulo Prado, o principal ideólogo do modernismo, registradas por René Thiollier naquela edição comemorativa, dimensionam o aristocratismo do gesto de civilidade dos "fazendeiros cultos e patriotas" que contribuíram: "Chegou a carta do padre Anchieta. [...] É o documento de família que dá à cidade moderna atestado de longa ascendência que não possuem os novos ricos".[173]

A atitude de quem se via como galho avançado de um enraizamento antigo, liberto para os ventos da cultura mundial pela financeirização do capital (Paulo Prado tinha mais dividendos como negociante e capitalista dos mercados do que como fazendeiro de café), explica por que um autor lúcido como Alcântara Machado era capaz de apologias patéticas da vontade e da audácia bandeirantes como necessárias ao Brasil: "É preciso fazer de cada brasileiro um paulista injetando-lhe as qualidades deste".[174]

---

173 René Thiollier, "A carta de Anchieta", em *Terra Roxa e Outras Terras*, ano 1, n. 5, 27 abr. 1926, p. 3.

174 "Colher direita", *Terra Roxa e Outras Terras*, ano 1, n. 3, 27 fev. 1926, p. 4.

Muito do sentido antiburguês e outro tanto do populismo do pensamento do modernismo paulista devem ser discutidos à luz dessa autoimagem literária aristocrática e cosmopolita. Ela não se dava sem resistências, mais ou menos intensas de acordo com o caso, e nem sempre era consciente. Deu forma, porém, a muitas das aspirações estéticas do grupo. Muitas vezes afastando o burguês real do horizonte crítico ao tratá-lo como um insulto moral, a pesquisa artística de padrões antiburgueses duelava com sua motivação conservadora, algo que dialoga com o medo da modernidade recorrente na história das elites econômicas de São Paulo.

A escolha de Anchieta como modelo teatral significa para Alcântara Machado uma ambivalente aproximação à tendência primitivista em curso. Como símbolo, era uma escolha oposta à da Antropofagia posterior, que repudia com todas as forças o mito de Anchieta: a imagem antiburguesa deveria provir da deglutição ritual do colonizador, não do estudo de suas formas racionais de arte catequética. Mas o impulso era semelhante como tentativa de encontro com um passado pré-burguês, de sondagem das fontes da brasilidade.

Salvo engano, Alcântara Machado é o único crítico do teatro brasileiro a valorizar Anchieta não como um poeta de virtudes líricas em meio a imposturas de baixa densidade dramática, e sim como "um comediógrafo dos mais adiantados de seu tempo". Sua força não estaria na poesia religiosa, e sim na figuração satírica de personagens "vivas e autênticas" da vida colonial. Se em todo o mundo vigorava o drama litúrgico, "aqui em S. Paulo de Piratininga, aldeia perdida no mundo, um padre de vinte e poucos anos, tentava a comédia de caracteres".[175]

A matéria narrativa que permitia realizar essa comédia inovadora provinha dos acontecimentos mundanos da vila. A habilidade formal do dramaturgo estava em combinar os aspectos particulares do ambiente ao conjunto alegórico ("os mistérios que escreveu têm cor local").

Paira alguma ironia no uso de critérios como "cor local", "autenticidade" e "ambientação", todos eles formulados pelos teóricos do drama romântico e realista, no elogio de um dramaturgo que costuma ser menosprezado pela falta de profundidade nos caracteres. Alcântara Machado

---

175 "Nosso primeiro dramaturgo", *Terra Roxa e Outras Terras*, ano 1, n. 5, 27 abr. 1926, p. 2. Todas as citações seguintes não referenciadas em nota de rodapé pertencem ao mesmo artigo.

sabia que o motor do interesse dramatúrgico de Anchieta não era literário, mas cênico. Era a compreensão da temporalidade da cena e do público que fazia com que o dramaturgo jesuíta orientasse sua poesia a serviço dos jogos de palco e dos objetivos extra-estéticos da representação: "Não me interessam os autos sagrados. Apaixonam-me, pelo pouco que sei deles, os improvisos cênicos em que o Apóstolo satirizava os vícios dos vicentinos cristãos e não cristãos".

Depreende-se do comentário que Alcântara Machado imaginava, mais uma vez, um modelo de teatralidade aberta, de tendência narrativa, em que a representação não cria um mundo ficcional absoluto, mas, ao contrário, explicita seu caráter de construção, e seus pontos de vista.

No artigo em questão, ele menciona um fragmento da peça *Recebimento dos índios de Guaraparim ao provincial Belliarte,* em que uma personagem angélica assim se dirige ao enviado de Satanás: "Eu me chamo castigador de demônios". Na avaliação de Alcântara Machado, a frase é "pura delícia". E não seria exagero dizer que a graça avistada pelo crítico decorre da narratividade sobreposta à enunciação da personagem, o que implica o descolamento da expressão dramática.

Na cena, ela vem como arremate de uma sequência em que a figura muda de nome após quebrar a cabeça do interlocutor, não sem antes dar o aviso violentamente didático que alude ao rito da vingança tupinambá: "Quero-te hoje ensinar quebrando-te a cabeça".[176]

A personagem que descreve sua função e rompe uma ficção tornada suspeita pelo absurdo da situação ("ensinar quebrando a cabeça") faz parte de um universo dramatúrgico aberto à intencionalidade extraestética. Sem a compreensão do funcionamento didático do teatro jesuítico, certas escolhas poéticas de Anchieta soam incompreensíveis. O crítico Décio de Almeida Prado observa que "não é fácil, aliás, entender por que Anchieta passa na mesma personagem e situação dramática,

---

176   O fragmento citado por Alcântara Machado diverge da tradução mais conhecida hoje, a do padre Armando Cardoso. Isso não constitui um problema: importa aqui a interpretação do escritor modernista, mais do que a fidelidade ao original. De qualquer modo, sua versão parece mais inspirada como palavra teatral do que a publicada em "Recebimento que fizeram os índios de Guaraparim ao padre provincial Marçal Beliarte", em *Teatro de Anchieta: obras completas, v. 3.* Org. e trad. Pe. Armando Cardoso S.J. São Paulo: Loyola, 1977, pp. 235-46.

de uma língua para outra. Se ocasionalmente o próprio texto justifica a mudança, [...] em outros trechos tal liberdade linguística afigura-se total, no sentido de prender-se unicamente ao arbítrio do escritor".[177]

Não sendo a função do espetáculo apenas doutrinária, e estando o próprio ensino de línguas em jogo num teatro em que o português é a língua menos falada, é provável que as dificuldades dos atores com o idioma estivessem sendo testadas como objeto de sátira. Ou que certos hábitos fonéticos de pessoas do aldeamento onde a peça era encenada estivessem sendo caricaturados. Somente a projeção de sentidos não literários torna esses volteios mais que arbitrariedades.[178]

O ponto alto do estudo de Alcântara Machado, e que traz um elemento novo ao seu pensamento teatral, é o interesse pela dimensão satírica e performativa diante de uma funcionalidade pedagógica. Mesmo concordando em parte com a opinião comum de que a imaginação literária do padre se sacrificava com a tarefa de apresentar o ensinamento do Evangelho a "uma mentalidade bruta", e afirmando que essa renúncia da primazia estética embute um afastamento da noção convencional de "obra de arte", Alcântara Machado compreende que é neste ponto que reside o avanço teatral: no diálogo entre a forma cômico-poética e a prática *interessada* da cena.

Os textos de Anchieta eram roteiros para espetáculos concebidos como *combates* musicados, danças *agônicas*, disputas entre visões de mundo. Iam de encontro à expectativa de gestos bélicos que aproximava palco e plateia. Como em todo teatro religioso, eram braços de um corpo maior, a festividade cristã. Funcionavam como marca simbólica de uma outra ordem do mundo, na qual todo o espaço comunitário (da vila ou aldeamento) se transformava em espaço de encenação. Justapunham padrões sensíveis diversos, tendendo ao hibridismo formal, mas almejavam uma unificação final, rítmica e coreográfica, segundo o ideário dos invasores cristãos. Adaptavam estruturas de danças e cantos

---

177 Décio de Almeida Prado, *Teatro de Anchieta a Alencar*. São Paulo: Perspectiva, 1993, p. 50.

178 O diretor italiano Ruggero Jacobbi escreveu que todas as regras poéticas ou cênicas do teatro de Anchieta decorrem da necessidade de construir ao mesmo tempo uma "apresentação divertida, uma prédica religiosa, uma lição de língua ou higiene, e um jornal mural da comunidade". Ruggero Jacobbi, *Teatro in Brasile*. San Casciano: Capelli, s.d., p. 30.

indígenas ao imaginário escatológico do cristianismo. Utilizavam intensa musicalidade de vozes e instrumentos, como aconselhavam os tratados humanistas da época, "para amenizar a execução da peça".

A música, o canto e a dança constituíam a base da aproximação dos jesuítas à sensibilidade dos meninos indígenas, como de pronto percebe o padre Manoel da Nóbrega em suas cartas, quando reafirma a necessidade de seguir "tocando e cantando ao modo deles".[179] Os autos eram, assim, parte de uma ação festiva ampla, composta da cena participativa da procissão e da teatralidade contemplativa e reflexiva da cena montada no palco a céu aberto, ao redor da igreja. A mobilidade sonora e coreográfica preparava e solucionava as tensões demoníacas deflagradas pelo dialogismo cômico.

Toda a negatividade grotesca do palco jesuítico, todas as diabruras dos *anhangás* satirizados dependiam de um trabalho cênico de impacto sensorial. Os efeitos espetaculares instauravam e puniam o "diabolismo" a ser combatido. Sem que haja registros confiáveis,[180] aquelas montagens ao certo se valiam de figurinos e adereços vistosos, improvisados com matéria local, na falta de condições técnicas para os tradicionais truques feéricos da maquinaria cênica barroca. A multiplicidade sensível tinha sua contrapartida na unidade da lição metafísica, na esperança da perenidade de um mundo incorruptível, expressa nas formas visíveis de santos e anjos.

Acredito que o sentido fundamental do "diabolismo" no teatro de José de Anchieta deve ser estudado como decorrência de uma violenta instauração de um espaço e de um tempo cristãos no território dos povos originários, em torno da forma chamada *aldeamento*, locais de reunião artificial de pessoas de várias etnias. É para essas comunidades

---

179   Carta de Manuel da Nóbrega, São Vicente, 15 jun. 1553, em *Cartas do Brasil e mais escritos do Padre Manuel da Nóbrega*. Belo Horizonte: Itatiaia, 2000, p. 170.

180   Melo Moraes Filho, sem indicar suas fontes improváveis, assim descreve certos recursos de encenação para os autos de Anchieta, de modo inventivo: "Havia um rio artificial, alçapões que tragavam e expeliam demônios. Os truques eram admiráveis de simplicidade. Para representar a lua, por exemplo, um índio assomava ao fundo do palco improvisado, segurando uma lanterna; outro, para figurar o vento, enchia umas bochechas do deus Eolo, soprava com a cabeça fora dos bastidores e um rancho de diabos vermelhos rolava no tablado". *Apud* Lafayette Silva, *História do teatro brasileiro*. Rio de Janeiro: Serviço Gráfico do Ministério da Educação e Saúde, 1938, pp. 16-7.

indígenas, de cristianização imposta, que o teatro falava sobre a necessidade da extinção de hábitos como "a antropofagia, a poliginia e a bebedice de vinhos de frutas".[181] O enorme esforço de desarraigar-lhes os ritos contava com a ajuda das armas do Estado português, que chegava a queimar as casas dos que porventura resistissem à ordem de passar para a povoação onde os padres doutrinavam.[182] Como desdobramento da técnica jesuítica, o espetáculo festivo servia para a agregação cultural em torno desse espaço-tempo cristão, como demonstração simbólica da nova lei, imposta aos indígenas distanciados de suas comunidades originárias. Os autos cênicos existiam como partes desses atos públicos de ressacralização do espaço a partir da festa de entrada da imagem do santo protetor da Igreja, de um visitante ilustre ou de uma relíquia.[183]

O palco erguido no adro surgia como mais um sustentáculo simbólico dos aldeamentos jesuíticos. Estabelecia, no seio da festa, uma nova ordenação do tempo. E a função espetacular era também ajudar na renomeação mítica da geografia local. Pela ativação do imaginário, procurava-se dar sentido cristão e proteção mágico-guerreira às colinas e lugares em que a igreja e sua comunidade se situavam. A luta da cristandade contra o diabo era o tema fundamental desta cena antidiabólica, na qual o inimigo da humana geração era confundido com os guerreiros dos povos originários que lutaram contra os invasores portugueses. O demônio era o inimigo real ou o mítico, manifesto nos hábitos rituais ligados ao transe que persistia nas comunidades cristianizadas.

Alcântara Machado observa que tanto a comicidade satírica como a dança celebrativa desses espetáculos-festivos almejava "lisonjear a vaidade do indígena dando só a ele o prazer da vitória. Ia de encontro às tendências de sua índole guerreira. Ainda mais: provava ao indígena que ele mesmo, com suas próprias forças, seria capaz de exterminar

---

181 Cf. Capistrano de Abreu, "Fernão Cardim", em *Ensaios e estudos: crítica e história*, Rio de Janeiro: Civilização Brasileira; Brasília: INL, 1976, p. 226.

182 Ver, a este respeito, a carta do jesuíta Antonio Blasquez, de 10 set. 1559, em *Cartas avulsas: Azpicuelta Navarro e outros*, Belo Horizonte: Itatiaia; São Paulo: Edusp, 1988, pp. 249-257.

183 Veja-se, a este respeito, meu artigo "Teatro e sociedade no Brasil Colônia: a cena jesuítica do 'Auto de São Lourenço'". São Paulo, *Sala Preta*, v. 15, n. 1, 2015, pp. 6-53.

o mais endiabrado dos diabos. O dramaturgo conhecia como ninguém a psicologia de seu público".[184]

Por ser concebido *em função* da participação numa guerra simbólica, a forma dramatúrgica era aberta. O ato nas peças de Anchieta não é uma unidade preparatória da unidade seguinte. Tende ao quadro independente, não totalmente fechado em si mesmo porque era um mundo transcendental, o da ficção apresentada, e cada quadro continha uma forma de embate antidemoníaco.

As personagens da história antes sofrem do que movem a ação. Seus discursos são negativos: ao defender seus valores dissolutos, os diabos suscitam, pelo excesso e pelo automatismo, a própria crítica. A habilidade técnica do dramaturgo era restringir ao mínimo a pregação positiva para permitir que o vício se autocondenasse comicamente.

As cabeças quebradas, fogueiras ou outras punições visíveis, mesmo que mostradas em chave de pancadaria farsesca, tinham que estar a serviço da supremacia performativa (também visível na técnica cênica) da virtude católica. Para Alcântara Machado, era um teatro que "destinava-se a verberar vícios, comuns a lusitanos e brasileiros, ensinados a estes por aqueles, *a fim de que com detestá-los nas personagens que se lhes punham ante os olhos, soubessem detestá-los em si mesmos, e destarte corrigi-los*".[185]

É provável que essa tipificação em registro grosso fosse matizada na prática pelo fato de as personagens serem reconhecíveis pela comunidade. Alcântara Machado nota que a pedagogia podia ser ainda mais realista: "Muitas vezes a lição era perfeita. O taumaturgo realizava a sua comédia com os dados reais de um fato sucedido. Repetindo na cena o episódio a verberar, escolhia para intérprete o próprio indivíduo retratado na peça. O drama assim era de um realismo golpeante".

A tese incerta de que alguns dos atores praticavam uma expiação pública de seus vícios, observadas nos fragmentos relativos aos portugueses de São Vicente,[186] não invalida a ideia de que as peças didáticas

---

184   "Nosso primeiro dramaturgo", *op. cit.*, p. 2.

185   *Ibidem*. O grifo é do original.

186   J. Galante de Souza refuta essa tese de que certos atores falavam "em seu próprio nome e confessando seus próprios pecados", que aparentemente foi divulgada por Pereira da Silva, citado por Múcio da Paixão. Vide *O teatro no Brasil: evolução do teatro no Brasil*, tomo I. Rio de Janeiro: MEC/INL, 1960, p. 93.

de Anchieta, por seu comprometimento quase performativo com a realidade (contemplada de um ponto de vista artificialmente exposto), traziam – em alguns de seus aspectos puramente *formais* – uma possibilidade de modelo para um teatro antiburguês brasileiro. Alcântara Machado, fazendo vista grossa ao horror colonialista impresso nos materiais, vê ali uma forma popular que aproxima a dimensão cômica e a musical, e conecta o espetáculo a um conjunto celebrativo maior, no sentido de um *engajamento* participativo, extraestético. Isso o leva a evitar o erro crítico de desvalorizar Anchieta por não possuir os supostos "dons característicos do dramaturgo, o de criar personagens autônomas, com vida própria, relativamente desligadas do autor, e o de passar do abstrato ao concreto",[187] parâmetros inconcebíveis para aquele teatro aberto.

Por outro lado, ao não discutir os aspectos ideológicos e perversos dessa cena não dramática, Alcântara Machado se sente à vontade para considerar Anchieta um herói civilizador, ativo na fundação cristã de São Paulo. No seu estudo *Anchieta na capitania de São Vicente*, premiado pela Sociedade Capistrano de Abreu em 1928 e publicado na *Revista do Instituto Histórico e Geográfico Brasileiro* no ano seguinte, ele reforça a ideia de que a obra teatral do jesuíta deve ser considerada a semente esquecida de uma civilização que nunca vingou no país: "O teatro (que em toda parte foi sempre sinal de civilização firmada) ia fazer o papel de elemento civilizador num meio bárbaro".[188]

No que se refere ao exame formal, sua tendência era elogiar na poesia teatral de Anchieta o realismo "golpeante" do enquadramento cômico e rejeitar os artificialismos do final redentor, momento em que o espetáculo caminhava para uma celebração de falas recitativas, de canto e dança. O final do espetáculo jesuítico reafirmava a dicotomia entre o mundo divino imutável e um mundo móvel e corruptível de aparências sensíveis, e essa *estática* teatral, travestida da dinâmica de uma entrada na igreja de Deus, devia engolfar as diferenças sociais e produzir um estado de espírito coletivo correspondente ao ciclo do calendário cristão, ativador da proteção do santo padroeiro diante dos combates

---

187 Décio de Almeida Prado, *Teatro de Anchieta a Alencar*, op. cit., pp. 50-1.
188 Em *Revista do Instituto Histórico e Geográfico Brasileiro*, t. 105, v. 159, p. 53.

mundanos. Por meio desses coros conciliatórios, a peça jesuítica desembocava numa celebração do aldeamento cristão que dissolvia simbolicamente os problemas mostrados e confirmava a perspectiva material de uma missão jesuítica que não podia abrir mão do controle dos atos sociais. Sem observar nada disso, Alcântara Machado destaca a sátira da "liberdade viciosa de uma colônia nascente" como o núcleo forte da experiência formal de uma teatralidade de interesse moderno.

A cena jesuítica foi estudada por ele, portanto, como uma possibilidade de diálogo com o projeto do brasileirismo primitivista. Era importante resgatar do passado a força popular e supostamente civilizatória do teatro, mesmo que isso significasse o obscurecimento da realidade, a negação das vozes esmagadas ou a idealização do processo colonial. O interesse nesse imaginário jesuítico não foi, contudo, muito mais do que um tema de passagem em seu pensamento teatral. Vem como uma observação transitória que parece ser parte de uma reflexão maior que nunca chegou a ser escrita. Os estudos sobre Anchieta abrem em seu pensamento a reflexão sobre a função da arte no que diz respeito a um de seus aspectos mais complexos, o da relação entre a forma estética e o propósito pedagógico.

O teatro bagunça

No conjunto de críticas de Alcântara Machado, são raros os momentos em que o discurso sobre a miséria teatral se reverte no contrário, no vislumbre das potencialidades esteticamente avançadas do atraso cultural. O único texto dedicado a isso constitui, portanto, uma espécie de manifesto primitivista para um teatro brasileiro nacional e popular. Tem por nome, como haveria de ser, *Teatro do Brasil*. E seu tom (autonomeado) de "discurso" tinha por objetivo convocar a "geração que explodiu em 22" a produzir obras de dramaturgia que colaborassem para "criar o teatro do Brasil".

Publicado na revista *Movimento* em novembro de 1928, tem alinhamento direto com o *Manifesto Antropófago*, de Oswald de Andrade, divulgado seis meses antes, e também com o pensamento de Mário de Andrade.

Curiosamente, o primeiro autor mencionado no artigo-manifesto é o padre Anchieta, evocado para lembrar o momento inaugural da história brasileira em que o teatro não esteve "na rabeira das outras artes". E nisso talvez houvesse uma demarcação de diferenças em relação ao anticatolicismo da Antropofagia.

No corpo do *Manifesto Antropófago*, o antijesuitismo é uma profissão de fé:

> Contra todas as catequeses. [...] Contra a verdade dos povos missionários. [...] Antropofagia. Absorção do inimigo sacro. Para transformá-lo em totem. A humana aventura. A terrena finalidade. Porém, só as puras elites conseguiram realizar a antropofagia carnal, que traz em si o mais alto sentido da vida e evita todos os males identificados por Freud, males catequistas. [...] Contra Anchieta cantando as onze mil virgens do céu, na terra de Iracema – o patriarca João Ramalho fundador de São Paulo.[189]

Alcântara Machado, algo distante da crença numa Idade do Ouro, de felicidade sem complexos e comunismo primitivo, tempo mítico do "matriarcado de Pindorama", e mais ainda do elogio patriarcal de João Ramalho, também não parecia disposto a refletir sobre os males do cristianismo na sociabilidade colonial. Bastava-lhe, como no geral ao próprio Oswald de Andrade, recolher referências artísticas modernizantes, emblemáticas de um espírito antiburguês e nacionalista.

Em nenhum outro momento parece ter sido tão estreita a proximidade estética entre ambos como naquele ano de 1928, em que Alcântara Machado dirigiu a *Revista de Antropofagia*, mesmo que as divergências ideológicas e pessoais estivessem se acentuando rumo a uma crise próxima.

A proposta de um teatro bagunça enunciada por Alcântara Machado conserva algo da procura antropofágica de uma rítmica religiosa que supostamente estaria na base das manifestações populares brasileiras.

Poucas vezes Alcântara Machado esteve tão convicto de que uma inédita chance histórica estava sendo oferecida a sua geração. No primeiro parágrafo do seu texto-discurso afirma que "a gente que se interessa pelo teatro brasileiro não deve perder a ocasião que tão a jeito

---

189 Oswald de Andrade, *Obras completas VI: Do Pau-Brasil à Antropofagia e às utopias: manifestos, teses de concursos e ensaios*. 2ª ed. Rio de Janeiro: Civilização Brasileira, 1970, p. 19.

agora se oferece para dar realidade ao que ainda não passa de mera suposição. O momento é excelente. Igual só virá daqui a muito tempo ou nunca [...]".[190] Era chegado o momento do "desrecalque localista" no pensamento teatral de Alcântara Machado, pelo qual o atraso poderia significar vantagem. Não é casual, portanto, que o salto metafísico idealizado por essa súbita *ida ao povo* levasse a enquadramentos amplos, dissolventes, populistas.

As imagens do novo teatro brasileiro que estaria por nascer do "ventre da terra", Alcântara Machado as extrai do repertório das festas e ritos brasileiros, daquilo que Mário de Andrade estudou com o nome de *danças dramáticas*: "No entanto o desejado indivíduo está aí no ventre da terra clamando por parteira. Está aí na macumba, no sertão, nos porões, nos fandangos, nas cheganças, em todos os lugares e em todas as festanças onde o povinho se reúne e fala os desejos e os sentimentos que tem. A música nova disso tudo misturado nasceu. Pois isso tudo misturado tem mais um filho. É o teatro bagunça, o teatro brasileiro".[191]

A música – sobretudo no ritmo como elemento de coletivização – é o elemento de suporte formal dessa idealização da teatralidade popular. A referência culturalista organiza o campo da pesquisa afetiva da alma brasileira, no que Alcântara Machado reproduzia algumas reflexões de Mário de Andrade sobre o teatro cantado, mais tarde desenvolvidas em torno da composição do poema-ópera *Café*.

O princípio se mantém metafisicante na medida em que Alcântara Machado associa as matrizes populares ao conceito de uma brasilidade *informe*, no que ele enfumaça a própria enunciação. De outro lado, como já havia feito com Piolin, essa imprecisão do objeto – que acaba por contagiar os meios de representação – é entendida como negação dos padrões dramáticos burgueses:

> O teatro europeu por exemplo anda louco atrás do princípio de onde veio. Para partir de novo em outra direção. Ora, o que ele procura é o informe que nós somos. Não saímos até hoje do princípio. E o princípio é

---

190 "Teatro do Brasil", *Movimento*, n. 2, nov. 1928, pp. 14-5. Por sua importância, este artigo se encontra reproduzido nos anexos finais. Todas as citações seguintes não referenciadas em nota de rodapé pertencem ao mesmo artigo.

191 *Ibidem*.

a farsa popular, anônima, grosseira. É a desordem de canções, bailados, diálogos e cenas de fundo lírico, anedótico ou religioso. Cousa que entre nós se encontra no circo, nos terreiros, nos adros, nas ruas, nas macumbas. [...] A esse ponto de partida procuram voltar na Europa os que anseiam pela liberdade e confusão iniciais. Nós estamos nele. Não precisamos procurar.[192]

Como na cena de Anchieta, a rítmica religiosa popular é contrabalançada pela farsa grosseira, que constituiria o outro eixo dessa teatralidade refratária ao unitarismo de gêneros que falham num país que não é país, de matéria social informe: "Nossas tragédias acabam em maxixe e dedo na boca. Dramas sociais onde é que estão? A chamada alta-comédia é uma bobagem e no Brasil então uma bobagem ridícula. Teatro de ideias? Não temos ideias: só temos ideais".[193]

Os temas para a forma cênica da bagunça brasileira – múltipla, musical e farsesca – devem também ser extraídos da vida popular. Para o dramaturgo, é fundamental praticar uma arte da observação objetiva: "O simples documento contém não só a essência como a estrutura do drama já desenvolvido. Nem é preciso inventar, apelar para o fantástico".[194]

Se a regra da sociabilidade nacional parece ser a promiscuidade, a mistura entre o público e o privado, algo disso deve aparecer num teatro que pratica a bagunça das artes. Sem que fique claro se a liberdade e confusão iniciais, que definiriam as expressões dessa alma popular brasileira, são aspectos de assunto ou de forma, a reflexão de Alcântara Machado tende ao elogio vago de uma sociabilidade difusa, que bastaria flagrar num registro de arte, e que dava ao dramaturgo a possibilidade de "reunir num chá dançante o Presidente do Supremo e o bananeiro da esquina. O maxixe ritmando tudo, mas tudo. Duas portas para os acontecimentos: a seção-livre e a canção de carnaval. A camaradagem. Ninguém se ofende. E todos são poetas".[195]

---

192 *Ibidem.*
193 *Ibidem.*
194 *Ibidem.*
195 *Ibidem.*

Entre a festa popular, que tudo dissolve em dança, e a farsa documental crítica, Alcântara Machado mantém seu projeto ambíguo o suficiente para que os ritmos conciliadores não comprometam a negatividade cômica dessa cena que, ao fim das contas, deveria servir para também mostrar os absurdos nacionais: "Esse recurso comum a geômetras e artistas – o absurdo – não é aqui invenção: é elemento da vida, intervém nela, é parte integrante dela. Este é o país sem lógica".[196]

O *Manifesto Antropófago* parece se orgulhar de que "nunca admitimos o nascimento da lógica entre nós". Não é exatamente a posição de Alcântara Machado, que via em seu ideal de *redução ao absurdo* uma forma de expor contradições e afirmar sua confiança racionalista em alguma espécie de objetivação teatral.

O embate crítico com a confusão do país parece ser a possibilidade mais vitalizadora suscitada por sua sugestão de um teatro da bagunça, que fosse capaz de se autodistanciar, expondo em sua forma as confusões sociais maiores.

Até o fim de sua breve vida, Alcântara Machado manteve a convicção de que não haveria avanço teatral algum sem alguma espécie de *ida ao povo*, tal como Gramsci difundiu a expressão. Nessa formulação, ainda presa ao populismo, percebeu a importância indiscutível do contato real entre a arte e a vida popular e, lamentavelmente, não teve tempo de confrontar seu projeto com uma experiência prática ou de escrever mais detidamente sobre o assunto.

No texto de 1932 sobre Leopoldo Fróes, ele volta a afirmar que a "salvação pelo popular é o que se pode tentar no teatro brasileiro. Que venham a farsa grosseira, a comédia de costumes, os galãs de pés no chão, as ingênuas de subúrbio, o folclore, o samba, o carnaval, a feitiçaria, o vernáculo estropiado, os dramas do sertão, flores de papel nos lustres, carapinhas, dentes de ouro, a fauna, o ambiente, graças e desgraças da descivilização brasileira".[197]

Sua esperança na influência benéfica das manifestações populares sobre os artistas, e do contrário, de uma produção efetivamente realizada pelo povo, foi responsável pela revisão surgida, a esse tempo, das opiniões primeiras sobre o teatro comercial. Nos textos motivados pelo

---

196   *Ibidem.*
197   "Leopoldo Fróes", *op. cit.*, p. 360.

primitivismo brasileirista, o teatro musicado já era visto como um dos poucos lugares de imaginação nacional, não mais somente um antro de mediocridade. Inicialmente considerado um "compêndio de pornografia sem nenhuma graça", o Teatro de Revista carioca, em 1926, passou a ser respeitado pela inventividade popular: "Brasileirismo só existe na revista e na burleta. Essas refletem qualquer coisa nossa. Nelas é que a gente vai encontrar, deformado e acanalhado embora, um pouco do que somos. O espírito do povo tem nela o seu espelhinho de turco ordinário e barato".[198]

Em 1928, o entusiasmo é ainda maior: "O material [da sociedade brasileira] se apresenta tão rico e de tão fácil exploração que a revista carioca tem produzido sem querer (é a melhor maneira talvez) legítimas obras-primas, cenas curiosíssimas com diálogo, música e dança".[199]

Pela chance de encontrar o popular em formas comerciais degradadas, Alcântara Machado não generalizou seu repúdio ao velho sistema produtivo, como fez a geração seguinte de artistas e críticos do teatro brasileiro. Para ele, os grandes artífices de um teatro moderno teriam que ser aqueles velhos improvisadores, cuja origem pessoal não burguesa poderia ser aproveitada pela nova cena. Se a revista era o "gênero teatral mais em voga entre nós", é nela que encontraríamos "gente com ótimas qualidades, espontânea, fantasista, desenvolta, capaz de fazer arte e arte nova": "Nem nos faltam atores [...] familiarizados com a poesia capadócia, o ritualismo das pajelanças, as desordens da vagabundagem suburbana, os hábitos e a língua da gente dos blocos, dos fusos, das sociedades recreativas e tal. [...] Tem mais isto: o que Copeau à semelhança do que já se fez há cinco séculos está agora tentando – dar ao ator maior liberdade, favorecer a improvisação, colaborar no texto, considerar a personagem independente de quem a imaginou – entre nós é costume corrente e enraizado".[200]

Só a popularização do teatro brasileiro o traria para um "campo inédito e livre. Sem regras e sem modelos. Uma bagunça. Um teatro bagunça da bagunça sairá". Se havia aí uma metafísica da liberdade

---

198   "Onde não há tendências nem nada: resposta a um inquérito", original de 1926 não localizado. Republicado em *Cavaquinho e saxofone*, op. cit., p. 439.

199   "Teatro do Brasil", *op. cit.*, p. 15.

200   *Ibidem.*

apenas moralmente antiburguesa (e foi assim que este projeto foi lido anos depois por um artista importante como Zé Celso), por outro lado isso correspondia ao sonho de uma nova teatralidade que, ao ser projetada na prática, exigiria mais do que a vagueza de um populismo genérico e um pouco espúrio.

Lido apenas como elogio à confusão primitiva, o que seria subestimar Alcântara Machado, o projeto soa como embuste, como falsa tentativa de resolver a dificuldade de representar uma sociabilidade sem indivíduos. A mitificação da liberdade comunitária pré-burguesa na forma de uma rítmica religiosa imposta jesuiticamente, de cima para baixo, anula os antagonismos sociais do presente e foge de um confronto real com uma dificuldade que não é só da arte. Propõe um apaziguamento provisório pela comoção festiva, que tende a reproduzir o ideal dos cafeicultores ilustrados de modernizar o trato social e conservar as relações de mando.

Por outro lado, até mesmo como populismo cênico, o teatro bagunça aponta para uma perspectiva coletivizadora que representa avanço dentro do pensamento teatral de Alcântara Machado na medida em que, daí por diante, ele passa a se sentir mais próximo de uma reflexão sobre as condicionantes de classe e de raça das tradições populares.

Lido a contrapelo, o teatro bagunça era antes a formulação de um problema, ao contrário do que sugere seu lado *dionisíaco*, porque pedia uma nova atitude também quanto ao modo de produção. Seu lado de farsa documental não fechava a porta para uma cena de tensões formais, não confusionista, erguida no jogo das contradições, o que poderia afastar o projeto do populismo conciliatório.

Objetivação cômica

No mesmo mês de novembro de 1928 em que escreve sobre o *Teatro do Brasil*, Alcântara Machado debate, em artigo do *Diário Nacional*, um projeto que corria na Câmara Municipal de São Paulo para a fundação de uma Companhia de Drama e Alta Comédia com corpo estável mantido pela prefeitura. Denuncia o caráter elitista do projeto, oculto na eleição de gêneros:

[...] especificando drama e alta comédia, o projeto quer evidentemente impedir a representação de farsas e comédias de sátira ou costumes. Quer matar o teatro popular para proveito do que erradamente se costuma qualificar de educado, culto, distinto, superior e outros adjetivos que tais. Coisa que não só contraria o espírito de hoje mas até, digamos assim, a nossa índole dramática. É a mentalidade de antes da guerra que mais uma vez se manifesta entre nós. É a preocupação boba do civilizado e do bonito. Foi-se o tempo em que transportar para o palco o cotidiano ou o simples não era arte. Foi-se o tempo do drama forte, da comédia de situação, do teatro literatura. E no Brasil, então, onde em matéria de espetáculo o bom e o puro só se encontram na farsa de circo ou às vezes na revista, ou mais raramente na comédia chula, querer implantar de um momento para outro o teatro de palavras profundas e emoções violentas (que esteve na moda há vinte ou trinta anos) além de ser tolice é absurdo.[201]

Após apontar o nexo entre gêneros como *Drama* e *Alta Comédia* e uma expectativa de classe, ele prescreve um receituário para o possível início de um novo teatro brasileiro mantido pelo Estado:

Antes de mais nada, portanto, será necessário construir um teatro de comédia, depois botar nele uma companhia permanente, depois procurar com os elementos que existem por essa grandeza de terra espalhados e no embrião (no circo, no teatro popular, nas festas religiosas e tradicionais, nas manifestações mais ou menos artísticas da cidade e do mato, na canção, na lenda, nos divertimentos, na anedota, no carnaval), dar à luz esse tão desejado teatro indígena.[202]

Se Alcântara Machado teve um sonho recorrente, foi o de uma cena que dialoga com a vida das ruas, popular e cômica. Mesmo sabendo que o problema artístico não é o da realidade do assunto, mas o da realidade da forma, acreditou numa arte que poderia partir do registro jornalístico, desde que não fosse imparcial.

Sua referência mais importante como escritor foi o caricaturista Voltolino. Considerava-o um agudo observador dos novos tipos sociais paulistanos, aqueles que viviam as mudanças da grande cidade, num

—

201   "Uma tentativa como as outras", *Diário Nacional*, 13 nov. 1928. Naquele período, ele considerava necessária uma modificação das relações de trabalho nas companhias, de modo a fixar os atores nos conjuntos, numa colaboração de longo prazo.
202   *Ibidem.*

penoso processo de ajustamento ao novo momento urbano. Voltolino era para ele um crítico "deste momento inapreciável de S. Paulo", desenhista de um "lápis desgracioso": "Deselegante como ele só. Por isso mesmo caricaturava melhor os humildes. [...] Nada de se meter com gente milionária e da alta. Preferia a gentalha que anda a pé. Um varredor da prefeitura, por exemplo. Então sim. Com dois traços apanhava o tipo em flagrante. O desenho era apressado mas seguro. A imagem desta S. Paulo de Anchieta e de nós também, onde os Fords dançam entre arranha-céus".[203]

Ao nutrir simpatia pelo que se costuma chamar *heróis humildes*, Alcântara Machado não parecia julgar que o flagrante correspondia a uma caracterização grosseira, erro comum a tantos escritores que, idealizando os tipos populares, reduzem-nos a uma exterioridade estereotipada. Gramsci comenta o equívoco de intelectuais italianos como Manzoni, que alimentavam catolicamente a preocupação com os humildes, mas representavam as "pessoas do povo" sem qualquer vida interior, sem personalidade moral profunda, como animais que merecem benevolência.[204]

Mesmo que alguns de seus contos possam transmitir essa sensação de caricatura simpática, mesmo que sua secura como narrador fosse por vezes umidificada por um fio sentimental, coisa que fazia de caso pensado por julgar isso uma exigência de brasilidade, Alcântara Machado dá mostras, em seu projeto literário e teatral, de uma complexidade maior do que possa sugerir seu gosto pela ironia pitoresca. Acredito que pretendia representar não só as pessoas, mas a vida ideológica, não só as situações humanas, mas a visão de mundo projetada pelos acontecimentos, o que permitiria ver pensamentos sociais dominantes.

---

203 "Voltolino", *Jornal do Comércio*, 4 set. 1926. Reproduzido em *Antônio de Alcântara Machado: obras, v. 1, op. cit.*, pp. 157-61.
204 Antonio Gramsci, *Literatura e vida nacional*, 3ª ed. Trad. e org. Carlos Nelson Coutinho, Rio de Janeiro: Civilização Brasileira, 1986, p. 83. Nesse comentário, Gramsci cita o epigrama sobre Paul Bourget, segundo o qual seria necessário que uma mulher tivesse 100 mil francos de renda anual para ser dotada de uma psicologia.

Certa vez comentou que seria necessário escrever no Brasil o que H. L. Mencken fez nos Estados Unidos, um compêndio cômico com as idiossincrasias locais, que teria por nome *Paulistana*. Afirmava que a "feição inteligente de um povo não é mais interessante que a sua feição asnática". Nesse compêndio da imbecilidade, se registrariam os comportamentos idiotas que revelam aspectos gerais do modo de ser, de pensar e de agir da coletividade. A caricatura não deveria visar à condenação essencialista do caráter tolo, mas sim dos elos que relacionam o sujeito com suas comunidades ilusórias, flagrar a estupidez em sua reprodutibilidade. A atenção do escritor à "feição asnática" do país daria "uma ideia nítida não só do vigor pensante das classes que comandam, como também, principalmente da imensa maioria anônima".[205]

Em nenhum outro momento da história brasileira a proposta de uma necessária incorporação da vida popular pelo teatro, por meio de intercâmbios de mútua interferência entre artistas e manifestações tradicionais, foi projetada de modo tão radical como naqueles anos do modernismo paulista. Somente os projetos do Teatro do Estudante de Pernambuco, elaborado por Hermilo Borba Filho, e do Teatro Experimental do Negro, de Abdias do Nascimento, da década de 1940, podem ser a ele comparados. Foi outro sonho sem desdobramentos imediatos, mais tarde domesticado pelas ideologias de progresso das décadas do desenvolvimentismo econômico que afirmaram o padrão TBC.

O trabalho teórico modernista assinalou a importância do estabelecimento de vínculos concretos entre a vanguarda e os interesses populares, até então inexistentes. É verdade que o projeto do teatro bagunça pode induzir a erros como o da imitação da aparência de alegria da festa popular. Existe sempre algo de patético quando um elenco num palco italiano, diante de plateias burguesas, almeja a mimese da festa ou do rito, fenômenos que, no seu contexto real, não distinguem com clareza entre atores e espectadores, entre ação e espectação, e nem são elaborados como ficção, pois são *comemoração*. A celebração festiva, quando imposta ao espectador, tem sempre algo de violento, de um jesuitismo não católico, de missão culturalista falsamente desrepressora.

---

205 "Paulistana", *Jornal do Comércio*, 13 out. 1926. Reproduzido em *Antônio de Alcântara Machado: obras, v. 1, op. cit.*, p. 197.

Da mesma forma, a caricatura farsesca ou patética das figuras populares, quando traçada apenas por meio das obsessões morais ou volitivas, resulta em mecanicidade ou animalização cômica e pode induzir o público a uma benevolência que nunca deixará de ser classicista. É triste o teatro da imitação estereotipada dos comportamentos do povo.

A dificuldade modernista apontada por Alcântara Machado era de estabelecer uma pesquisa formal que não falsificasse a condição histórica dos sujeitos sociais brasileiros, não ignorasse o processo de reificação que atravessa toda a sociedade, e fosse capaz de dialogar, em padrões antiburgueses, com um público que também estivesse disposto a modificar sua atitude estética. E isso só seria possível com novos modos de produção de arte.

Seu cambiante projeto teatral esteve sempre além de si mesmo, projetando espetáculos e dramaturgias que exigem outra vida social. Tinha autoconsciência de que essa reflexão dependia de uma ação futura, a ser empreendida coletivamente: "Ainda não conquistamos a terra. Ainda não conquistamos nada. Só nos discursos existem princípios fundamentais".[206] O trabalho de um teatro brasileiro originado da vida popular está ainda por ser feito.

Drama interrompido

Nos últimos escritos sobre teatro, a crítica de Alcântara Machado cada vez mais se negava como crítica e parecia se encaminhar para a elaboração de uma poética dramatúrgica. Seu autor migrava da teoria para uma prática teatral, que seria apenas esboçada.

Desde 1928, seus escritos de jornal demonstram preocupações técnicas de um dramaturgo aprendiz. Examinam a história do teatro não só para condenar a vigência do artificialismo liberal, mas para resgatar certas virtudes praticáveis do passado, na tentativa de compreender os raros esforços de se superar no Brasil a miséria do teatro. Sua crítica, sempre, de algum modo, visava à produção.

---

206   "Teatro do Brasil", *op. cit.*, p. 15.

Num artigo de 1931, sobre o poeta e dramaturgo Álvares de Azevedo, seus comentários mostram preocupações técnicas de quem imagina escrever uma peça. É um texto que, lido hoje, se torna triste pela comparação dos destinos breves dos dois escritores: muitos dos comentários com os quais Alcântara Machado compara a vida interditada e a obra interrompida do escritor romântico poderiam ser estendidos a si próprio. Segundo ele, Azevedo "tinha sobretudo a paixão do teatro" e tão cedo "foi puxado para o túmulo": "[...] só poetou o *Se eu morresse amanhã*. Não deixou traçados num *Se eu vivesse amanhã* os seus projetos de luta. Os que o estudam têm assim maior liberdade para a manifestação de seus palpites".[207]

Alcântara Machado via no teatro de Álvares de Azevedo o início de uma grande dramaturgia brasileira. Junto às habilidades dramáticas de uma peça como *Macário*, manifesta-se uma notável consciência de teatralidade:

> Não há de fato em toda a nossa história literária quem possua como o autor da *Lira dos vinte anos* as qualidades que fazem um dramaturgo de verdade. A começar pelo dom da invenção dramática. Dramática e teatral. Mário de Andrade considera, com razão, o *Macário*, sobretudo o primeiro episódio, uma esplêndida realização dramática, a melhor que o escritor brasileiro já produziu. O quadro da estalagem é realmente perfeito como princípio de drama. A escolha do ambiente, o caráter das personagens, o desenvolvimento do diálogo, a maneira por que pouco a pouco Satã vai se deixando reconhecer, tudo isso prova a vocação do dramaturgo. E, o que não é exatamente a mesma coisa, a habilidade do teatrólogo. Porque há aí recursos teatrais evidentes. Basta que a gente atente na sequência das cenas, no modo por que as personagens entram, se apresentam e saem, na intercalação da disputa a propósito da mala no meio da conversa entre Macário e o Desconhecido, para se convencer de que existe no quadro uma intenção teatral conseguida. Os outros episódios, não. Conservam, embora em menor grau, o tom dramático do primeiro, mas perdem de todo o teatral.[208]

Ainda que parte de seu comentário elogie a dimensão técnica propriamente dramática – a boa relação entre ambientação, o caráter das personagens e o desenvolvimento gradual da ação –, e ainda que na

---

207 "Álvares de Azevedo e o teatro", em *Cavaquinho e saxofone, op. cit.*, 1940, p. 429.
208 *Ibidem.*

sequência do artigo ele responsabilize a incapacidade do autor em "armar um entrecho" pelo fracasso do episódio seguinte (o que faz também supor um critério de progressão *dramática*), o aspecto principal do comentário é o destaque às qualidades *teatrais* da peça.

Como exemplos dos dons do teatrólogo, ele cita o modo como as personagens entram e saem do primeiro episódio e a intercalação cômica do incidente da mala, na cena da estalagem. Tem em mente dois momentos da peça que revelam o destempero de Macário. No primeiro, a estalajadeira traz um prato de couves, "fritado em toucinho", e, diante do prato, Macário se irrita e manda que ela leve a comida "para o burro com todos os diabos!". Em seguida *"atira-lhe o prato na cabeça"*, como informa a rubrica. Logo adiante, outro momento de gestualidade excessiva. Macário se levanta, vai à janela, e grita por sua mala, ainda amarrada ao burro de viagem. Lá fora chove. Acontece, então, um jogo cômico de mal-entendidos, entre ele e as vozes de fora, o que culmina em mais um acesso de fúria: lança a cadeira ao chão, no que é ridicularizado pela personagem do Desconhecido.

A interpolação cômica, materializada em gestos, que rompe a unidade emocional da ação principal é um procedimento comum em teatralidades quinhentistas e seiscentistas, como se vê ainda no palco elisabetano. O desrespeito com a unidade da ação surge como uma necessidade de totalização: a obra pretende representar mais do que o mundo dos indivíduos por ela enfocados, fazendo uso de estilos híbridos. Abre-se da sala para o quintal, para a praça, para a vida de fora, em modos que alternam sentimentos trágicos e distâncias cômicas.

Nessas passagens de *Macário*, a violência senhorial se infiltra gestualmente no universo da peça, mesmo que permaneçam abstratas as vozes dos camponeses ou a da mulher da pousada. Os movimentos da vida social aparecem nessa figura de cozinheira, que, mesmo ouvindo os gritos do senhor, ainda tenta comentar o processo da fritura da couve, feita no toucinho. Ou na voz de um empregado mais velho que mostra seu bom senso diante da noite chuvosa: "Descanse, moço. O burro há de aparecer. Quando madrugar iremos procurar".[209] São pequenas atitudes que indicam o desajuste autoritário desse ambíguo burguês chamado Macário.

---

209 Álvares de Azevedo, *Noite na taverna, Macário*. São Paulo: Martins, 1965, p. 160.

Tais instantes de alteridade crítica, que dão limites vivos às expansões senhoriais do protagonista, instauram a vida teatral do *Macário* de Álvares de Azevedo. Outras reverberações desse "herói" que é um sujeito *sem outro* surgirão na narrativa sobre a prostituta "magra e lívida", miserável, que morre numa alcova imunda, uma entre tantas imagens românticas da vida cadaverizada.

O que Alcântara Machado tratou por recursos *teatrais* em sua análise podem ser considerados procedimentos epicizantes. Representam desvios ou contrafaces de uma unidade de ação que não estava sendo desprezada pelo autor, mas subvertida pelos assuntos narrativos, ou deslocada liricamente para a interioridade da relação entre Macário e seus duplos Satã e Penseroso.

Alcântara Machado não parecia levar muito a sério o prefácio do autor, onde essas intenções clássicas são expostas: "Na ingenuidade de meninice aspirava, *alguma coisa entre o teatro inglês, o teatro espanhol e o teatro grego, alguma coisa como o que Goethe sonhou, diz ele*. Irrealizável, evidentemente".[210]

O próprio Álvares de Azevedo distinguia sua teoria, denominada *utopia dramática*, da peça que tinha escrito. Talvez reconhecesse que seu teatro ainda era, como avalia Alcântara Machado, moldado em algum nível pelo romantismo de Victor Hugo e Alexandre Dumas, autores afastados de seu programa de influências, que também proclamavam suas afinidades eletivas com Shakespeare por estarem interessados no mito da liberdade do gênio, tendo pouco se utilizado das formas elisabetanas.

Alcântara Machado observa que os apóstolos do romantismo francês se encantaram com o "exotismo do ambiente e do assunto", e não com a "maneira teatral" renascentista, em que os antigos dobravam as linhas de ação para que o mundo da peça fosse maior do que a trajetória de um único protagonista.

A utopia teatral de Álvares de Azevedo era romper com essa estruturação pelo diálogo em torno da ação potente de um indivíduo. Para se livrar da sombra melodramática, paradoxalmente, subjetivou a cena até seu limite, deixando os fatos como fantasmagorias, e acabou por lançar seu herói desajustado numa ambiguidade tragicômica.

---

210 "Álvares de Azevedo e o teatro", *op. cit.*, p. 430. Grifo do original.

A cisão permanente da peça opõe o ultraindividualismo ao individualismo alienante da burguesia, mas também mostra uma mecanicidade idiota, portanto risível, de um tipo que procura a plenitude da integração absoluta e resvala na volúpia necrófila.

O batismo do herói com o sobrenome do mito melocômico e antiburguês da época, Robert Macaire, parece reafirmar essa ambiguidade moral deliberada. Macaire era o protótipo da reversão do melodrama em comédia absurda, transitando entre a abjeção burguesa e a afirmação da liberdade plena.

Chegado ao teatro na época de ascensão das formas populistas (na França da Restauração dominavam nos palcos a comédia de costumes e o melodrama), Álvares de Azevedo vislumbra nas raízes do romantismo um ideal negativo do qual não consegue se aproximar, enredado que estava na expectativa do drama. Foi atrapalhado pelos ditames ideológicos da forma dramática, que o impediram de se aproximar de sua utopia shakespeariana.

Alcântara Machado descreve a desistência de Álvares de Azevedo dizendo que "o drama admiravelmente começado cessa subitamente. Na cena do caminho ainda se pode descobrir um prolongamento lógico ou teatral da anterior. Mas a partir daí a fantasia principia com a desordem. A cousa dá de ficar difusa, confusa, deixa o caminho e se atrapalha nos atalhos. Chega um momento em que é impossível continuar".

De fato, a escrita de um *drama* pediria uma menor "ânsia de pôr no papel tudo quanto lhe vinha à cabeça antes que a morte chegasse", pois a peça teatral exige "em regra, um plano preliminar. É preciso primeiro *traçar as linhas do painel* [...]. Não é como na novela, em que ao autor é possível encaminhar a ação à vontade sem quebra da unidade da obra".[211]

A saída narrativa foi abrir outra janela para fora da peça (ponto em que começa o texto das *Noites na taverna*, na hipótese de Antonio Candido[212]). O que não significou desacerto dramático, mas respeito a um material que pedia formalizações épicas. Imperativo não da impaciência artesanal, mas da amplitude da matéria psíquica e social a ser representada.

---

211 *Ibidem.*
212 Antonio Candido, "Teatro e narrativa em prosa de Álvares de Azevedo", em Álvares de Azevedo, *Macário*. Campinas: Editora Unicamp, 1982, pp. IX-XII.

Pode soar estranho que um escritor como Alcântara Machado, que conhecia bem os experimentos dramatúrgicos da vanguarda europeia, voltasse a se valer, nesse comentário, de critérios dramáticos da intriga ou da ordenação contínua e causalista. Mas o esforço de pensar em termos práticos, do ângulo da escrita dramatúrgica, parece ter ofuscado a radicalidade do espectador crítico, daí o equívoco da naturalização de certos preceitos dramáticos. As intenções fáusticas da peça, sua índole antiburguesa, pediriam, na verdade, uma fragmentação maior, mais contrastes cômicos ou outras ações multiplicadoras da ação central, tal como ocorre na cena da estalagem. Por meio de rupturas formais epicizantes, o informe, então, não seria só um desvio do projeto da peça, mas constituiria sua essência formal.

Interessou a Alcântara Machado também o assunto projetado pela forma indecisa. O processo da reificação estava no horizonte do primeiro romantismo. Nos dizeres de Anatol Rosenfeld, já Schiller havia "lancetado de maneira genial a problemática, mostrando a estatização, a burocratização, a engrenagem social e a alienação do indivíduo dentro dessa mesma engrenagem. Trata-se de uma incisão magnífica, que precede Marx e que se apresenta hoje, muito transformada, sem dúvida, nas obras de Kafka".[213]

Álvares de Azevedo, como era compreensível, não teve recursos técnicos para, dentro de uma peça literária, levar a ação individual ao encontro de sua impossibilidade sem desmanchar a forma da peça. Acreditou na ideia de que existem "limites às expansões do autor", pois do contrário, como escreve em seu prefácio, haveria o risco de que se "degenere num papel de fera o papel de homem". Temia que a distorção das figuras pudesse levar a uma cena ela mesmo desumanizada, a um "interesse semelhante àquele que excitava o *Jocko ou O homem das matas*, aquele macaco representado por Morietti que fazia chorar a plateia". E paralisou sua peça diante da dificuldade de dar forma brasileira ao "idiotismo do homem caído na animalidade", esse tema modernista por excelência.[214]

---

213 Anatol Rosenfeld e Jacó Guinsburg, "Um encerramento", em Jacó Guinsburg (org.) *O romantismo*, 3ª ed., São Paulo: Perspectiva, 1993, p. 280.

214 "Puff: prefácio a Macário", *c.* 1851. Em João Roberto Faria, *Ideias teatrais no século XIX no Brasil*. São Paulo: Perspectiva/Fapesp, 2001, p. 362. As edições de *Macário* divergem neste trecho: o nome do intérprete do macaco Jocko também aparece grafado como Marcetti (*Noite na taverna, Macário*. São Paulo: Martins, 1965).

No ano de 1825, no teatro popular da Porte Saint-Martin, o arlequim e contorcionista Mazurier, conhecido como "o desossado", se celebrizou representando o número de um macaco humanizado. Talvez seja a ele que Álvares de Azevedo faça menção em seu escrito. A criatura Jocko, esse homem simiesco que assombra *Macário,* era, de qualquer modo, um modelo implausível para o nosso teatro romântico. A qualidade de arte do poeta fez, entretanto, que seu individualista assombrado pelo diabo tocasse uma passagem que conduz do drama à supressão da individualidade, numa trajetória toda mortuária. De uma cena grotesca encenada por um palhaço vivo, outra teatralidade poderia ter surgido, mas isso não poderia ser feito por um artista isolado, afastado da cena. E seria exigir demais do orgulho nacional enfrentar a desumanização capitalista em termos radicalmente negativos e socialmente combativos, ainda mais tendo como modelo uma pantomima que se chamava, em sua versão original, *Jocko ou o macaco do Brasil.*

Comédia interrompida

Os estudos dramatúrgicos de Alcântara Machado produziram, ao que parece, dois esboços de peças dramatúrgicas. Um deles, a rigor, nem pode ser tratado como peça: é uma crônica-piada, em forma dialogada, publicada na seção "Cavaquinho" do *Jornal do Comércio*, em janeiro de 1927, com o título de "A ceia dos não convidados". Confronta, diante de uma mesa de restaurante, D. João VI (Janjão!), que não larga suas célebres coxas e asinhas de frango, e a Marquesa de Santos (com os joelhos à mostra), num encontro espírita. Travam uma conversa absurda sobre uma festa para a qual não foram convidados. São servidos pelo conselheiro Chalaça, num ambiente decorado com um quadro de Mussolini a cavalo, e outro de Otelo matando Desdêmona. Debatem sobre a festa porque dela Janjão VI teve informação graças ao relato de Arquimedes, o grego do "ponto de apoio", "chamado ao Brasil com toda a urgência a fim de fabricar uma alavanca para levantar o caráter nacional".[215]

---

215 "A ceia dos não convidados" em *Antônio de Alcântara Machado: obras, v. 1, op. cit.*, pp. 237-43.

Sua outra tentativa de escrever para teatro, esta sim uma peça que visava os palcos, é a comédia *O nortista*, que não foi além do primeiro ato. Não é possível precisar sua data. A pesquisadora Cecília de Lara informa que, em dezembro de 1931, Alcântara Machado "talvez pretendesse retomar o trabalho quando o pediu de volta a Rodrigo de M. Franco. Mas com o extravio do manuscrito, sem dúvida cópia única, numa época em que não havia facilidade de reprodução, perdido o original que reclama a Rodrigo, nunca mais o teve em mãos".[216]

O nortista[217] mostra, de forma muito diluída, algumas das linhas teóricas centrais de seu pensamento teatral. De modo geral, é uma comédia de costumes, renovada pela ambiguidade gerada pelo nome clássico do protagonista. O Hércules da peça é um arrivista, chegado do Nordeste com uma carta de recomendação do governador de Alagoas, e almeja uma ascensão social na capital da República. Seus trabalhos hercúleos são a bajulação no Ministério da Agricultura, a oratória empolada no Grêmio dos Amigos da Grécia (para onde é levado por Lamartine, a quem acabara de conhecer), a autopromoção na redação do jornal *Ordem e Progresso*. A peça, que parece ter como referência a ascensão do jornalista Assis Chateaubriand, se interrompe depois do quarto quadro, em que ele finge ter avistado um ladrão para ganhar a simpatia de um senador. O ponto de partida ideológico da peça é o preconceito paulista de que a antiética do trabalho e a cultura do favor seriam mais característicos do Norte e do Nordeste do país do que dos estados do Sudeste. A dimensão satírica do texto é, portanto, sua parte mais desprezível. Mesmo a ridicularização do liberalismo palavroso – que aparece como saudade de uma cultura helenista fora de lugar – parece sugerir que o espírito bandeirante estaria menos impregnado dessa "ética de fundo emotivo" que marca as relações sociais brasileiras.

Nas bordas da sátira preconceituosa aparecem, contudo, algumas das virtudes teatrais de *O nortista*. Estão na estrutura de quadros, nos episódios independentes que bem se adaptam à escalada ascensional,

---

216   "Fundamentos do teatro brasileiro moderno", em *D.O. Leitura Especial*, Imprensa Oficial do Estado, ano 19, n. 5, maio 2001, p. 41.

217   Publicado em *Novelas paulistanas: Brás, Bexiga e Barra Funda; Laranja da China; Mana Maria; Contos avulsos inéditos em livro*. Belo Horizonte: Itatiaia; São Paulo: Edusp, 1988, pp. 309-20.

PESQUISA DA FORMA BRASILEIRA

ou na tentativa de figuração de imagens críticas do racismo e do sexismo brasileiros.[218] Nas figuras secundárias, *O nortista* dá uma imagem aquarelada do que Alcântara Machado desejou como comédia brasileira. Seu esboço inconcluso tem a qualidade de não definir os tipos pelo vício obsessivo, como em geral nas comédias de costume. Apresenta a idiotia de seres constrangidos à situação ridícula. Não é por fraqueza de caráter ou ignorância que esse Hércules tão mirrado veio a acreditar que nasceu para "exercer um papel na vida": foi também por não ter meios de reagir à opressão social, num país governado por relações de mando patriarcal.

É impossível, de qualquer modo, avaliar a peça pelo rascunho de um único ato. Não se pode saber se Hércules viraria um caudilho, no terceiro ato, ou se haveria a saída hiperbórea de um reencontro com a alma popular do Norte. Assim como está, é um primeiro exercício de dramaturgo, mais descritivo do que narrativo, que serve para apontar em Alcântara Machado algumas das qualidades observadas por ele em Álvares de Azevedo: "Tinha o poder de invenção, o diálogo fácil, a cultura necessária para reconstituir no palco uma época, e nessa época um episódio de história. Tinha, sobretudo, a paixão do teatro".[219]

O pensamento teatral de Alcântara Machado se encontra num trabalho em movimento, bruscamente interrompido. No início da década de 1930, após a "sarampada antropofágica", ele parecia buscar uma perspectiva que conciliasse a salvação pelo popular com a função socializante do "teatro que a Guerra formou". Inspirado em Álvares de Azevedo, imaginava alguma medida dramatúrgica humanista, talvez próxima das comédias de Shakespeare e Ben Jonson. Seus modelos provinham de um tempo anterior à consolidação burguesa, pois, como verificou ao estudar *Macário*, São Paulo não oferecia nenhuma Margarida para pretexto de drama.

Mário de Andrade observa que, ao longo dos anos, Alcântara Machado trocou o "traço desamável da caricatura" por um "classicismo de

---

218 Os temas surgem na imagem de Benedito, homem negro, que, com os cotovelos na mesa, as mãos aparando o rosto, ouve de Hércules que no Brasil não há preconceito de raças, ou na de Jandira – namorada desse Hércules, assim como Djanira foi do mitológico –, que se protege da humilhação passando-se por boba.

219 "Álvares de Azevedo e o teatro", *op. cit.*, p. 432.

concepção ideativa", pelo qual perseguia em sua literatura uma ideia de herói "concordante e característico feito um Shylock, uma Margarida, um Sancho. [...] Tinha a concepção antiga do herói, eliminava dos seres ideados todas as disparidades, todos os descaminhamentos ou incertezas do caráter [...]. Estava, nesse sentido, muito mais próximo de Shakespeare do que do *Satiricon*, de Balzac que de Machado de Assis, de Eça de Queiroz que dos ingleses atuais. [...] reconhecíamos sempre os tipos como protótipos, como idealidades psicológicas, mais propriamente como sínteses psicológicas".[220]

Sem gosto pela análise psíquica (no inacabado *Mana Maria* ele chega mais perto disso), Alcântara Machado tinha paixão pelos acontecimentos exemplares, em que o caráter surge somente através da ação. Foi isso que o conduziu ao teatro: o desejo de resgatar, em alguma medida, uma ação coletiva livre num mundo em que isso está condenado de antemão pelas ideologias dominantes. O dilema teatral modernista foi o de perceber que o drama nacional estava impossibilitado pela história, local e mundial, mas que alguma forma de ação subjetiva se fazia necessária para que a forma não sucumbisse na alienação geral. Daí, quem sabe, sua atenção aos agentes secundários, aos heróis concordantes, ao mesmo tempo passivos e ativos na vida, que pareciam tão comuns num país de rarefeito desenvolvimento burguês. Escrever dramas fechados seria mistificar a mobilidade social inexistente. Fugir do problema e se entregar aos hábitos conservadores da comédia de costumes, ou simplesmente postular de cima a festa religiosa ou, ainda, chafurdar no expressionismo lírico individualista seria negar a alteridade e elogiar virtudes inativas, confirmando o passado estamental brasileiro.

O pensamento teatral de Alcântara Machado aparece como elo de uma cadeia de transmissão de valores que, construída na perspectiva burguesa, nunca concordou em retratar e idolatrar heróis burgueses. Como procuramos descrever, existe uma base conservadora, autocrática e aristocrática nessa perspectiva. O sociólogo Francisco de Oliveira observou o paradoxo simbólico dos heróis cultuados no maior centro econômico do país, opostos de qualquer racionalidade burguesa:

---

220 Mário de Andrade, "Túmulo na neblina", em Francisco de Assis Barbosa, *Intelectuais na encruzilhada, op. cit.*, pp. 13-4.

"Eles são arcaicos, moralizantes. Todos os grandes heróis de São Paulo têm medo da modernidade. Eles têm medo de levar às últimas consequências aquilo que a base material da sociedade propicia. Numa sociedade formada por outros, numa sociedade de imigrantes, eles têm medo do outro".[221]

Alcântara Machado não se aprisiona nessa tendência porque imagina a vida da cidade na perspectiva de um estrangeiro. Num trânsito contínuo entre campos de valores, ele é capaz de contemplar as formas populares como entidades trans-históricas, e em seguida buscar formas objetivas de ação concreta individual, capaz de revelar campos sociais maiores. Oscilou entre uma esperança dramática e uma sensibilidade épica, entre a objetivação cômica e o enquadramento sentimental. Ao fim das contas, descobriu que a teorização genérica não poderia resolver um problema que pede respostas práticas em relação à significação coletiva de qualquer ideal de modernização.

Idealista por opção, foi um dos poucos literatos brasileiros a pensar o teatro como um conjunto, feito do trabalho de atores e construtores do espetáculo. Por isso seus escritos sugerem que a capacidade crítica do teatro se liga ao modo de produção da obra, e à atitude que a envolve. Mário de Andrade assim definiu o pensamento político de Alcântara Machado:

A sua não concessão ao comunismo foi talvez a mais típica das suas perfeições como indivíduo. O comunismo o apaixonava. Mas não creio que ele viesse nunca a se tornar nem mesmo um *simpatizante* como falam por aí. Antônio de Alcântara Machado possuía com uma clarividência irrevogável, que o fazia essencialmente aristocrático e autocrático, o senso hierárquico dos valores. Se chegasse à vida cem anos depois do comunismo estabelecido e praticado, seria um comunista. Mas presenciando as primeiras aplicações comunísticas, essa confusão natural, e até necessária, Meu Deus! entre a abolição de classes e igualitarismo, que a própria Rússia já faz esforços por dirimir, não poderia nunca receber dele a menor adesão. [...] ele se recusava a qualquer atitude *pragmática* em face das verdades que reconhecia no comunismo. Preferia achincalhá-lo

---

221   Cf. Depoimento de Francisco de Oliveira a João G. da Fonseca, Lauro Mesquita, Márcio Marciano e Sérgio de Carvalho. A conversa gravada gerou a entrevista "Francisco de Oliveira", em *Vintém: teatro e cultura brasileira*, São Paulo: Hedra, 1999. A passagem aqui transcrita não entrou na edição final.

a condescender, mesmo por momentos, com as falsificações imprescindíveis dele. Muitas vezes condescendeu com o liberalismo democrático, que no entanto criticava sem a menor piedade. Mas é que não atribuía senão vida transitória ao que observava. [...] Mas, apesar desse respeito, ou dessa confissão de valor, não condescendeu com o comunismo, nem para angariar as simpatias dum grupo. [...] Uma vez, pelo menos, o escutei reconhecer, com desgosto, que se a democracia liberal o repugnava, ele era um ser intimamente conformado por ela, e amante dela – esta contradição desgraçada da minha geração.[222]

Tanto o pensamento teatral como a visão política de Alcântara Machado podem ser considerados críticos em relação às formas ideológicas do liberalismo. Num texto de 1929, momento em que o antifascismo aparece em seus escritos, ele escreve:

Creio não errar dizendo que em geral os moços do Brasil que sabem ler e escrever são camaradas do comunismo. Camaradas do. Não camaradas comunistas. Uma simpatia intelectual (ou que outro nome tenha) mais do que uma convicção social e política. Tristão de Ataíde por exemplo declara a quem quer ouvir que não fosse católico seria certamente comunista. Se não fosse católico. Aí é que está a coisa. Se não fosse católico. Porque como Tristão quase todos seriam comunistas se não fossem também isso ou aquilo. É que a ideia comunista chegou um pouco tarde para a geração atual do Brasil. Já encontrou convicções e credos estabelecidos. Daqui a alguns anos ela tomará conta de todas as mentalidades novas porque terá um terreno preparado para vingar. Não será mais preciso desbravar primeiro, meter fogo na mataria tradicional e hereditária [...].[223]

Mesmo não tendo "concedido" ao comunismo, Alcântara Machado parecia se aproximar da pesquisa de formas anticapitalistas, para além da resistência artística à reificação. Nos últimos anos de vida, referia-se, repetidamente, ao novo teatro como aquele que a guerra formou. A guerra capitalista. A nova arte seria ação e deveria se constituir pelo trabalho social, politicamente orientado. A questão acompanharia Oswald de Andrade e Mário de Andrade pela década

---

222 Mário de Andrade, "O túmulo na neblina", *op. cit.*, pp. 58-9.
223 Antônio de Alcântara Machado, "Mocidade, Brasil e política", em Francisco de Assis Barbosa, *Intelectuais na encruzilhada, op. cit.*, pp. 15-23.

de 1930, nas suas tentativas teatrais. Inserindo-se no movimento geral de politização da época, Alcântara Machado prometia ser um pensador teatral ainda mais contraditório, que talvez coletivizasse ainda mais sua sensibilidade e suas práticas críticas e artísticas. Mas essa conjectura pertence ao campo do imponderável.[224]

---

224 Mário de Andrade escreveu uma carta em 16 de maio de 1935 a Prudente de Moraes Neto, comentando a morte do amigo: "[...] a todo momento me brotam assomos de indignação contra essa morte. Como até hoje fico indignado com a morte do Álvares de Azevedo. [...] São poetas em que a gente percebe nas obras uma ascensão que só se completaria com o amadurecimento da idade e do espírito. Por isso fico indignado, me dá vontade de gritar, de quebrar esse erradíssimo mundo. Eu tinha uma esperança mesmo formidável no Antônio". Em Francisco de Assis Barbosa, *Intelectuais na encruzilhada*, *op. cit.*, pp. 50-1.

PARTE II

TENTATIVAS DE UMA
DRAMATURGIA SOCIALIZANTE

4.
ASPECTOS FORMAIS DO TEATRO DE OSWALD DE ANDRADE

Nada se parece mais com uma casa em ruínas
do que uma casa em construção.
Jean Cocteau

Uma coisa acorda os vivos, é a morte.
Oswald de Andrade

O conjunto das peças de Oswald de Andrade foi construído a partir do modelo discursivo do *teatro de tese*. Sendo o pressuposto formal conservador, as invenções luminosas de sua dramaturgia apareceram na medida em que cada texto conseguiu, de algum modo, superar a técnica conversacional predominante na composição.

A importância de seu teatro está nesse esforço de autossuperação crítica que o leva a inesperadas conquistas nas peças posteriores a 1930. Daí o alcance único de seu trabalho modernista: sua tentativa peculiar de produzir uma teatralidade brasileira antiburguesa não tem paralelos na nossa história teatral do século XX.

O *théâtre à thèse* foi a forma socialmente engajada do teatro burguês nos anos da Segunda Revolução Industrial, quando diversos autores, inspirados por Alexandre Dumas Filho, decidiram apresentar em cena questões sociopolíticas. Alastrou-se como um ideal culto de comprometimento do dramaturgo nos debates da época e produziu uma cena de intenções retóricas. A historiografia costuma definir o gênero pela preocupação social e também pela desconexão entre a situação dramática e a fala crítica da personagem, sendo quase sempre a relação interpessoal usada como pretexto para a pregação. Na cena de tese a figura central costuma agir como um "porta-voz" do autor, muitas vezes no papel de um *raisonneur* (raciocinador), com funções de dirigismo ideológico. Tal como engendrado nas sociedades literárias da França e da Inglaterra, que se acreditavam críticas diante dos excessos do aburguesamento, o teatro de tese assume a estrutura da chamada *peça de conversação* na medida em que nele a fala dialógica é menos interpelativa do que referencial: as figuras discutem problemas com os quais não estão existencialmente comprometidas no presente imediato de sua relação dramática.

Por reunir imobilismo e um progressismo retórico, a peça conversacional sempre teve forte entrada no teatro brasileiro. Não foram poucos os autores nativos que acreditaram estar recrutando o teatro para o serviço das "grandes reformas sociais e das grandes esperanças da alma", como defendia Dumas Filho no tempo da cena realista. Agudizavam o discurso das personagens e não a dinâmica das ações da obra. O contraditório liberalismo brasileiro encontrou seu semelhante nessas imagens cênicas reacionárias de ares modernizantes, abertas a novas falas libertárias e desobrigadas da configuração cênica de sujeitos livres, de indivíduos dramáticos, recheadas de hipóteses e rarefeitas como matéria social. Não por acaso, a dramaturgia conversacional, entremeada da "carpintaria do melodrama", constitui até hoje a base técnica da telenovela brasileira e de muitos produtos de entretenimento de massa mundo afora.[225]

É um teatro em que as subjetividades do palco se apresentam de modo mecânico, espectral, pelo fato de o interesse cênico não estar nos acontecimentos interpessoais, e sim numa abstração fora dele. Peter Szondi observa que a peça de conversação esconde sua verdadeira natureza de "paródia involuntária do drama clássico".[226] Visto que a conversação não tem origem subjetiva, o espaço do diálogo é preenchido com temas supostamente atuais. É uma forma teatral incapaz de definir relações concretas, o que parece facilitar as coisas, do ponto de vista ideológico, quando usada num país com dificuldades históricas de autorreconhecimento cultural por autores que não abrem mão da aparência da subjetivação dramática. Szondi afirma que o teatro conversacional gira em torno de "questões como o direito de voto para as mulheres, amor livre, direito de divórcio, *mesaliance*, industrialização e socialismo. Desse modo, o que na realidade se opõe ao processo histórico adquire a

---

225   A maioria das peças e filmes da indústria cultural tende a praticar um simulacro decaído do drama burguês, com narrativas sustentadas não mais pela *vontade* do herói, mas pelo *desejo* eroticamente projetado no espectador. São dramaturgias imersas no hedonismo mercantil, cuja mobilidade está nos passeios por ambientes variados, intervalos para a satisfação sexual ou moral, mais ou menos indiferentes aos destinos das ações humanas. Se parece ter havido um retrocesso em relação à perspectiva dramática do sujeito humanista burguês, essa precarização já se anunciava na origem, o que se confirma pela difusão no final do século XIX dos modelos preservacionistas que tentaram mascarar a crise do projeto de teatralidade liberal. A peça de conversação foi um dos primeiros exemplos históricos do esforço de manutenção das aparências.

226   Peter Szondi, *Teoria do drama moderno (1880-1950)*. Trad. Luís Sérgio Repa. São Paulo: Cosac Naify, 2001, pp. 105-6.

aparência de modernidade. Moderna e ao mesmo tempo exemplarmente dramática, a peça de conversação constituía, no começo do século [XX], a norma da dramaturgia".[227]

Hegemonia do teatro de tese

As primeiras peças de Oswald de Andrade, anteriores ao modernismo, publicadas em 1916, estão sob a influência completa dessa visão teatral, ainda que não pretendam enunciar teses sociais combativas. *Leur âme* [Sua alma] e *Mon coeur balance* [Meu coração balança] são comédias de quatro atos, escritas em parceria com o poeta Guilherme de Almeida, em francês, e constituem sua primeira publicação em livro. Obras das quais ele se arrependeria depois.

As teses dialogadas que dão a coluna vertebral das peças tratam de problemas sentimentais: o amor fugidio, a volubilidade da alma feminina, sua insondabilidade. Foram escritas como divertimentos cultos, de colorido autobiográfico, na procura íntima de "vazar desgraçadas experiências amorosas" e no desejo público de angariar circulação letrada. A dedicatória da edição ao então prefeito paulista Washington Luís sugere a intenção e o público visado: "Quisemos fazer desta primeira peça nosso escudo de combate. Leia-se em seu brasão vosso nome – peça honrada que aí colocamos em abismo".[228]

Elas corresponderam, na vida teatral de Oswald de Andrade, a uma aplicação de seu aprendizado como crítico de espetáculos, exercido entre 1909 e 1911, no *Diário Popular*, onde era responsável pela seção "Teatros e Salões",[229] e também a uma tentativa de ser reconhecido como um igual pelos artistas estrangeiros que passavam por São Paulo, a quem costumava bajular.

---

227 *Ibidem*, p. 106.
228 Oswald de Andrade e Guilherme de Almeida, *Obras completas: Mon coeur balance, Leur âme*. Trad. Pontes de Palma Lima. São Paulo: Globo, 1991, p. 21.
229 Parte da crítica teatral de Oswald de Andrade está publicada no seu livro *Telefonema*, 2ª ed. Rio de Janeiro: Civilização Brasileira, 1976.

Um dos atos de *Leur âme* foi mesmo representado pela companhia francesa do encenador simbolista Lugné Poe, que esteve no Theatro Municipal de São Paulo em dezembro de 1916. Mas a montagem não teve repercussão nem desdobramentos. Sua inclusão numa noitada de números variados deveu-se aos hábitos diplomáticos de um conjunto que excursionava em tempos de guerra e reservava parte do talento de sua primeira atriz, Suzanne Despréz, para a leitura de inéditos dos escritores locais que partilhavam da crença de que "para ser universal, é preciso escrever em francês", como teria dito Oswald de Andrade na ocasião, e como não era incomum entre os dramaturgos brasileiros da *Belle Époque.*[230]

Na mais irônica dessas tentativas de comédia sofisticada, *Mon coeur balance*, vemos um grupo de veranistas de alta classe num hotel-cassino litorâneo, no Guarujá. A principal ação do texto é a discussão sobre o comportamento estranho da mocinha volúvel, cujo "coração balança" entre dois amores. Um dos pretendentes enamorados, aspirante ao "perfume anônimo de uma flor rubra e suave", é um jovem galã cínico. Na definição desse protagonista convencional, "rapaz barbeado e *blagueur*", tão conforme aos interesses elegantes das estrelas de palco de então, e com quem Oswald de Andrade, ao certo, se identificava, inclui-se um traço profissional, mencionado de passagem em meio a falas tão impregnadas da ociosidade: Gustavo é "um engenheiro". Se a informação serve pouco para avançar os "flertes de temporada" de uma peça eivada de erotismo suave e angústia adolescente, alude ao profissional tornado símbolo da nova era republicana. O historiador Nicolau Sevcenko descreve o processo de "regeneração da cidade" operado no Rio de Janeiro, e também em São Paulo, nos primeiros anos do século, pelo qual se implanta um "cosmopolitismo agressivo, profundamente identificado com a vida parisiense", contemporâneo de uma remodelação urbana que coincidiu com campanhas jornalísticas para a "condenação do mestre de obras, elemento popular e responsável por praticamente toda edificação urbana até

---

230   "O que me fazia tomar o trem da Central e escrever em francês, era uma enroscada de paixão, mais que outra veleidade", escreve Oswald de Andrade no prefácio de *Serafim Ponte Grande*.

aquele momento, que foi defrontado e vencido por novos arquitetos de formação acadêmica".[231]

O protagonista de *Mon coeur balance* encarna os novos desejos urbanos, entre o *spleen* baudelairiano (na peça ele mata o tempo lendo *As flores do mal*) e a ânsia de cosmopolitismo, entre a vontade da ordem burguesa e o sentimento difuso de uma inadaptação pessoal em relação a ela, oscilação que atravessa a obra de Oswald de Andrade e de tantos modernistas. Por meio desse ambivalente ponto de vista, a peça critica o conjunto dos tipos sociais que frequentam o hotel de veraneio. Na contraface da teorização amorosa, mas apenas como pano de fundo para os desacertos do coração tagarela, aparecem retratos risíveis do tradicionalismo burguês: na ótima imagem de uma família inglesa que gasta seu tempo em medíocre silêncio, nas esposas de fazendeiros viajados, e enraizados no pior arcaísmo rural, no coronel que diz não ter necessidade de leitura porque se julga um ser absoluto:

MADAME DUNLOUP - Será que o senhor lê essas coisas, coronel?
CORONEL - Não tenho necessidade, Madame. (*Com ênfase*) Eu me basto a mim mesmo.

É graças ao olhar satírico – a maior das grandes virtudes do artista – que ocorrem alguns deslocamentos na forma da peça de tese para a *comédia de costumes*. Uma leitora da época reagiu, em carta enviada a um jornal, à pretensão da peça de "lançar o ridículo sobre a sociedade que frequenta o Guarujá, pintando-a como uma aglomeração de gente fútil e ostentadora".[232] E de fato existem bons momentos cômicos nesse desprezo pela "multidão elegante e frívola" dos ricos do hotel, ainda que seja um desprezo igualmente elegante e frívolo, como quando o jovem engenheiro das blagues afirma:

---

231 Nicolau Sevcenko, *Literatura como missão: tensões sociais e criação cultural na Primeira República*, 4ª ed., São Paulo: Brasiliense, 1999, pp. 29-30.
232 Cf. Sábato Magaldi, *O teatro de Oswald de Andrade*. Tese (doutorado em Literatura Brasileira) – Faculdade de Filosofia, Letras e Ciências Humanas da Universidade de São Paulo, São Paulo: 1972, p. 58.

GUSTAVO - [...] E a vida, ora! A vida se parece com Madame Dunloup!
SENHORA DÓRIA - Como?!
GUSTAVO - Porque é destituída de qualquer sentido.

As primeiras produções dramatúrgicas de Oswald de Andrade sofrem pela indefinição de propósitos estéticos: a tipificação da elite arcaica é feita na perspectiva de figuras individualizadas apenas pelo "bem falar", que não chegam a se definir como sujeitos da ação da peça. Os movimentos dos protagonistas são puramente discursivos, o que confunde a própria crítica antiburguesa da peça. O desprezo à "corja multicor e ignóbil" corresponde ao ensimesmamento burguês do jovem enamorado que tudo observa enquanto tenta valorizar seu desejo impedido. A detração da elite tradicional justaposta ao elogio de elite espiritual acaba por frear o potencial cômico do retrato dos veranistas, promovendo uma indistinção geral sob a atmosfera retórica dos apaixonados, aspecto que engole os demais aos olhos de uma crítica panorâmica: "É um teatro estático, um 'teatro de espera'. Todas as personagens permanecem inativas e falam sem cessar, como para disfarçar essa expectativa. O que talvez nos cause espécie nesses textos é a ausência de qualquer crítica ou mesmo sugestão de crítica a essa sociedade. Os autores parecem estar inteiramente coniventes com o *status quo*".[233]

Na medida em que seus tipos da elite não configuram um "grupo negativo", as primeiras peças de Oswald de Andrade alimentam a expectativa de formação de uma sociedade europeizada, criticada apenas na superfície. A conversação ilustrada não se torna efetivamente um objeto de sátira, o que virá a acontecer depois nas peças da fase "política", porque a peça confia no valor do fraseado elegante. Mesmo pretendendo a detração moral de certos tipos, o texto não estava interessado em que o público se opusesse ao conjunto da inação do palco, no que reproduzia a indefinição burguesa vigente e identificava o espectador com uma mobilidade puramente discursiva.

Na segunda peça editada em 1916, *Leur âme*, também ocorre um pequeno descolamento em relação à hegemonia da peça de tese, que

---

233 Do prefácio "As peças em francês", de Eudinyr Fraga, em Oswald de Andrade e Guilherme de Almeida, *Obras completas. op. cit.*

não se dá pela interferência formal da comédia de costumes. O gênero faz sua única e breve aparição na divertida abertura do quadro da "sala de fumar de um clube elegante da cidade" de São Paulo, onde os aristocráticos frequentadores são ridicularizados. Por instantes, a técnica conversacional se vê no espelho. A maior subversão, porém, acontece no último ato, em que Oswald de Andrade e Guilherme de Almeida esboçam um *drama analítico* à maneira de Ibsen.

Em *Leur âme* também estamos diante de um triângulo amoroso. Desta vez, o vértice problemático é uma mulher casada, rica ocupante de um palacete em Higienópolis. Também mostrada como fútil e não desprovida de mistério, ela trai seu marido (a quem ama) com o melhor amigo deste e depois desaparece da vida de ambos. No último ato, anos depois do sumiço, os dois homens descrevem, no padrão evocativo do simbolismo, suas impressões sobre essa mulher-ausência:

> GEORGE - [...] Eu a sinto à noite, quando o jardim está cheio de sombras que se movem, eu a sinto subir lentamente os degraus do terraço, deslizar como uma visão febril [...]. De manhã, quando desço, com os olhos fatigados, creio encontrar ainda a marca recente de suas formas nas almofadas, no estofado dos móveis. Em todos os espelhos creio adivinhar ainda o reflexo do seu rosto. [...] E no entanto, ela para mim devia estar morta... (*Como para si mesmo*) É verdade que os mortos voltam!

A dramaticidade da fala está no comprometimento da personagem com a análise do passado. É o momento da peça em que diminuem as teorizações discursivas sobre a "alma feminina" em favor da vivência subjetiva, o que aproxima a forma das peças daquelas praticadas na época pós-realista por escritores como Maeterlinck, Ibsen e outros. Nesses escassos momentos de interioridade exposta liricamente, de relatos enraizados na situação, Oswald de Andrade abre um segundo caminho de subversão das premissas formalmente conservadoras do seu teatro, de menor qualidade literária na medida em que não era nesse estilo que suas habilidades de sarcasmo poético se manifestavam.

A dramaturgia posterior, da década de 1930, também tentaria expandir o *teatro de tese* com o uso do teatro *lírico-analítico* e da *comédia de costumes*, porém acrescidos de propósitos críticos mais definidos, o que faria surgir outras formas.

Também em outras duas peças, ainda inéditas, localizadas pelo crítico Sábato Magaldi – *A recusa* e *O filho do sonho* –, trabalhos anteriores ao modernismo de 1922, Oswald de Andrade parece praticar a mesma "técnica rudimentar de perguntas e respostas": "Desvitalizada de uma humanidade autêntica, a tese converte o conflito em conversa [...]. A estrutura da peça é feita de uma sucessão de bate-papos, em que há um ou outro momento de interesse dramático".[234]

Não é, portanto, pela simples carência de sentido dramático que o primeiro teatro de Oswald de Andrade deve ser criticado, mas pela sua submissão a uma norma teatral – a do teatro de tese – que fingia trabalhar com coordenadas dramáticas quando não o fazia.

A relativa desumanização de personagens e das situações não é um problema em si, como mostram inúmeras modalidades dramatúrgicas de todas as épocas. A "desvitalização" se converteu, inclusive, numa possibilidade técnica proposta por algumas tentativas da vanguarda (expressionista, por exemplo) de dar forma cênica ao processo social de *coisificação*, o que exigia e ainda exige dos autores uma pesquisa de formas de *objetualização exposta*, de padrões abertamente antidramáticos. As formas teatrais ditas épicas, entretanto, buscavam expor o processo de desumanização capitalista como revelação formal, através da exposição dos aspectos ideológicos impressos na cena, não como constatação puramente discursiva. A peça conversacional, ao contrário, era uma forma preservacionista, nos dizeres de Szondi, porque tendia a manipular o espectador dentro de um campo de expectativas dramatizantes, fazendo com que ele continuasse a acreditar estar diante de indivíduos autônomos.[235]

Nos anos que se seguiram, duas novas orientações intelectuais, uma estética e outra política – o *modernismo* e o *comunismo* – afastam o teatro de Oswald de Andrade da tentação que rondava sua técnica

---

234   Sábato Magaldi, *O teatro de Oswald de Andrade*, *op. cit.*, pp. 8-15.

235   Gramsci acreditava que o gênero poderia chegar a uma *catarse progressista* caso não desenvolvesse o argumento "como uma tese, como um discurso de propaganda; isto é, o autor deve viver no mundo real, com todas as suas exigências contraditórias, e não expressar sentimentos absorvidos apenas nos livros". Mas isso já significaria uma superação formal. Ver a este respeito Antonio Gramsci, *Literatura e vida nacional*, 3ª ed., Rio de Janeiro: Civilização Brasileira, 1986, pp. 114-5.

conversacional de realizar a alta comédia ou o drama nacional. A estrutura hegemônica da peça de tese será confrontada com outros modos de teatralidade didática, mais distantes da ilusão de um desenvolvimento dramático e mais aptos à interação direta com o público, como o *agit prop cênico* que experimenta em momentos de sua trilogia dos anos 1930.

Nas suas três grandes peças dessa fase – *O rei da vela* (escrita em 1933), *O homem e o cavalo* (finalizada em 1934) e *A morta* (de 1937) – e mesmo no poema teatral posterior *O santeiro do mangue* (iniciado em 1936, com a última versão em 1950) –, Oswald de Andrade subverte muitas das premissas conservadoras de seu teatro. Se o projeto não foi mais bem-sucedido, isso precisa ser creditado não apenas ao peso que tomaram as tarefas ideológicas em comparação ao seu conhecimento técnico da nova dramaturgia, mas à inexistência de um diálogo real de suas peças com a produção de espetáculos ou com públicos mais amplos, que ao certo o teriam levado a reescrituras e avanços estéticos.

Encenação recusada

A impossibilidade de encontrar o palco marca a experiência dramatúrgica de Oswald de Andrade, e deixa traços contraditórios em seu trabalho. Afora *O santeiro do mangue*, de grande força cênica e aparentemente escrito sob o signo da desistência do teatro,[236] toda a dramaturgia de Oswald de Andrade embute o desejo de uma aceitação da cena que deveria vir do teatro profissional da época, ou dos jovens grupos amadores, mas nunca chegou. E essa ânsia do encontro com a plateia gerou caminhos e descaminhos na fatura dos textos.

—

236 *O santeiro do mangue* é um poema teatral cuja ação se passa na zona do baixo meretrício, no Rio de Janeiro, em torno do encontro entre a prostituta Edileia e o vendedor de imagens Seu Olavo dos Santos. Sua forma aberta, fragmentada, faz lembrar o romance *Serafim Ponte Grande*. Teve várias versões entre 1936 e 1950 e nenhuma delas seria impressa pelo autor. Concebido de início como "poema para fonola e desenho animado", teve também o título de *Rosário do mangue*, uma "pantomima religiosa em trinta mistérios, um *intermezzo* e um epitáfio". A última versão retoma o título *O santeiro do mangue*, com o subtítulo *Mistério gozozo, em forma de ópera*. Não será estudado aqui por se destacar do conjunto de peças projetadas para o palco.

Num manuscrito da década de 1950, ele afirma que o grupo modernista não tentou a realização cênica simplesmente porque não tinha teatro, "isto é, artistas e atores que pudessem se incumbir de qualquer esforço intelectual, mesmo menor".[237] Acreditava, por outro lado, que os escritores brasileiros sofriam da "incapacidade de educar um certo número de espectadores para elevar o nível do nosso teatro às alturas que já alcançaram a poesia e o romance".[238] Por isso, suas tentativas teatrais modernistas procuraram, em vão, dialogar com todos os artistas do país que fossem capazes de "inquietar um pouco a nossa plateia".

O rei da vela, por exemplo, foi escrita para uma possível encenação de Álvaro e Eugênia Moreyra, e por isso paga um tributo formal direto às produções dramatúrgicas realizadas pelo Teatro de Brinquedo. Igualmente submisso aos hábitos retóricos do teatro conversacional, decadentista ao extremo, ainda que capaz de renovar a linguagem dos diálogos por um coloquialismo curioso, Álvaro Moreyra, líder do Teatro de Brinquedo, escreveu em 1925 a peça *Adão, Eva e outros membros da família*, maior sucesso de seu grupo em 1927. O título irônico diz pouco sobre a estrutura dessa *comédia* de tese que trata da degringolada moral da nova elite urbana brasileira. O triângulo amoroso move o enredo em que um ladrão estelionatário se torna importante jornalista, em que um mendigo de praça vira milionário caluniador, e uma mulher viciada chega ao estrelato teatral. Atrás desse trio de nomes abstratos (Um, Outro, Mulher, que escondem os tradicionais Pierrot, Arlequim e Colombina), a peça pretende encenar uma "procissão do descalabro humano".

Como novidade em relação ao teatro brasileiro da época, uma certa liberdade nos assuntos. Na cena de abertura, por exemplo, a Mulher, viciada, pede papelotes de cocaína ao Outro. No nível da forma, há a tentativa de uma despersonalização ostensiva, de uma exposição do mecanismo das personagens, visível nos nomes e na declaração pirandelliana feita ao final sobre o marionetismo da peça, quando as três

---

237 Manuscrito inédito, provável carta aberta a um crítico não identificado. Centro de Documentação Cultural Alexandre Eulálio, Instituto de Estudos da Linguagem, Unicamp, registro OA 1004. A íntegra do documento se encontra nos anexos.
238 "Diante de Gil Vicente", em *Obras completas de Oswald de Andrade: Ponta de lança*, São Paulo: Globo, 1991, pp. 86-89.

personagens caem sentadas e imóveis num banco do cenário. O Um afirma que "minha última opinião sobre nós é que morremos. [...] Cortaram nossos fios. Tivemos princípio, meio, fim. Contamos uma história. Fim…".[239]

A despersonalização exposta mas não vivida, a circularidade da história, a equivalência simbólica entre o Um e o Outro da elite, a ironia no trato do tema convencional do triângulo amoroso, as frases coloquiais e sentenciosas, bem como os jorros de conversação sobre assuntos sociais influenciam diretamente a escrita de *O rei da vela*.

Tanto numa como noutra peça, as personagens "bonequizadas" não se apresentam como um problema que expõe os limites do individualismo dramático. Álvaro Moreyra estava pouco convicto sobre o modo crítico de objetualizar suas personagens, e a dimensão narrativa, a rigor, não se apresenta na peça, sendo antes um anúncio de intenções modernistas não realizadas.

Entre *O rei da vela* e *Adão, Eva e outros membros da família*, o teatro brasileiro produziu outra comédia conversacional célebre, teatro de tese escrito por um ex-ator do Teatro de Brinquedo, o também dramaturgo Joracy Camargo. Procópio Ferreira conta que o tema do mendigo em *Deus lhe pague*, de 1932, foi tirado por Camargo de uma notícia de jornal. Mas o miserável que teoriza sobre a mendicância já aparecia na primeira cena da peça de Álvaro Moreyra. Foi convertido por Joracy Camargo num Mendigo muito mais professoral e que, em vez de se tornar um milionário frustrado, já o é. Essa esquisita mistura de peça de tese, comédia de costumes e melodrama, deveu quase todo seu gigantesco sucesso à interpretação carismática de Procópio Ferreira, para quem a peça foi escrita. A habilidade de Joracy Camargo, inclusive, foi saber corresponder aos desejos do intérprete, que dizia preferir as comédias mistas, reveladoras de suas habilidades de "ator eclético, invadindo a área do drama".[240] Uma outra parte importante do impacto de *Deus lhe pague*, contudo, deve ser atribuída ao palavreado esquerdizante que aparece nas teorizações sociais do mendigo-milionário, num tempo de convulsões sociais.

---

239 Álvaro Moreyra, *Adão, Eva e outros membros da família: 4 atos*, Rio de Janeiro: Serviço Nacional de Teatro, Ministério da Educação e Cultura, 1959, p. 131.
240 Procópio Ferreira, *Procópio Ferreira apresenta Procópio: um depoimento para a história do teatro no Brasil*, Rio de Janeiro: Rocco, 2000, p. 402.

Reunir sucesso comercial e "fumaças comunistas", tal como Joracy Camargo fez, parece ter sido uma das intenções iniciais de *O rei da vela*, como sugere Décio de Almeida Prado.[241] E mesmo que Oswald de Andrade viesse a repudiar depois *Deus lhe pague* como parte de uma suposta "tradição naturalista" da comédia brasileira, ele se iniciou na dramaturgia politizada imaginando uma peça semelhante, também feita para o "protagonismo" de Procópio Ferreira, com ganas de agradar a vários mundos diferentes: o da pesquisa estética antiburguesa, o das simpatias do Partido Comunista e o da circulação comercial – coisa que parecia praticável, conforme sugeria o sucesso de Joracy Camargo.

A relativa subversão da técnica conversacional que ocorre em *O rei da vela* deve ser procurada, porém, num lado diverso ao do teatro realmente existente. Entre as muitas forças estético-ideológicas que atuaram em sua composição, talvez a mais determinante no que se refere à vitalidade do texto provenha do imaginário modernista nacional-popular-primitivista que animava seus parceiros de geração ao tempo em que encontraram no Circo Alcebíades o modelo cênico Piolin.

Na época em que escreveu a peça, Oswald de Andrade mostrava trechos do texto ao palhaço, e Pagu escrevia no jornal *O Homem do Povo* que o palhaço era o maior artista proletário de São Paulo. Oswald imaginou que o próprio circense poderia representar, ou no mínimo inspirar, seu protagonista, batizado Abelardo, como o artista que fazia o palhaço. Segundo relata Abelardo Pinto, foi a censura que impediu o desenvolvimento da colaboração de ambos em torno da peça, parceria que já estava em curso entre pessoas de universos sociais tão diferentes e que influía nas dramaturgias concebidas para Piolin: "Mas o Oswald tinha muita influência no meu trabalho, dizendo o que eu devia fazer e me dando ideias para comédias que depois eu escrevia".[242]

---

241 "*Deus lhe pague* é de 1932, *O rei da vela* de 1933. [...] Oswald talvez tenha pensado: 'Vou escrever a verdadeira peça comunista, minha, muito melhor, muito mais original [...].'" Entrevista de Décio de Almeida Prado a Fernando Marques, *Humanidades*, n. 44, segundo semestre de 1998, p. 15.

242 "Piolin, o palhaço lembra a semana e Oswald de Andrade", em Maria Augusta Fonseca, *Palhaço da burguesia: Serafim Ponte Grande, de Oswald de Andrade, e suas relações com o universo do circo*, São Paulo: Polis, 1979, p. 39.

O rei da vela, entre as peças de Oswald de Andrade, é a que mais deve às linhas estéticas do modernismo da década de 1920. Em 1937, quando foi publicada, Oswald de Andrade já intuía que ela, assim como o conjunto de seu teatro, seria por muito tempo uma *enjeitada*.

Três anos antes, ele tentou uma experiência ainda mais radical no que se refere à forma dramatúrgica, ainda que de menor potencial de assimilação no sistema profissional do teatro, quando escreveu o espetáculo-afresco *O homem e o cavalo* para a equipe do Teatro de Experiência, de Flávio de Carvalho. Foi a primeira de suas tentativas infrutíferas de ver uma de suas peças politizadas no palco. Ela ocorreria num teatro-laboratório fundado em 1932, um oásis no "deserto dramático cujos únicos camelos eram Fróes e Procópio", espaço conjugado ao Clube de Artistas Modernos. Concebido para abrigar experimentações cênicas e plásticas, como um lugar de encontros de linguagens, o Teatro da Experiência foi muito apoiado por Oswald de Andrade, inclusive porque, entre seus colaboradores, estavam o artista plástico Oswald de Andrade Filho (Nonê de Andrade), seu filho mais velho, e sua ex-esposa Tarsila do Amaral.

Antes da estreia de *O bailado do deus morto*, espetáculo que inaugurou o Teatro de Experiência, Flávio de Carvalho e Nonê de Andrade trabalharam juntos dando apoio à temporada paulistana do Teatro de Brinquedo. Entretanto, a diretriz ideológica do Teatro de Experiência era, em termos modernistas, mais radical do que aquela proposta por Álvaro Moreyra, segundo a definição apresentada por Flávio de Carvalho ao chefe de polícia de São Paulo, numa carta-requerimento, em que expunha seu propósito puramente estético de "criar um centro de pesquisas em pequena escala para a observação de fenômenos em cenários, em efeitos luminosos, em novas formas de dicção, e de um modo geral um centro de pesquisas capaz de introduzir no mundo um novo teatro. O espírito que dirige e anima o Teatro de Experiência é o espírito imparcial de qualquer laboratório científico: pesquisar no desconhecido para promover progresso".[243]

Uma descrição do ator Procópio Ferreira sobre o espetáculo assistido no Clube de Artistas Modernos confirma que tais ideais encontram tradução em experimentos cenotécnicos e de iluminação de inspiração

---

243 Flávio de Carvalho, *A origem animal de deus e O bailado do deus morto*. São Paulo: Difel, s.d., p. 113.

expressionista, ainda pouco comuns no teatro paulista, e que até aquele momento só tinham sido praticados por Renato Vianna:

> O palco era pequeno. A decoração era interessantíssima, feita com tubos de alumínio pregados na parede, um processo absolutamente novo. [...] A iluminação era indireta, distribuída por um processo científico. A primeira coisa que se notava no palco era o pano de boca transparente. O Sr. Flávio de Carvalho explicava que isto era necessário como processo de distribuição de luzes e sombras. Produzia dois efeitos numa só cortina: opacidade e transparência, luz à frente ou atrás. Os cenários não seriam pintados, mas sólidos, sintéticos, formando um jogo de superfícies iluminadas. Um jogo de luz feito com técnica pode dar grande profundidade ao palco. A luz desempenharia um grande papel. Debaixo do palco, o diretor do teatro controlava tudo: cortinas, luzes, movimentos etc. O fim do Teatro da Experiência era o Expressionismo.[244]

O "espírito imparcial" em relação à política não durou muito. *O homem e o cavalo*, apesar de dever sua liberdade narrativa à técnica experimental da primeira montagem, tinha temática antiburguesa explícita e se apresentava como uma peça de militância comunista. Os ensaios foram interrompidos e "a polícia não se contentou em proibir a representação, mas fechou o próprio teatro".[245]

Dependente, também, da técnica conversacional, o texto jamais encenado recebeu o subtítulo cênico de *espetáculo em nove quadros*. Sua novidade era uma espacialização inventiva feita à maneira dos murais épico-alegóricos propostos tanto pelos artistas do teatro político francês, como Romain Rolland, como pelos encenadores soviéticos de *agit-prop* do início da revolução.

Oswald demonstrava ter relativo conhecimento do que ele chamava "estética coletivista" ou "técnica intervencionista", ou ainda "teatro de estádio", praticados por Meyerhold e Tairov. E ainda que sua peça não seja exatamente uma revisão do *Mistério bufo*, como se costuma dizer, alguns de seus quadros podem ser inseridos na tradição do teatro politizado revolucionário, a despeito da cartilha stalinista enunciada em algumas das falas.

---

244 Procópio Ferreira, *Procópio Ferreira apresenta Procópio. op. cit.*, p. 200.
245 Oswald de Andrade, manuscrito inédito. V. nota 237.

Da montagem de *O homem e o cavalo*, Oswald de Andrade parece ter desistido logo após o primeiro embate com a censura policial do governo Getúlio Vargas, só alimentando esperanças de vê-la encenada no exterior.[246]

O rei da vela, por outro lado, parecia-lhe a mais "viável" de suas peças. A insegura esperança da montagem continuava impressa na dedicatória da edição de 1937, feita para os idealizadores do Teatro de Brinquedo, que, naquele momento, retomavam seu trabalho cênico em bases mais profissionais, agora com o apoio econômico do ministro Capanema, que lhes viabilizou a organização da Companhia Dramática Álvaro Moreyra. A dedicatória de Oswald de Andrade foi escrita de última hora, aparece só nas correções das provas da edição, e nela se lê quase um pedido, que antecipa a recusa: "A Álvaro Moreyra e Eugênia Álvaro Moreyra, na dura criação de um enjeitado – o teatro nacional".

A mesma ideia que Alcântara Machado retoma de Álvares de Azevedo – a da miséria de um teatro brasileiro, que ainda está para ser criado –, tema reincidente na nossa história literária e que se liga à ausência de uma produção dramática burguesa, reaparece aqui, em torno dos vários sentidos da palavra enjeitado.

O teatro brasileiro, criatura indefinida, primo pobre da cultura nacional literária, que pouco se firmava como produção de mercado, era um corpo tão estranho quanto a obra de um autor que gastava seu tempo tentando fazer circular seu trabalho intelectual, sem compreender o isolamento que se alargaria a partir da década seguinte.

---

246 Num bilhete escrito às pressas da Europa, provavelmente a caminho de Moscou, talvez de 1933, a escritora Patrícia Galvão (Pagu) lhe informa que na viagem encontrou "muita gente batuta – inclusive o organizador do Teatro Revolucionário. (...) V. pode representar aqui *O homem e o cavalo*". (Centro de Documentação Cultural Alexandre Eulálio, Instituto de Estudos da Linguagem, Unicamp, registro OA 257). Anos depois, num "Bilhete a Paulo Emílio", o escritor afirma: "*O homem e o cavalo* é um livro que interessa à massa. Conforme comunicação que me fez Osório César, está sendo traduzido na Rússia Soviética e um líder de esquerda, o escritor americano Samuel Putnan, me pediu os direitos para sua tradução, montagem e filmagem nos Estados Unidos. Em carta recente Jorge Amado me diz: 'O Putnan escreveu que seu livro já está traduzido e ele está tratando de encenar'. Será que a tradução russa está destinada a qualquer elite burguesa? Ou os homens do *New Theatre* de New York pretendem montá-la para um público burguês?". Em Oswald de Andrade, *Estética e política*. Org. Maria Eugênia Boaventura. São Paulo: Globo, 1992, p. 52.

Na versão anterior da dedicatória, riscada pelo autor, o tema da necessidade de se construir uma cena nacional (que alude à edificação do país civilizado) é ainda mais forte, e mais enfática a ideologia da ausência do drama nacional: "O Teatro brasileiro ensaia-se mais na literatura que na cena. Quarenta milhões de nacionais ainda não produziram um ator. Somos quarenta milhões de atores. O brasileiro representa uma civilização que não tem. Por isso talvez nosso drama não possua ainda uma expressão no palco. Ao primeiro que sair da vida para a cena, dedico esta peça".[247]

Nos meses que se seguiram à publicação, Oswald de Andrade recebeu comunicados da recém-fundada Companhia Dramática Álvaro Moreyra que anunciavam a montagem próxima de *O rei da vela*. Mas o temor da censura e os compromissos comerciais de uma companhia em início de profissionalização – que era dependente dos favores do Ministério, e que para isso precisava se ligar a nomes consagrados do teatro nacional, como a atriz Itália Fausta – foram fatores mais determinantes do que a camaradagem de esquerda que unia o escritor ao casal de amigos militantes do Rio de Janeiro.

A peça acabou por não se encaixar no "critério adotado pelo Dr. Álvaro, que é levar um drama e uma comédia intercalados".[248] Oswald de Andrade assim resume o fracasso em vê-la encenada:

> [...] vi com esperança que Álvaro Moreyra pretendia representar a mais viável das minhas peças, *O rei da vela*, que chegou a ser anunciada nos cartazes do Teatro Boa Vista, em S. Paulo. Mas Álvaro foi adiando o espetáculo e afinal o retirou completamente de qualquer cogitação de montagem. Soube muito mais tarde que a ilustre canastra Itália Fausta, que exercia grande influência na Companhia, ameaçou retirar-se da mesma caso a minha peça fosse somente ensaiada. Doutra feita deu-se curioso caso com Procópio. Este fez a leitura da mesma peça perante um grupo, afirmando que ia representá-la. Em meio do 2º ato teve um ataque de histeria e jogou os originais para o alto berrando: "Isto também é demais!".[249]

---

247 Provas editoriais da peça *O rei da vela*. Centro de Documentação Cultural Alexandre Eulálio, Instituto de Estudos da Linguagem, Unicamp, registro AO 1248.

248 Carta de Marquito a Oswald de Andrade, Rio de Janeiro, 2 set. 1937. Centro de Documentação Cultural Alexandre Eulálio, Instituto de Estudos da Linguagem, Unicamp, registro OA 273.

249 Procópio Ferreira atribui ao temor à censura a decisão de não montar a peça.

182 PARTE 2: TENTATIVAS DE UMA DRAMATURGIA SOCIALIZANTE

No teatro, Oswald de Andrade tentava encontrar seu lugar como um "lutador da renovação social e estética". Tentava fazer-se respeitado nas barricadas antiliberais e antifascistas e ser levado a sério dentro do Partido Comunista. Até sua morte, rondou todos os atores e empresários que lhe pareciam esclarecidos, prestando-se, sem maior discrição, a negociar elogios em sua coluna de jornal. Buscou contato com os encenadores europeus do TBC, no fim dos anos 1940. Conheceu Adolfo Celi, com quem veio depois a brigar, e Ruggero Jacobbi, grande conhecedor de sua obra, de quem obteve a promessa não cumprida de ter uma de suas peças encenada. De qualquer modo, Jacobbi tornou-se um dos principais divulgadores de sua obra, fazendo a transmissão dela à geração mais jovem do Teatro de Arena e Teatro Oficina.

Quando o ator francês Jean-Louis Barrault esteve no país, em 1950, Oswald de Andrade o procurou para afirmar, algo fantasiosamente, que estava decidido a construir, ele próprio, um novo edifício teatral. Chegou a mostrar o local da futura obra, e disse que precisava da indicação de um "artista para dirigi-lo".[250] Seu esforço teatral corresponde a um empenho de coletivizar sua arte e sua obra intelectual. E nesse sentido deve ser compreendido e valorizado. Analogamente, seu fracasso teatral corresponde às hesitações do homem político e à dificuldade – que não era só sua – de uma prática de renovação efetivamente coletiva.

O mais importante dessa trajetória dramatúrgica foi a descoberta de uma disposição experimental politizada que pedia uma renovação técnica e crítica. Em certo momento Oswald de Andrade parece

---

250   Em carta de 18 de julho de 1950, o ator J.-L.Barrault, que pouco antes tinha apresentado seu famoso *Hamlet* em São Paulo, escreve de Buenos Aires a Oswald de Andrade, onde apresentava *Le Tonnerre de Dieu* [O trovão de Deus]: *"Cher Ami, Lors de notre visite dans le local interessant où vous devez construire votre nouveau théâtre, vous m'avez dit: 'Et puis, il faut que vous nous procurez un artiste pour le diriger'. Si la chose est encore exacte je me permet de vous recommander Albert Médina"*. Barrault diz ainda que Médina faz parte de sua companhia há quatro anos e é um *"vrai ouvrier de théâtre"*, um verdadeiro operário de teatro. Centro de Documentação Cultural Alexandre Eulálio, Instituto de Estudos da Linguagem, Unicamp, registro OA 1767. Em tradução livre: "Caro amigo, Durante nossa visita às interessantes instalações onde você vai construir seu novo teatro, você me disse: 'E então, você tem que nos arranjar um artista para dirigi-lo'. Se a coisa ainda estiver certa, me permito recomendar Albert Médina para você".

perceber, sem ter respostas claras sobre os meios para isso, que o problema da coletivização, do ponto de vista de uma nova cena, se liga antes à forma e aos meios de produção do que simplesmente a uma vontade de assunto.

Teatro e burguesia em *O rei da vela*

O rei da vela é a peça de estrutura mais convencional no teatro de Oswald de Andrade, a mais presa aos esquemas do *teatro de tese*, o que ratifica a impressão do autor de que era seu trabalho "mais viável". Paradoxalmente, é a de maior alcance crítico, e talvez a que tenha se confrontado com problemas estéticos mais espinhosos. Sua rejeição pelos principais artistas da época indica uma vocação para o incômodo que a desassemelha da família dramatúrgica de *Adão, Eva e outros membros da família* e *Deus lhe pague*, das quais recebe direta influência.

Entre os aspectos responsáveis pelo potencial de perturbação da peça, deve ser destacada sua ambição de assunto. *O rei da vela* tenta, nem mais nem menos, escancarar o difícil autorreconhecimento da burguesia brasileira, num momento histórico de mudança do quadro social do país. Essa tentativa contém a boa pretensão, ambição de muitos grandes artistas, de configurar uma imagem geral da vida no capitalismo periférico.

O homem e o cavalo, escrita quase na mesma época, é uma peça de comentário, cuja crítica se constrói a partir dos detritos de um material literário amplo, e parte de seu problema é que o próprio enciclopedismo que move os materiais não se expõe sempre à autocrítica, incapaz de se mostrar como moeda de classe dos que o enunciam. Na fixidez de suas criaturas alegóricas, quer representar a *queda da burguesia* sem tentar compreender pessoas reais da era burguesa ou da era socialista. *O rei da vela*, mais arriscada e ao mesmo tempo mais conservadora, almeja representar pessoas e classes sociais sem maior mediação livresca, da vida para a estilização da cena, e nesse passo, trôpego mas não em falso, sai na frente das outras tentativas do autor.

Na área da reflexão formal, a peça vive uma curiosa ambivalência. Sua fatura convencional, se pensarmos no teatro de tese, parece querer levar ao limite o repertório técnico do antigo teatro nacional. É como se

O rei da vela praticasse as formas arcaicas do teatro burguês do século XIX enquanto as revela e condena no discurso, mostrando ao público suas próprias amarras dramatúrgicas e tornando seu conservadorismo parte do assunto, o que não chega a redimir o esquema, mas o torna algo ambíguo e agressivo, sobretudo para aqueles que respeitavam a cultura do velho teatro.

O jogo de vaivém entre a sátira à burguesia nacional – em seu momento de acordo com as velhas elites – e a ironia para com as formas literárias da representação burguesa (no entanto praticadas pelo autor) estabelece as bases formais da peça.

Logo na abertura surge uma possibilidade que poderia ter encaminhado o texto para outro destino. Na cena em que o usurário Abelardo I, conhecido como "Rei da vela", pressiona um cliente no escritório, a peça ameaça uma psicologização bufa do protagonista que poderia conectar os comportamentos dramáticos primários das personagens com uma subjetividade social mais ampla. Reproduzo o trecho na inteireza para que se acompanhe a chegada à crise:

O CLIENTE - Por isso mesmo é que eu quero liquidar. Entrar num acordo. A fim de não ser penhorado. Que diabo! O senhor tem auxiliado tanta gente. É o amigo de todo mundo... Por que comigo não há de fazer um acordo?

ABELARDO I - Aqui não há acordo, meu amigo. Há pagamento!

O CLIENTE - Mas eu me acho numa situação triste. Não posso pagar tudo, Seu Abelardo. Talvez consiga um adiantamento para liquidar...

ABELARDO I - Apesar da sua impontualidade, examinaremos as suas propostas...

O CLIENTE - Mas eu fui pontual dois anos e meio. Paguei enquanto pude! A minha dívida era de um conto de réis. Só de juros eu lhe trouxe aqui nesta sala mais de dois contos e quinhentos. E até agora não me utilizei da lei contra a usura...

ABELARDO I (*Interrompendo-o brutal.*) - Ah! meu amigo. Utilize-se dessa coisa imoral e iníqua. Se fala de lei de usura, estamos com as negociações rotas... Saia daqui!

O CLIENTE - Ora, Seu Abelardo. O senhor me conhece. Eu sou incapaz!

Da interrupção brutal de Abelardo, em que a personagem invoca a moralidade para defender as regras do capitalismo, poderia despontar um irônico retrato emotivo do burguês brasileiro. Mas imediatamente a peça se desvia do que seria uma falsa dramática da sofreguidão diante do lucro ameaçado e opta por concluir a cena com uma declaração metateatral que posiciona o programa crítico do dramaturgo acima das relações materiais da ficção:

ABELARDO I - Não faça entrar mais ninguém hoje, Abelardo.
ABELARDO II - A jaula está cheia..., Seu Abelardo!
ABELARDO I - Mas esta cena basta para nos identificar perante o público. Não preciso mais falar com nenhum dos meus clientes. São todos iguais. Sobretudo não me traga pais que não podem comprar sapatos para os filhos.

Com a desistência do caminho de um possível realismo irônico, esboçado na forma, e que poderia, quem sabe, ter conduzido a peça a uma subversão épica da evolução dramática se as causalidades sociais fossem visíveis a partir das experiências individuais concretas (o que aproximaria a peça do estilo de Brecht, mestre em inverter o moralismo burguês), a técnica dramatúrgica engancha firme no *teatro de tese*. Só que a exposição do arranjo entre o velho patriarcalismo e o arrivista burguês, principal mote de *O rei da vela*, continua a ser vista na perspectiva da ironia ambígua ao velho teatro, o que cria uma duplicidade de objetivos:

ABELARDO I - [...] O que estou fazendo, o que o senhor quer fazer é deixar de ser prole para ser família, comprar os velhos brasões, isso até parece teatro do século XIX. Mas no Brasil ainda é novo.
ABELARDO II - Se é! A burguesia só produziu um teatro de classe. A apresentação da classe. Hoje evoluímos. Chegamos à espinafração.

Uma das preocupações de Oswald de Andrade parece ter sido justificar seu esquema convencional, na tentativa de radicalizar a peça pela novidade do assunto e pela desfaçatez ultraburguesa do protagonista. Quando entra em cena o intelectual bajulador Pinote (gozação com o poeta Menotti del Picchia), que procura os favores de Abelardo, a autoironia continua a ocorrer no plano do assunto:

PINOTE - O teatro nacional virou teatro de tese. E eu confesso a minha ignorância, não entendo de política. Nem quero entender...

O que cria um avanço crítico nessa tentativa temática de cuspir no prato da forma burguesa é que ela não se restringe ao plano da estrutura conversacional. Já no primeiro ato, o autor lança mão de alguns instrumentos *cênicos* para desestabilizar a ordem dramatúrgica. É quando põe em prática uma técnica clássica que reapareceria nos seus outros textos da época, a dos *espetáculos internos*. Representam tentativas de objetualizar os materiais, de causar choques estéticos com a peça de conversação.

Na imagem cenográfica de uma porta que se abre para revelar os clientes como feras, atrás das grades do escritório, sendo mantidos à distância pelo enorme chicote do empregado Abelardo II, vestido de domador de circo, vemos a montagem interna de um pequeno número cênico, grotesco, que vincula a história com o universo das bestas e atrações coisificadas.

No segundo ato, técnica semelhante, do espetáculo interno, é usada no desfile coreográfico dos tipos da sociedade decadente. Aqui, no entanto, a paródia das apresentações de teatro de revista está mais misturada com a estrutura geral de um ato que se passa numa ilha tropical, onde um Abelardo priápico se envolve em jogos de teatralidade social. Para serem discerníveis como cenas criticáveis, o autor sublinha e mesmo explica seu caráter paródico, como na cena dos leques, em que menciona diretamente a obra de Oscar Wilde:

D. CESARINA - [...] Olhe este leque! Este leque ainda é capaz de fazer muito estrago!
(*Deixa a rede.*)
ABELARDO I - Compreendo! É o leque de Lady Windermere!

São pontos em que a crítica ao velho teatro se confunde com seu elogio, na medida em que a experiência cômica depende do reconhecimento letrado que se quer satirizar. No ato final, em que Abelardo I descobre que foi roubado pelo empregado e está à falência, na cena em que agoniza diante de uma Heloísa soluçante, a peça de novo tenta sublinhar sua diferença poética em relação ao velho repertório: "É um ladrão de comédia antiga... Com todos os resíduos do velho teatro".

Não sendo a proclamação discursiva suficiente para ironizar o esquema, outra ruptura espetacular é agora tentada, pondo em dúvida o sentido geral da ficção:

ABELARDO I - Recomeçar... uma choupana lírica. Como no tempo do romantismo! As soluções fora da vida. As soluções no teatro. Para tapear. Nunca! Só tenho uma solução. Sou um personagem do meu tempo, vulgar mas lógico. Vou até o fim. O meu fim! A morte no Terceiro Ato. Schopenhauer! Que é a vida? Filosofia de classe rica e desesperada! Um trampolim para o Nirvana! (*Grita para dentro.*) Olá! Maquinista. Feche o pano. Por um instante só. [...] (*Fita em silêncio os espectadores.*) Estão aí? Se quiserem assistir a uma agonia alinhada esperem!

Com a ajuda do ponto do teatro, o Seu Cireneu, que abandona a caixa e participa da cena, ocorre então um engraçado suicídio de entreato – estilizado, com salvas de canhão – que pode ser contado como a mais grandiloquente encenação interna dessa peça que se põe como uma reflexão sobre o teatro, que pretende criticar as imposturas da representação burguesa também num plano social, ao mesmo tempo em que se utiliza de sua forma conservadora.

Num manuscrito pouco conhecido, Oswald de Andrade assim se refere a essa experiência formal que se queria sintética:

O Teatro moderno, como o antigo, transpõe a vida para o palco, isto é, não procura imitar a vida como ela é nas suas aparências. Resume-a, colocando-a num outro plano – a cena. Procura obter essa equivalência dos fatos e não a sua cópia minuciosa e igual. Se um empregado de escritório de usura aparece no *Rei da vela* fantasiado de domador de feras, isso explica bem a sua função de todos os dias na vida. Os clientes são vistos numa jaula enfurecida porque psicologicamente é essa a sua posição diante do usurário. O Teatro deve esclarecer pela invenção dos efeitos, pela indumentária, pela síntese, o que a peça não pode totalmente dizer. Assim, no terceiro ato do *Rei da vela* há uma interrupção da cena. O pano desce durante o suicídio de Abelardo I. A peça não termina ainda. Mas vai prosseguir em situação diversa. A salva que se ouve anuncia simplesmente que se produziu um grande acontecimento. A cena do fim é uma síntese teatral daquilo que se daria mais lentamente na vida. É bom lembrar que o Teatro deve resumir em algumas horas o que se passa em diversos anos, às vezes em diversos séculos, na realidade.[251]

---

251 "Sobre o *Rei da vela*", documento manuscrito em três páginas, Centro de Documentação Cultural Alexandre Eulálio, Instituto de Estudos da Linguagem, Unicamp, registro AO 1251.

A confusão formal da tentativa de Oswald de Andrade está na afinidade ideológica e estética, talvez sintética demais, entre os vários padrões teatrais de que se serviu. A comédia de costumes, a revista, o melodrama, a opereta, utilizados como referências exteriores, confundem-se na fatura de sua obra com a técnica conversacional que, ao fim das contas, é o recurso maior para distanciá-los como gêneros burgueses.

São poucos os momentos em que *O rei da vela* estabelece uma diferença visível entre sujeito e objeto da crítica da cena. A fusão de padrões obscurece as tentativas de estranhamento formal, que soam como efeitos retóricos, esboçadas apenas na superfície das estruturas, sem relação com seus materiais simbólicos.

A tentativa de negação teatral mais bem integrada ao tema é a de chocar o teatro de tese com o imaginário popular grotesco do circo de aberrações, que remete ao *Ubu Rei* de Jarry. Mas é uma experiência que não se acumula, sem desenvolvimento concreto no todo da peça, sem uma dinâmica que construa, de modo processual, uma síntese produtiva que vitalize o comportamento burguês de Abelardo.

Ficando a utilização da teatralidade burguesa menos crítica do que se pretendia, a ambição de dar forma à burguesia do país na figura patética desse Abelardo I fica igualmente prejudicada. Se a "burguesia exige definições", como diz a própria personagem, e a brasileira se mostrava historicamente indefinida, não seria fácil, como continua não sendo, deslindar o enigma da falta de alteridade sem se contagiar pelo problema geral.

Em poucos momentos *O rei da vela* está imune à indefinição burguesa que pretende retratar. A falta de diferenciações sociais se converte, de problema de assunto, em equívoco da forma. A crítica Iná Camargo Costa observa que o acúmulo de funções narrativas sobre as personagens Abelardo I e II é um dos fatores pelos quais as intenções políticas da peça se esvaziam em panfletarismo fácil. Abelardo I mistura as funções de raciocinador e de protagonista, sendo ao mesmo tempo aquele que disserta sobre as teses da peça e aquele que conduz as expectativas do público, sujeito positivo do pensamento e objeto negativo da sátira, ambivalência que antes confunde do que potencializa as intenções da peça. Tratado como o arrivista cínico, "velho conhecido da comédia nacional", que ao mesmo tempo é porta-voz de um discurso comunista, ele faz com que o discurso dramatúrgico oscile entre o stalinismo e o aristocratismo: "A existência de um personagem sobrecarregado de funções e determinações se explica em primeiro lugar como fruto de uma dupla operação ideológica, com resultados, no mínimo, inconsequentes. Uma dessas inconsequências [...] é a de que o discurso comunista ficou totalmente desprovido de credibilidade em função do caráter (ou falta de) do seu emissor".[252]

O diretor e crítico Alberto d'Aversa observou essa tendência ao indiferenciado, elogiando, porém, a onipresença de Abelardo I: "As outras figuras da peça giram em torno desse *ubuesque* protagonista como cavalinhos de carrossel e cada uma, mais que uma função dramaticamente autônoma, tem a missão de iluminar, de maneira sempre diversa, a pessoa de Abelardo, dando a sensação de serem projeção das ideias e sentimentos do protagonista, mais do que criaturas com vida própria. A estrutura da peça é assim um enorme monólogo com coro [...]".[253] D'Aversa acreditava que a maior virtude do protagonista, "coisa rara no teatro brasileiro", seria sua feição de "personagem completa e inteira; não tipo, nem caráter [...]. E seus sentimentos são concretos, suas ideias são precisas e definidas. [...] Sabe, como bom capitalista, o que quer, e sobretudo como realizar o que quer; sua ação deriva diretamente dessa inteligência".

Acredito que Abelardo não atinja a concreção de uma personagem "dramaticamente" realizada porque as outras personagens não estabelecem pontos de vista através dos quais seu comportamento poderia ganhar contornos mais nítidos. A precisão do enquadramento, para além do monologismo totalizante, seria necessária para que ele fosse visível como *sujeito embaçado* – qualidade difusa, recorrente na burguesia brasileira. Toda a sustentação da ironia da obra é lançada sobre seus ombros. Sua responsabilidade de "raciocinar" sobre a conjuntura social em termos comunistas e sobre o velho teatro praticado por ele impede que os jogos de violência se manifestem.

Oswald de Andrade teve a intuição teatral de que a representação do burguês brasileiro pediria uma reflexão sobre sua ambiguidade

---

252 Iná Camargo Costa, *A hora do teatro épico no Brasil*. Rio de Janeiro: Paz e Terra, 1996, pp. 160-72.

253 Alberto D'Aversa, "O rei da vela: Abelardo", *Percevejo*, ano 4, n. 4, 1996, p. 20. O texto original é do *Diário de S. Paulo*, 29 set. 1967.

constitutiva. Soube posicioná-lo entre a agiotagem e o mercado de velas para defuntos, mas não conseguiu operar seus materiais de modo dialético, como o assunto lhe pedia. Talvez tenha sido o preço pago por um autor que tentava modernizar nosso teatro sem poder contar com uma tradição de realismo dramático anterior e que, por isso, nunca deixou de prestar contas a expectativas dramatizantes.

Seu senso de observação no que se refere ao burguês nacional era dos mais desenvolvidos, como indicam algumas de suas crônicas e esboços de teatro relativos ao tema do agiota, categoria social que, desde a crise de 1929, conhecia bem, de "tocar flauta" nos seus escritórios da cidade.[254]

Num fragmento de peça sem título – impossível de dizer se anterior a *O rei da vela* – ele caracteriza a mesma figura do usurário como um português, neste caso de nome Silva, e faz com que seu par de comédia seja um empregado mineiro, o Garcia. Sem pretender uma representação de classe, como em *O rei da vela*, mas apenas a de um indivíduo patético, esse Silva, com suas lamentações de mártir do trabalho, poderia servir de parâmetro para que seu Abelardo fosse imaginado como criatura mais real, sem que isso implicasse realismo dramático:

SILVA - Eu aqui me sacrificando pelo senhor, porque o senhor sabe que eu adiei uma viagem que devia fazer hoje para o Rio de Janeiro por causa deste negócio e ainda estou aqui? [...] Antão o senhor pensa que eu é que tenho que pagar os juros para o senhor? Pois nem para meu filho eu não faria isso. Antendeu? Nem para o meu filho se o tivesse. Aliás eu nem sei bem por que é que trabalho tanto![255]

---

254 No jornal *O Homem do Povo* de 7 abr. 1931 existe uma cena satírica sobre um pequeno burguês, Marotinello, que está na miséria, e que vai pedir dinheiro emprestado a um agiota. O conselho final do "banqueiro-esfola-miséria" é o seguinte: "Volte para a contadoria da empresa e roube em vez de três contos, três mil, o que puder. [...] Avance de verdade, não se suje por pouco".

255 Publiquei este texto com o título *"Fragmento Garcia"* na contracapa da primeira edição do jornal *O Sarrafo*, organizado pelo movimento de teatros de grupo de São Paulo. *O Sarrafo: teatro em debate*, São Paulo, n. 1, mar. 2003, publicação independente produzida pelos grupos Ágora, Companhia do Latão, Folias D'Arte, Fraternal, Parlapatões e Teatro da Vertigem, p. 12.

Ao tentar fugir da verossimilhança, ao não conseguir fazer uso dramatúrgico do realismo sintético que se encontra em seus romances, Oswald de Andrade acabou aproximando Abelardo do cínico arrivista genérico, comum à tradição da comediografia nacional de costumes. No intuito de estabelecer um retrato de classe, ele postulou traços gerais demais, que não surgem da relação com os outros, nem dos acontecimentos da história, mas sobretudo dos desígnios do autor. Talvez tenha perdido a chance de revelar dimensões subjetivas que poderiam concretizar um comportamento de classe mais brutal, caso a "fraqueza" anunciada da figura a confrontasse com outros seres concretos, anulando-lhes o espaço próprio, como reza a tradição de mando da elite brasileira. "Às vezes, de repente, perco a confiança. É como se o chão me faltasse", diz Abelardo, revelando uma faceta de seu caráter desperdiçada pelo desenvolvimento da obra.

Transformado em mensageiro "indecente" das opiniões pouco alentadoras do autor sobre ele próprio, como escreveu Anatol Rosenfeld,[256] o cinismo de Abelardo perpassa toda a representação. Oswald de Andrade disse certa vez que "se Bergson tivesse estudado o riso no Brasil, não conseguiria escrever o seu livro". A frase expressa bem as dificuldades de seu aprendizado dramatúrgico, que correspondem, pela grandeza de seu projeto, àquelas – mais gerais – de identificar, na sociabilidade brasileira, quais os comportamentos mecânicos e quais os vivos, nos termos do autor francês, capazes de mutuamente se atritar, instaurando a comicidade.

Uma sociedade em que grande parte da população era constituída de "coisas" tornava suspeitas as posições aceitas oficialmente como "vivas". Oswald de Andrade, mesmo consciente disso, não desenvolveu recursos cômicos capazes de superar os estereótipos moralistas da comédia nacional, o que pediria uma fragmentação épica maior, e uma atenção maior aos processos sociais, como tentada na ruptura da ação individualizada em favor de quadros autônomos que se vê em *O homem e o cavalo*.

É possível que com uma maior independência dos quadros, com a explosão da estrutura de "três atos" em múltiplos fragmentos descontínuos e vivos, ele ampliasse o poder de suas imagens sociais negativas da

---

256   Anatol Rosenfeld, *Prismas do teatro*. São Paulo: Perspectiva, 1993, p. 152.

burguesia brasileira, à maneira de *Serafim Ponte Grande*, onde parece ter conseguido trabalhar na convergência da atitude clássica com a de vanguarda. Nas incompletudes sociais oferecidas à imaginação crítica, poderia a peça ter realizado uma pesquisa estética mais mobilizadora e menos judicativa.

Em *O rei da vela*, a dramaturgia sucumbe à evolução tradicional enquanto tenta convertê-la em forma paródica, sem que a objetualização se complete. Esboça e recua da possibilidade de exprimentar um novo realismo trazido pela visão marxista, o que talvez nem se possa exigir dela. A peça ainda estava longe de converter a luta de classes em matéria artística, o que seria possível com uma tradição artística e política ligada ao socialismo, mais sólida, capaz de estabelecer parâmetros menos abstratos para a compreensão dialética não só da forma teatral mas da própria evolução burguesa no Brasil.

Por seu apego ao *teatro de tese*, a ação capitalista descrita em *O rei da vela* é reduzida ao plano dos defeitos morais. Hipocrisia, cinismo, arrivismo, mecanizações do prazer espoliativo – a burguesia rural paulista é apenas satirizada por seus recalques sexuais, de modo inclusive preconceituoso ao extremo e lamentavelmente sórdido, o que desqualifica os aspectos mais consequentes do texto, como a explicação sobre a ascensão do fascismo posta na boca de Abelardo: "Há um momento em que a burguesia abandona a sua velha máscara liberal. Declara-se cansada de carregar nos ombros os ideais de justiça da humanidade, as conquistas da civilização e outras besteiras! Organiza-se como classe. Policialmente. Esse momento já soou na Itália e implanta-se pouco a pouco nos países onde o proletariado é fraco ou dividido".[257]

O comunismo programático de Oswald de Andrade, repetidor da linha anti-imperialista do Partido Comunista, parecia não conseguir deitar fora a íntima confiança no setor progressista da burguesia nacional, que poderia ajudar a libertar o país de um atraso imposto pelo capital internacional e pela cultura patriarcal. Por outro lado, o desprezo satírico de *O rei da vela* pela antiga elite (e seu teatro oitocentista) ainda está envolvido numa difusa vontade de regeneração

---

257 *Obras completas, VIII, teatro: A morta; ato lírico em três quadros. O rei da vela; peça em três atos. O homem e o cavalo; espetáculo em nove quadros*, 2ª ed. Rio de Janeiro: Civilização Brasileira, 1976, p. 107.

libertária, em que a ação cultural deveria ser tão ou mais importante do que a luta social organizada.

O crítico Carlos Eduardo Ornelas Berriel, em sua tese sobre a obra de Paulo Prado, observa que Oswald de Andrade pensou a relação entre o Brasil e as potências imperialistas "a partir do quadro tensional entre a cultura brasileira e a civilização europeia – e não conforme às vias próprias do marxismo", e este comentário pode ser levado para o terreno de suas escolhas formais, em que ele reconhece de modo ambivalente virtudes intrínsecas nos gêneros burgueses que despreza, como se a nacionalização temática os pudesse regenerar.

Muito próximo do modernismo da década de 1920, *O rei da vela* aposta, de modo até ingênuo, na "força integradora de algum tipo de desenvolvimento nacional em curso", o que fez com que sua busca de uma imagem móvel do sujeito do Brasil ainda esteja presa à vontade de "ordenação e progresso" dramáticos.[258] Nos seus momentos de exceção formal, em que esboça um *realismo cômico-crítico* ou um teatro de *sínteses grotescas*, por meio do uso de espetáculos internos epicizantes, sua força popular se manifesta, e com ela a capacidade de se opor à visão das classes possuidoras.

O rei da vela propõe alegorismos autoritários e também desrepressões reveladoras, em meio a preconceitos violentos e ironias lúcidas. Mesmo fracassando diante da hegemonia da técnica conversacional, sua disposição ao humor popular cria espaços de complexidade dentro da trivialidade retórica. E sua atitude combativa em relação à *miséria* nacional, aliada à sua disposição de se inserir na luta social, contém inegável valor extraestético, como ocorre ainda mais em *O homem e o cavalo*. Isso não pode ser desprezado, pois constitui parte importante de um teatro que pretendeu "participar dos debates do homem".

Os equívocos de sua forma falam, inadvertidamente, sobre a própria oscilação burguesa no país. Continua sendo dos poucos textos teatrais da nossa história que se dispuseram a agarrar o touro à unha.

---

258   A adoção de um ponto de vista comunista encontra lugar no pensamento de Oswald de Andrade combinada à expectativa de um desenvolvimento nacionalista: "Ante o divisor de águas contemporâneas, a esquerda representa a defesa da independência nacional. Para a literatura e a arte no Brasil ela se confunde com o próprio sentimento de pátria". Oswald de Andrade, *Estética e política, op. cit.*, p. 56.

Tentativa épica de *O homem e o cavalo*

O esforço artístico de Oswald de Andrade em *O homem e o cavalo* foi expandir o comunismo para além do plano retórico. Para isso escreveu uma peça sem um único protagonista, frontalmente antidramática, visando encenar a queda mundial da burguesia, categoria tomada em seu sentido mais geral.

A definição é do próprio escritor: "[...] vou explicar-lhe o que é *O homem e o cavalo*. É uma peça da alta fantasia onde coloco o homem na transição – entre o cavalo de guerra e o de *turf* (sociedade burguesa) e o cavalo "a vapor" (sociedade socialista). Para pôr em choque os dois mundos, faço o professor varar a estratosfera e ir buscar no velho céu das virgens e de Pedro a gente mais reacionária que há. Essa gente vem encontrar aqui primeiro o Fascismo, depois a Revolução e a Socialização".[259]

Na procura de meios teatrais para representar os processos coletivos, Oswald de Andrade escolheu o fracionamento épico da história. Concebida como um *espetáculo em nove quadros*, a peça se mostra acertadamente sincopada nos seus espaços e tempos, como é comum nas narrativas em que as partes precisam ter autonomia em relação ao todo da história. *O homem e o cavalo* é, assim, sua mais radical experiência de "refundição de formas coletivas", que segundo o escritor pediam a sujeição das personagens ao "catedralismo" da história, para que o homem deixe de ser apenas um indivíduo "interessante e novelesco".

Retomava uma prática literária análoga à de seus romances, sobretudo no par *Miramar* e *Serafim*. O crítico Antonio Candido, na revisão que fez a respeito da obra narrativa do escritor, registra a afinidade entre o panorama social e as técnicas descontínuas, a proximidade entre a representação *pontilhista* e o intuito social de *afresco*: "[...] a visão de uma larga realidade social pode ser apreendida melhor através da multiplicidade de cenas e tipos apresentados de maneira descontínua, numa espécie de amostragem por justaposição que revela o todo com amplitude e variedades maiores do que seria possível a uma narrativa unitária".[260]

---

259 Oswald de Andrade, *Ponta de lança*. São Paulo: Globo, 1991, p. 51.
260 Antonio Candido, "Digressão sentimental sobre Oswald de Andrade", em *Vários escritos*. São Paulo: Duas Cidades, 1970, p. 81.

O ponto de partida formal de *O homem e o cavalo* foi também o afresco pontilhista, montagem "catedralista", e a terminologia oriunda das artes plásticas e da arquitetura, para nomear a técnica, precisa ser examinada na medida em que obriga a uma reflexão sobre as formas dramatúrgicas *estáticas*.

Não sendo seu propósito desenvolver ações contínuas e individualizadas, como no teatro dramático, nem se manter no tempo eterno da lírica dos estados de alma, *O homem e o cavalo* confrontou o autor com a complexa questão dos modos de dinamização da matéria coletiva, o que pede a pesquisa de formas dramatúrgicas não centradas na vontade consciente do herói.

As experiências teatrais épicas, por meio de recursos que rompem o caráter absoluto da cena, interpõem entre o público e a ficção do palco a presença de alguma modalidade de *narração* que está livre para mover a história a partir de fora, sem que o desenvolvimento dos acontecimentos dependa só do dialogismo intersubjetivo das personagens. Mas cada autor vai se deparar sempre com a dúvida sobre a medida de autonomia de suas personagens, diante do risco de sugerir a existência de uma máquina cega que põe em dúvida a possibilidade de uma ação humana transformadora.

O teatro épico lida com a seguinte questão-limite: a necessária objetualização das personagens (feita para revelar as objetualizações sociais), caso chegue ao ponto da marionetização absoluta a serviço do esquema do autor, pode conferir à narração um estatuto inadvertidamente personalista e, assim, anular as contradições vivas e afastar a narrativa do terreno histórico, reforçando ideologias fatalistas que se voltam contra a própria intenção de uma mobilização crítica.

O homem e o cavalo encerra várias tentativas de dinamização de seus vastos panoramas alegóricos, algumas feitas a partir dos materiais ficcionais, outras à revelia deles. É uma obra em que Oswald de Andrade se deixa levar pela experimentação formal e que por isso obtém boas reversões da técnica conversacional que permanece na base da estrutura. Em suas partes negativas e satíricas, antes que a peça seja dominada pelas cenas de elogio retórico ao comunismo, ela tenta muitas variações formais, arriscando-se, inclusive, a não firmar uma imagem única na sensibilidade do espectador.

No primeiro quadro, que se passa no céu dos mortos controlado por São Pedro, os princípios dinamizadores são de duas ordens: um, cenográfico, e outro, ligado à mudança de função das personagens.

Entramos na peça pela habitual técnica da *conversação*, mas aqui ela é utilizada de maneira autocrítica, lançada no patético da especulação oca das quatro garças velhas que sabem estar à procura de assunto para preencher o vazio do tempo da eternidade:

QUERUBINA - Mas vocês queriam o Rasputin aqui?!
ETELVINA - Pelo menos se tirava linha...
MALVINA - Vamos estudar inglês, em vez de falar besteira. Anda, gente!
ETELVINA - Comece você...

A estaticidade das figuras nunca é plenamente admitida pela forma. Servindo-se de uma espécie de "negativismo" pictórico, Oswald de Andrade opõe às figuras objetos cênicos que se lançam para fora do quadro, como o elevador e o carrossel abandonados, que projetam histórias anteriores ao presente da cena, máquinas construídas para o movimento humano e que estão agora inutilizadas na pasmaceira da imobilidade geral, o que ajuda a ironizar a composição.

A bem-aventurança tediosa dessas personagens e seus "brinquedos de sociedade" é modificada pela entrada do Poeta-Soldado, personagem fascista cujo modo de falar assume ares operísticos, a ponto de adulterar o estilo teatral antes estabelecido:

Som de trombeta.
O POETA-SOLDADO (*Entrando inesperadamente*) - Eu quero regenerar a humanidade! Quero restaurar a guerra e o sentido da guerra. Única higiene do mundo. (*Para as 4 Garças*) Súcia de malfazejas! Pacíficas duma figa! Sociedade das nações [...].

O câmbio final para a paródia fascistoide de ópera se completa com o contracanto do Divo, personagem *gay* (reincidência que mostra uma obsessão fóbica e preconceituosa do autor) que aparece no vaso sanitário de um banheiro cantarolando uma ária. A imagem se completa na entrada posterior de São Pedro para apaziguar o "frege" celestial. É quando o Poeta-Soldado grita em dó de peito sua vontade marcial:

O POETA-SOLDADO - Eu sou o companheiro de leito da morte! A morte é o cabaço da necessidade! Como é que um espermatozoide pretende ser imortal! Quem és tu, espectador, senão um espermatozoide de colarinho! E por isto te recusas a conhecer a verdade que a guerra traz nas artérias. Cantemos o nosso hino! Entoemos nossa loa! Kip! Kip! Burra! (*Bate na bolsa que traz a tiracolo*).
AS QUATRO - Kip! Kip! Burra!

O último movimento do quadro vem da chegada da nave espacial que prepara a descida do grupo para a Terra, aonde vai numa fuga do tédio da eternidade.

No segundo quadro, também com o intuito de dinamizar suas criaturas estáticas (afinal, são todos desencarnados), Oswald de Andrade faz com que o confinamento na cabine da "estratonave" seja perturbado por perigos externos, o que aumenta o colorido patético do comportamento coletivo:

QUERUBINA - Boa ideia! Vamos jogar para passar o tempo depressa.
SÃO PEDRO - Impossível, minhas Garças! Com a pressa, esqueci o baralho...
A VOZ DE ICAR - Fechem a janela! Calafetem os óculos! Cometa a boroeste!
SÃO PEDRO (*Ao Poeta-Soldado*) - Fecha a janela, lerdo! Aí vem um cometa! (*O Poeta-Soldado e as 4 Garças obedecem.*)
AS QUATRO - Vamos rezar?
SÃO PEDRO - Mas que brincadeira! Um cometa a estas horas. Vamos debelar o perigo! De joelhos! Eu agarro na figa! Vamos implorar!
O POETA SOLDADO - Quem?
SÃO PEDRO - O deus da zona, sei lá! [...].

Alguns bons momentos cômicos, de superação da forma conversacional, estão nessa cena em que um grupo intergaláctico de doidos reage ao espaço sideral enquanto se aproxima da Terra. É o ponto em que a peça encontra equilíbrio entre a dramaticidade ridícula de personagens (que mesmo socialmente estáticas se mostram vivas) e o dinamismo narrativo de uma situação reduzida ao absurdo:

SÃO PEDRO - Vejam a paisagem! Que maravilha, meus filhos! Venham ver o mapa-múndi!
MALVINA (*da janela*) - Que ventania.

O POETA SOLDADO - Boa para a guerra química.
QUERUBINA - Estou enjoando. (*Vomita a um canto.*)

Na chegada à Terra, no terceiro quadro, o pouso acontece no Derby de Epsom, na Inglaterra, onde a cena projeta outro rumo. A dramaturgia desiste de qualquer autonomia relativa das personagens e dispõe sobre o palco uma dinamização *espetacular*. A cena mostra um desfile de cavalos de todo tipo, míticos e ficcionais. Para que fique claro seu sentido, a imagem é precedida por diálogos escatológicos entre o Cavalo de Troia e o Cavalo Branco de Napoleão. Compõe, assim, um espetáculo fascista interno à peça, uma cavalgada aristofânica, que oscila entre a ópera dionisíaca e o filme histórico, em que o elemento épico, como parece enfatizar o autor, tantas vezes se confunde com o hípico. O grupo de indivíduos da cena se comporta como um público de teatro: "Vamos assistir. É um espetáculo empolgante. Há buracos na trincheira. Espia!". Mobilizada pelo Poeta-Soldado, essa cavalgada militarista, devidamente criticada aos olhos do público, atinge seu auge satírico com o delírio enciclopédico dos comentadores:

ICAR - *Sono pazzi di vino e di sole!*
SÃO PEDRO - É a guerra no seu esplendor.
ICAR - Mas que mau cheiro! Parece que pisei num rato morto...
SÃO PEDRO - Não é isso. São aqueles muares ali. São os cavalos de Áugias...
ICAR - É verdade! Os precursores da guerra química!
SÃO PEDRO - Agora, passam as feiticeiras videntes de Macbeth!
ICAR - E as fúrias de Walpurgis montando aspiradores elétricos! [...].
O tumulto cresce. Trote de cavalos. Relinchos. Troar de trombas. Relâmpagos. Sons de tempestade.
ICAR - Ficou um para trás. Sem cavaleiro! É Rocinante!
SÃO PEDRO - Sancho vai montá-lo. É a pequena burguesia que tomou conta do cavalo idealista do D. Quixote. O fascismo! [...].
A VOZ DO POETA-SOLDADO - Espedaçados no campo da luta, renasceremos dionisiacamente! Quem não quiser me seguir – vista saia!

A forma do *espetáculo interno* serve aos propósitos da cena por permitir o comentário, que aprofunda o excesso da imagem. A animalização fascista toca o grotesco no entusiasmo que desperta. A burguesia produz um mundo de cavalgaduras culturalmente reprodutoras, sugere a cena, que tem nesse escancaramento uma virtude. É um momento laboratorial da peça, em que a dinamização não confunde nem "captura" o espectador e serve aos interesses do assunto.

É possível dizer que Oswald de Andrade realiza aqui, através de um estranho pastiche do cinema soviético, uma montagem de atrações à moda de Eisenstein, não por acaso uma voz que aparece citada na segunda metade da peça.[261] Ao final do quadro, a fonte wagneriana dessa paródia dinâmica se identifica através de outros detalhes de ópera: "Ouve-se na distância a trompa heroica de Lohengrin. Uma Valquíria nua, mascarada contra gases asfixiantes, atravessa a plateia e o palco, montada sobre um cavalo de guerra, protegido também pela máscara".

O homem e o cavalo comprova que as qualidades teatrais de Oswald de Andrade são quase todas da ordem da negação. Invertendo o princípio tradicional dos sistemas filosóficos, sua dramaturgia tende a ser verdadeira em quase tudo que nega, e muitas vezes falsa no que afirma. Daí sua notável habilidade para a caracterização cômica, observação que o crítico Antonio Candido alarga para o conjunto de sua estratégia literária: "Sempre que acertava o tom na craveira do sarcasmo, da ironia ou da sátira, é como se ligasse a corrente salvadora que comunica à sua escrita um frêmito diferente; quando desafina naquele tom, ou escreve *a sério*, a tensão baixa e, a despeito dele usar os mesmos processos de composição, o texto parece sufocado [...]".[262]

A partir do quarto e do quinto quadros ocorre, porém, uma queda no nível desse sarcasmo-poético e experimentalismo cênico que até então constituíam a base estrutural da peça. A descaída é proporcional ao empenho do autor em afirmar os valores positivos da revolução e da socialização.

O homem e o cavalo se pretendia uma peça antifascista, antiburguesa, antimilitarista e a favor do comunismo soviético. Seus nove quadros se dividem em duas etapas, a da queda do velho mundo burguês e a da ascensão de um novo mundo da igualdade. O recurso a cenas "sérias"

---

261   "Quem sabe se desses estranhos pastiches guiados pelo cinema, resultará alguma coisa melhor do que as frustradas tentativas de nossa criação teatral elevada?" escreveu o escritor, certa vez, a respeito de Piolin.

262   Antonio Candido, "Digressão sentimental sobre Oswald de Andrade", *op. cit.*, p. 80.

começa a aumentar para a afirmação positiva de teses comunistas, o que diminui o impulso negativo que até então organizava o todo. O que se delineava como *agit-prop* crítico retrocede aos padrões burgueses da confirmação ideológica.

Nas duas cenas que ocorrem dentro da Barca de São Pedro, onde se vê o Vaticano sobre uma jangada, duas "hermas falantes" são responsáveis por um debate que ainda oscila entre os extremos da afirmação e negação discursiva. Nas cenas anteriores, a conversação procurava abrir a cena para dinâmicas sociais maiores, num movimento epicizante. Aqui, o procedimento que predomina é o do fechamento do universo discursivo no jogo de reconhecimento das referências internas ligadas às figuras de um poeta, Byron, e um gângster, Capone, o que implica uma falsa dinamização – não subvertida pelo caráter grotesco das hermas:

> MISTER BYRON - [...] O senhor deve conhecer as minhas origens históricas – a expropriação do camponês pela lã.
> LORD CAPONE - Confraternizemos então! Num outro continente e numa etapa mais avançada, eu sou a sua heroica imagem. O romantismo. O senhor comia lã e cagava rimas! Eu bebo cerveja e mijo gasolina...
> MISTER BYRON - Simbolicamente...
> LORD CAPONE - Sim. Comercialmente, bancariamente. Somos símbolos apoiados em metralhadoras.

Em que pese o divertido da solução imaginativa, o retrocesso formal ao *teatro de tese* é inegável. Tal como na técnica do teatro de revista, são diálogos que pedem, para que haja embate satírico, um interesse prévio dos espectadores nos assuntos tratados. A cena da revista se mantém viva, mesmo aos olhos de plateias incautas, graças ao feerismo espetacular (o que acontecia no quadro do desfile hípico). Sem essa estratégia do efeito espetaculoso, escancara-se a pobreza de diálogos abstratos e autorreferentes, que não se oferecem como problemas intelectuais, mas como afirmação personalista de uma técnica letrada que aproxima o alto e o baixo do consumo cultural.

Nos últimos quadros da peça, esse processo de "má revistização" da peça se amplia. O passeio de São Pedro, Icar e Mme. Icar pelo mundo tornado comunista corresponde à família interiorana visitando a cidade grande, como nas peças de Arthur Azevedo. Só que a sociedade comunista é apresentada sem contradições, automatizada, por meio de vozes que divulgam relatórios técnicos. A socialização aparece como um resultado sem processo, através de imagens genéricas, nada assemelhadas à vida, o que faz com que o tiro ideológico saia pela culatra e se reforce o estereótipo de uma mecanização cinzenta, a assombrar toda sociedade igualitária.

Exemplo disso é o quadro das três crianças que, nascidas na era comunista, desconhecem palavras como "proprietário". A ideia dramatúrgica é ótima e seria uma grande cena politizada, se feita sob o signo do espanto e da estranheza perplexa, se os meninos não tivessem autoconsciência, se sua inversão do habitual estivesse a serviço do distanciamento de uma civilização capitalista incompreensível do ponto de vista de qualquer humanidade ingênua.[263] Mas os próprios pequenos se comportam como professores, doutores de si próprios, sabiozinhos, pequenos fantoches de um discurso que os transcende.

O que predomina na fase *positiva* de *O homem e o cavalo* é a retórica da coletivização, não sua prática formal. A ausência de movimentos internos à cena, antes sacudida pelo assunto criticável, passa a contaminar a composição dos quadros. Imaginando o comunismo como um *estado* (ou um Estado), e não como um movimento para o qual caminha a sociedade, Oswald de Andrade acabou por se refugiar no conforto das configurações imobilistas, algumas ambiguamente alegóricas, como A Camarada Verdade, figura que caberia melhor numa comédia anticomunista.

Esse desacerto retórico foi denunciado na ocasião pelo jovem militante comunista Paulo Emílio Salles Gomes, a julgar por uma resposta irritada que lhe dá Oswald de Andrade, quando rechaça as acusações de que *O homem e o cavalo* padeceria de "obscuridade e oratória romântica".[264]

---

263 Brecht disse a Wekwerth: "[...] a solução dialética é sempre a mais viva, a mais diversificada, a mais ingênua". Pensava no ingênuo como uma categoria estética, a mais concreta. Cf. Manfred Wekwerth, "El descubrimento de una categoria estética", em *Teatros y politica*. Buenos Aires: Ediciones de la Flor, 1969, pp. 71-80.

264 "Você está simplesmente fazendo o jogo de certo tipo de desagregador que eu chamo de piolho da revolução". Oswald de Andrade, "Bilhete a Paulo Emílio", *op. cit.*, p. 50.

Paulo Emílio considerou a peça hermética para os públicos populares "de massa", imaginando que seu sarcasmo só pudesse ser compreendido por plateias burguesas. Talvez, em parte, tivesse razão, mas o juízo não vale para todas as cenas. A crítica ao padrão retórico romântico, porém, é indiscutível, o que se confirma na resposta intimidada de Oswald de Andrade ao futuro crítico de cinema: "Quanto à oratória romântica d'*O homem e o cavalo* passo a piada a Lenin, Stalin e Eisenstein, de quem tirei toda a 'declaração' social e construtiva de minha peça".[265]

Quando se diz, hoje em dia, que a dimensão comunista de seu teatro envelheceu devido às transformações da História, oculta-se o fato de que nem correspondiam ao marxismo mais avançado da época nem encontraram sua forma estética adequada. Suas deficiências se devem ao repertório stalinista de seu pensamento de esquerda e ao esforço de demonstrar conhecimentos aprováveis pela liderança do Partido Comunista, quando não os tinha assimilado como seus. Nas três peças da década de 1930, o marxismo não ultrapassa o plano retórico para se tornar conceito e procedimento artístico, porque não chegou a ser um instrumento para a reflexão autônoma. É o esforço de integração, e não a matéria estética coletivizada, que organiza as partes sérias da peça, por isso sempre mais artificiais.

Por se originar muitas vezes de uma hipótese abstrata, o teatro de potencial politizante corre sempre o risco de ser acusado de esquemático. Esse juízo fácil, em geral enunciado pelo pensamento conservador, está longe da realidade quando a reflexão encontra sua forma viva de ação artística, para este público, neste lugar. O problema, de resto, aparece para a arte sempre que ela enfrenta o caráter ideológico de toda representação. As moralidades do teatro medieval, peças ostensivamente alegóricas, permitiam-se encenar o próprio Mal ou as Virtudes porque eram produzidas para plateias que compartilhavam de uma cosmovisão religiosa, o que tornava as figuras teatrais, mais do que abstrações, universais concretos. Shakespeare, lidando com públicos mais diversificados, desprotegido da festa religiosa e das certezas feudais e cristãs, e já no início da era da individualização burguesa, fez com que algumas de

---

265 *Ibidem*, p. 52. Na versão publicada, Eisenstein aparece como Einstein.

suas personagens, oriundas da *moral play allegory*, ganhassem traços fisionômicos mais vivos do que os transmitidos por sua origem alegórica.[266] Ao personificar, através de contradições, as alegorias medievais, tornou mais imanente e concreto o mundo da cena, menos dependente dos cordões transcendentais, tal como o Renascimento passava a enxergar a humanidade, sem deixar de apresentar sua própria visão de mundo, considerando os atritos entre o velho e o novo como problemas em aberto.

Na busca de um espetáculo épico, Oswald de Andrade deixou sua obra dependente demais do transcendentalismo do discurso, única esfera liberada para a mobilidade, o que torna seu trabalho comparável às cenas de moralidade do padre Anchieta, o que não deixa de ser uma ironia histórica. A crítica, inclusive, já observou que *O homem e o cavalo* é um "mistério ao contrário": tem início no céu e termina no Paraíso Vermelho da terra.[267] Só que Anchieta, encenador de si próprio, e que também não contava com a cumplicidade da plateia, resolveu suas lacunas com soluções físicas do espetáculo. *O homem e o cavalo* é uma peça-roteiro que depende do mesmo diálogo cênico para se efetivar e se modificar. Acredito que, afora *O santeiro do mangue*, é a peça dramatúrgica menos acabada de Oswald de Andrade, o que significa que pode servir de material para excelentes reelaborações cênicas.

O erro técnico de Oswald de Andrade foi, numa montagem épica, imaginar o comunismo nos termos moralistas e dramatizantes da "virtude" heroica, o que dá sentido à observação de Décio de Almeida Prado: "O retrato da virtude, ainda que revolucionária, não era o forte de Oswald. A pressão exercida por sua verve satírica obrigava-o, por mais que admirasse os tempos novos, a refugiar-se artisticamente nos antigos, dando preferência aos heróis negativos sobre os positivos".[268]

De qualquer modo, nem a relativa vitória da moralidade sobre a farsa diminui a força do sarcasmo antiburguês e antifascista de *O homem*

---

266   Cf. Walter Benjamin, *A origem do drama barroco alemão*. São Paulo: Brasiliense, 1984, p. 215.

267   A hipótese é de Maria Lúcia Campanha da Rocha Ribeiro no livro *Oswald de Andrade: um teatro por fazer*. Rio de Janeiro: Diadorim/Editora da UFJF, 1997.

268   Décio de Almeida Prado, *O teatro brasileiro moderno: 1930-1980*. São Paulo: Perspectiva/Edusp, 1988, p. 31.

e o cavalo. Seu vigor modelar reside também numa atitude extraestética, dada pela disposição coletivista da forma e pelo discurso comunista escancarado. Os atores e encenadores de teatro, lançados na imediatidade da relação com o público, não devem desprezar a capacidade de ativação extraestética presente na "atitude engajada" de um espetáculo de temática corajosa, o que pode vir a compensar muitas das hesitações de uma formalização equívoca. Uma parte importante dos efeitos críticos de uma obra teatral se liga a seu modo de se posicionar em relação aos hábitos culturais de um sistema produtivo, e, também por isso, *O homem e o cavalo* precisa ser considerada – em suas ações negativas – uma notável peça experimental, e uma das mais importantes tentativas épicas do teatro brasileiro.

Negativismo e positivismo na peça *A morta*

A peça *A morta*, de 1937, é o texto que expõe o limite artístico e político do projeto teatral de Oswald de Andrade. Seu acerto estético reside na proclamação de uma impotência dramática, que tem a aparência de um recuo formal em relação à agressividade crítica de suas peças anteriores. É como se o dramaturgo estivesse desistindo de tornar-se dramático, para expiar nos reinos infernais seu próprio individualismo e positivismo. E não só o seu, também o da elite nacional. Através da estrutura interiorizada, concebida como inação absoluta, *A morta* reconhece a impossibilidade do drama, o que significa um avanço artístico para a representação da burguesia disforme do Brasil, no tempo da crise liberal.

Como seus companheiros de movimento modernista, Oswald de Andrade viveu a luta do artista contra sua formação burguesa. Também como eles, refletiu sobre as dificuldades (hamletianas) da passagem da reflexão ao ato político, o que deveria se dar, também, no campo da técnica literária. Escreveu certa vez que é na apropriação da técnica que os intelectuais devem fazer a marcha do mundo, e é nela "que o intelectual contemporâneo deve se organizar".[269]

---

269 "O intelectual e a técnica", *O Estado de S. Paulo*, 18 set. 1943.

Assim como Mário de Andrade e Alcântara Machado, ele atribuía a aspectos herdados da visão romântico-liberal a maldição individualista pela qual o artista brasileiro nascia apartado da ação, na cidade humana, relegado "para o cultivo duma alma artificiosa, originária do amor", cevado pelos interesses burgueses. Sabia, no entanto, que seu demônio ideológico era semelhante ao dos românticos: "[...] Pode-se afirmar que todo o século XIX, o século das confissões, das mágoas e dos dilúvios de ternura edípica em torno da amada, foi apenas o espetáculo das catacumbas líricas, onde se haviam soterrado os que não participavam e não cooperavam com a vitória infrene e grosseira da sociedade burguesa".[270]

A morta é esse "espetáculo das catacumbas líricas", escrito contra a "hostilidade de um século reacionário", contra a estética do gênio romântico e o positivismo dos endinheirados, contra as forças hedonistas que afastam o poeta da "linguagem útil e corrente" e dos "chamados populares", como afirma seu autor na carta-prefácio. Descrito como um "ato lírico em três quadros", o texto é pensado como um *drama interior* do poeta, pelo qual os "soterrados, através da análise, voltam à luz, e, através da ação, chegam às barricadas. São os que têm a coragem incendiária de destruir a própria alma desvairada, que neles nasceu dos céus subterrâneos a que se acoitaram". Seu ponto de partida é a inexistência de indivíduos num país submerso no individualismo.

As primeiras vozes ouvidas em *A morta* compõem uma espécie de jogral narrativo:

> A OUTRA - Somos um colar truncado.
> O POETA - Quatro lirismos...
> BEATRIZ - E um só lírio doente...
> O POETA - No país dissociado...
> A OUTRA - Da existência estanque...

Como já ocorria na dramaturgia subjetiva de Strindberg, que se utilizava da técnica de origem medieval do *drama de estação* para isolar e intensificar uma personagem central "que na maioria das vezes incorpora o próprio autor",[271] o que vemos aqui é uma voz única fracionada.

---

270 *Ibidem.*
271 Peter Szondi, *Teoria do drama moderno, op. cit.*, pp. 59-60.

Tal fracionamento estabelece uma tensão com relação às expectativas do público, e o diálogo se assume como uma épica de três vozes.

O primeiro quadro de *A morta* pratica, assim, uma teatralidade épica por meio de um "fatiamento" lírico, exposto. Seu autor lhe deu o título eloquente de "O país do indivíduo", território cênico em que as falas não definem individualidades porque tudo sugere uma intrassubjetividade confusa, mostrada como uma grande polifonia para um doente moribundo que logo se torna um "cadáver gangrenado".

Walter Benjamin escreveu que, "do ponto de vista da morte, a vida é o processo de produção do cadáver",[272] e parece ser este o destino que envolve, na peça de Oswald de Andrade, tanto o palco quanto a plateia, numa fusão lírica que, por vezes, resvala no apoteótico, tal como as apoteoses das tragédias antigas diante dos corpos que se amontoavam sobre o palco. Aqui, contudo, ao contrário das tragédias e dos dramas de estação, fica difícil distinguir o herói dos outros mortos e vivos. Estamos num universo mais apartado da experiência dramática, em que, como diz o texto, quatro lirismos se fundem num lírio doente.

Apesar de as falas não definirem ações relacionais, o primeiro quadro de *A morta* se afasta da técnica conversacional porque há poucos disfarces individualizantes, e de certa forma a peça tenta encenar a própria inexistência do diálogo intersubjetivo num país sem alteridades, território do individualismo capitalista extremo.

No prólogo que precede o quadro, a personagem "sacerdotal" do Hierofante se autonomeia como "pedaço de personagem, perdido no teatro", como moralidade que aparece no princípio para que a polícia garanta o espetáculo. Afirma-se como "solidário com a compreensão de classe" da plateia, e esclarece que o espaço da representação é o das "ruínas misturadas de um mundo. [...] Como nos terremotos de vosso próprio domicílio ou em mais vastas penitenciárias, assistireis o indivíduo em fatias e vê-lo-eis social ou telúrico. [...] Não vos retireis das cadeiras horrorizados com a vossa autópsia".

Todas as personagens da primeira cena alegorizam um fatiamento do indivíduo, numa forma que se quer distante da existência real: no palco vemos uma enfermeira, que está ali supostamente velando alguém e que é o único ser em "ação viva". Em torno dela quatro marionetes

---

272   Walter Benjamin, *A origem do drama barroco alemão, op. cit.*, p. 241.

devem gesticular conforme as falas da peça são pronunciadas nos microfones na plateia. Nos camarotes, postadas perto do público, quatro figuras têm sua voz amplificada, em falas sem gestos, ralentadas. De um lado se postam Beatriz, mulher nua, e a Outra, dama vestida de negro. No lado oposto, o Poeta e o Hierofante. Todos confundem-se com essa "cidade sem luz direta – o teatro".

O indivíduo em autópsia simbólica gera uma polifonia hierática, lírica e alegórica, celebração funesta em que a inação conversacional não é disfarçada de vida, mas exposta como morte. É um "panorama de análise", segundo as palavras do autor.

A consistência estética do primeiro quadro de *A morta* provém da conversão da inação em assunto. A partir disso, toda a paralisia do quadro se objetualiza aos olhos do público e a forma aparentemente confusa passa também a ser julgada. O expressionismo subjetivista se confronta consigo mesmo.

Mesmo com o tempo sendo marcado pela única ação viva da enfermeira – que, perto do fim do quadro, faz a eutanásia da Outra –, nada conduz o espectador à expectativa de um desenlace futuro. Estamos num panorama negativo, feito de ausências. A dimensão alegórica, à maneira barroca, se estabelece na medida em que o espectador tende a supor um mundo narrativo maior do que o visto em cena, pela interpretação dos fragmentos e ruínas, ouvidos sem compreensão precisa. A matéria histórica, nesta primeira imagem, tende a extravasar da cena, e nesta abertura supera a forma fechada do drama lírico.

Paradoxalmente, essa força negativa do quadro vai aos poucos sendo desbastada, conforme desponta uma autoconsciência "dramática" do Poeta a respeito de sua condição, que ajuda a explicar a peça, mas tende a reduzir a obra ao voluntarismo dessa personagem. De início, é apenas uma constatação negativa, portanto produtiva:

O POETA - As classes possuidoras expulsaram-me da ação. Minha subversão habitou as Torres de Marfim que se transformaram em antenas.

Conforme o Poeta se define como um sujeito que pretende uma recusa, hesitante, ao desejo amoroso – contemplado no corpo nu da

Beatriz –, ou conforme seu discurso se define na contramão do pensamento sexual-positivista do Hierofante, ele passa a se individualizar por sua vontade de libertação, numa afirmatividade poética e política que enfraquece a negatividade coisificante que se esboçava no imaginário mortuário e no marionetismo dos comportamentos:

> O POETA - Sou a classe média. Entre a bigorna e o martelo, fiquei o som!
> O HIEROFANTE - Alma que esguicha enclausurada.
> BEATRIZ - Sem mim morrerás calado.
> O POETA - Viverei na Ágora. Viverei no Social. Libertado!
> BEATRIZ - Sou a raiz da vida, onde toda revolução desemboca, se espraia e para.
> O POETA - Um dia se abrirá na praça pública o meu abscesso fechado! Expor-me-ei perante as largas massas...
> A OUTRA - E o sexo? O inimigo interior!
> O POETA - Deixarei os pequenos protestos – o chapéu grande, a cabeleira faustosa: falarei a linguagem compreensível da metralha.

Quase uma obsessão modernista, a vontade literária de chegar à praça pública é associada à luta contra as Torres de Marfim e as "cabeleiras faustosas" da poesia romântica. Isso revela, inadvertidamente, o quanto uma peça como *A morta* está mais próxima, por exemplo, do *Macário* de Álvares de Azevedo que do conjunto da dramaturgia brasileira do século XX. Não apenas pela predominância da voz lírica dos estados de alma sobre as falas capazes da mobilização do outro, como também pelo metaforismo necrófilo e satanista, ou ainda pelas personagens duplicadas. Talvez por isso ambos sejam dos poucos textos do teatro brasileiro a se aproximar com radicalidade formal do problema da coisificação da vida, ainda que o façam em tons barroquizantes, sem abrir mão de uma certa erotização do arruinamento.

No caso de *A morta*, o tom de apoteose macabra, que faz lembrar a estética barroca, parece ter sido herdada do expressionismo. Não do expressionismo dramatúrgico, com o qual Oswald de Andrade parece ter tido pouco contato, mas das tentativas de expressionismo cênico elaboradas por Flávio de Carvalho no seu Teatro de Experiência. A peça *O bailado do deus morto*, muito rarefeita como construção verbal, uma dramaturgia de balbucios, o que correspondia ao projeto do autor,[273] ofereceu-lhe a convicção espetacular de que a ação cênica pode apenas se sustentar na orquestração rítmica das vozes e sonoridades, alternância de lírica coral e monódica, para compor uma paisagem sonora múltipla.

Curiosamente, o tema do texto de Flávio de Carvalho, extraído do poema mesopotâmico *Gilgamesh*, é o de um deus mitológico que perde suas forças telúricas ao se deitar com uma prostituta, quando sua dimensão humana aflora. Na alegoria ambígua do primeiro quadro de *A morta*, a afirmação do Poeta de que "não haverá progresso humano enquanto houver a frente única sexual" é confundida com o tom desejante das falas. Essa ambiguidade psicanalítica (Eros é Thanatos) mantém a tensão intrassubjetiva dos discursos, que passam cada vez mais a almejar, na voz do Poeta, o espaço coletivo. Mas a idealização puramente literária da participação na "ágora" – positivação que começa a confundir sujeito e objeto – conduz a alguns estereótipos do discurso socializante, a despeito da ironia de Beatriz para com o Poeta, tratado como neófito em arte:

O POETA - Toda a minha produção há de ser protesto e embelezamento enquanto não puder despejar sobre as brutalidades coletivas a potência dos meus sonhos!
A OUTRA - Emparedado! Criaste uma grande doença!
BEATRIZ - Meu rapin!
O POETA - A construção do romantismo habita este quarto...
BEATRIZ - Que sou eu?
O POETA - A psique irreconhecível...
O HIEROFANTE - O nascimento da alma...
O POETA - O subterrâneo que a sociedade ordena. Um dia serei reconduzido à atmosfera...
BEATRIZ - Estamos fora do social!
O POETA - A polícia só me permite esbravejar no teu dramático interior.
O HIEROFANTE - Poeta!

---

273   Num artigo para o jornal *O Homem do Povo*, n. 3, p. 4, de 31 mar. 1931, Flávio de Carvalho escreve: "O som inarticulado é também de grande importância como elemento de composição expressiva, assim é a música sem estrutura. (Ao que parece a psicanálise é tão limitada que não leva em conta essa manifestação inconsciente)".

O POETA - Eles tomaram o Estado, eu fiquei com a mulher. Criei uma alma de cova. Por isso busco o drama e busco o teu cheiro.
BEATRIZ - Cantas a tua missa de corpo presente.

Na busca retórica do *drama* está o acerto e o desacerto de *A morta*. Acerto porque o estado de desejo paralisado revela a inexistência de relações dramáticas reais e a onipresença do individualismo sem alteridade, o que só permite encenar uma missa de corpo presente. Desacerto porque, como diz o ditado, "quem procura acha", e a falsa individualização dramática acaba por se esboçar nas falas do Poeta, que se tornam, por isso, "conversa fiada", como no teatro conversacional.

O segundo quadro acontece numa "praça onde vêm desembocar várias ruas". É o espaço público de um "País da gramática", título de uma sequência de cenas cuja estrutura básica é a contraposição da conversa dos tipos aos coros que passam.[274] Na abertura, por exemplo, o Turista pede informações ao Polícia sobre os dois grupos vistos ao fundo, um de seres vivos, outro de mortos:

O TURISTA - E aqueles?
O POLÍCIA - São os mortos.
O TURISTA - Vivem juntos? Vivos e mortos?
O POLÍCIA - O mundo é um dicionário. Palavras vivas e vocábulos mortos. Não se atracam porque somos severos vigilantes. Fechamo-los em regras indiscutíveis e fixas [...].

A entrada em "O País da gramática" se dá, portanto, através do rebaixamento das expectativas alegóricas da peça. Ao se deslocar para um lugar de letras mortas, o problema da ausência de ação livre – que era apresentado como universal, das personagens e do público – parece se confinar ao campo da literatura, o que poderia reduzir a peça a uma crítica ao beletrismo. O rebaixamento é também formal na medida em que o diálogo, agora mais convencionalmente lógico, passa a ser utilizado para explicar o ambiente. Essa aparente redução poética sofrerá,

---

274 Maria Lúcia C. da Rocha Ribeiro, no seu livro *Oswald de Andrade: um teatro por fazer*, encontra nesse título uma referência ao livro de Monteiro Lobato para crianças, *Emília no país da gramática*.

contudo, uma suspensão no instante da entrada mais ativa do coro de cremadores ("Abaixo os mortos! Limpemos a terra! Abaixo!"), que abrem, novamente, o imaginário da peça ao universo mais amplo das lutas sociais, apesar do esquematismo da formalização coletiva.

A entrada em cena do Poeta, acompanhado de seu guia lúcido da libertação, o poeta Horácio, bem como seu reencontro com a Beatriz virginal e aparvalhada, que o perturba de novo com seus "perfumes lascivos", não geram cenas de interação real. Eles agem como espectadores-comentadores de um antagonismo que vai se acirrar, entre as forças coletivas ao fundo, representadas nos corais dos cremadores-vivos e dos conservadores-mortos:

OS CREMADORES - Fogo nesses podres! Abaixo o despotismo dos mortos.
A música toca um tango. O Hierofante procura o Evangelho.
O HIEROFANTE - *In illo tempore!*
OS CREMADORES - Fora! Fora!
O tumulto cresce. Juntam-se aos cremadores galicismos, solecismos, barbarismos. Do lado dos mortos cerram colunas, graves interjeições, adjetivos lustrosos e senhoriais arcaísmos.
CORO DAS INTERJEIÇÕES - Oh! Ah! Ih!
OS CREMADORES - Fora a estupidez das interjeições!

Numa breve sátira ao fascismo escrita na mesma época de *A morta*, Oswald de Andrade reproduzia, em cena dialogada, o discurso monossilábico de um Chefe político, feito para uma multidão que só fazia repetir os "Vivas!" e os "Ós!", misturados aos ruídos de animais variados. A linguagem sem sentido, comum aos "galinhas verdes" do integralismo de Plínio Salgado, é também ridicularizada aqui, mas na verdade a diferenciação de estilo entre os vivos e mortos é muito ligeira. Mostrados numa distância por demais abstrata, os tipos-coletivos são apenas vistos da exterioridade, o que parece se coadunar com o interesse do dramaturgo em anunciar de longe um conflito que culminará com a chegada de um farsesco juiz gramático:

VOZES - Julgai! Julgai!
O JUIZ - Os mortos governam os vivos. Premissa maior! Premissa menor... os cremadores são excessivamente vivos! *Ergo*! *Ergo*! Devem ser... Conclusão! Governados....

Este parecer favorável do Juiz aos mortos, quando somado a uma definição anterior dada pelo Poeta, segundo a qual estariam visitando o País da Ordenação, abre mais um campo de leituras para a peça, o da sátira ao positivismo, sistema de pensamento que tanto influenciou a formação da República brasileira.

A sentença do Juiz, sobre a sujeição dos vivos aos mortos, repete a frase célebre de Augusto Comte gravada no alto do portão do Templo Positivista da rua Benjamin Constant, no Rio de Janeiro, com seu funéreo lema, segundo o qual "os vivos são sempre e cada vez mais governados necessariamente pelos mortos".[275]

A crítica literária e teatral tem ignorado o fato de que tanto a estrutura como as personagens de *A morta* parecem ser sido concebidas como uma ironização direta dos delírios do filósofo do positivismo, Auguste Comte, principalmente no episódio de sua paixão por Clotilde de Vaux, quando pretendeu transformá-la em uma "nova Beatriz, a musa de Dante". Com a morte de Clotilde, com quem Comte nunca se relacionou de fato, sua "afeição tornou-se ainda mais profunda",[276] e veio daí a reorientação de seu pensamento para a construção de uma religião da humanidade, que teve um de seus templos mais ativos na capital do Império do Brasil. A imagem de Comte atravessa, portanto, as páginas de *A morta*.

Na paixão por uma musa-cadáver ou nas falas sacerdotais do Hierofante, Oswald de Andrade impregna sua peça de muito material positivista. Mas também a organização geral da fábula acompanha a visão comtiana de que sociedade exemplar seria aquela que tem "o amor por princípio, a ordem por base e o progresso por fim".

A estrutura ternária positivista de *A morta* – em que cada quadro é regido por um dos três temas: amor, ordem e progresso – parece guiar-se também pela teoria dos três estados, pela qual Comte explica o desenvolvimento do pensamento humano em sua evolução teológica, metafísica e positiva, e que em política corresponderiam à fase militar,

---

275 No alto do templo está escrito: "O amor por princípio, e a ordem por base, o progresso por fim". A expressão "funéreo lema" é de Moacir Werneck de Castro, *Mário de Andrade: exílio no Rio*. Rio de Janeiro: Rocco, 1989, p. 22.

276 Ver, a este respeito, a introdução ao volume *Comte/Durkheim* da coleção "Os pensadores", São Paulo: Abril Cultural, 1973.

com suas autoridades, à fase jurídica, onde a lei é norma, e à etapa positiva, onde a ciência domina os comportamentos.

Não cabe aqui desenvolver esse argumento, que pediria um estudo à parte, mas ele refuta certas leituras que restringem a peça ao anedotário autobiográfico de Oswald de Andrade, sua paixão pela pianista Pilar Ferrer, ou a uma simples autoflagelação literária. Se de fato o problema da dificuldade da ação coletiva tem correspondência com sua vida artística e política, sua ambição em *A morta* era maior, o que justifica a importância que o autor lhe dava em meio a sua obra literária. Seu intuito era encenar os aprisionamentos individualizantes de um país sem esfera pública, em que a elite intelectual chafurda na "culpa" e na "esperança" de patéticas musas artificiais, produzindo uma sociedade mortuária, eternamente à procura de um sentido dramático inexistente:

> HORÁCIO - (*Chamando-a*) Deixa-a! Não vês que habitas de novo com elas os subterrâneos da vida interior?
> O POETA - Ela é o meu drama.
> HORÁCIO - O empresário da tua morte. Deixa-a!
> O POETA - Não. O coração acorda de repente. E começa o trabalho irracional. Corrosivo de todo debate... A consciência torna-se um estado sentimental e a justiça foge do mundo... Oh! drama! Desenvolvimento do próprio ser universal! Eu te busco!

O limite da peça está no fato de que a constatação da impossibilidade dramática é mais da ordem do discurso do que da forma. Mesmo neste exemplo do segundo quadro, em que a fala do Poeta cai no ridículo dos excessos melodramáticos, o que torna sua ânsia universalizante ridícula, o que predomina é a aparência ainda individualizante da forma conversacional, não totalmente desestabilizada por coros que nunca deixam de ser fundo para as figuras que as contemplam. Na comparação com o quadro inicial, observa-se que isso se dá de modo contrário ao antidramatismo do início. Se na primeira cena a negatividade forte da imagem não era totalmente desgastada pelos anseios da vontade livre do Poeta, fragmentados demais para organizarem algum indivíduo real, desta feita, a vontade ridícula de seguir Beatriz não chega a revigorar as imposturas do esquema conversacional. A sátira (negativa) ao drama (positivo) do Poeta é vacilante.

Sabendo que o teatro brasileiro estava ainda muito aquém de Ibsen, impedido socialmente de representar a "antinomia indivíduo-cidadão",[277] pois do contrário incorreria na canastrice de defender libertadores individuais da sociedade, Oswald de Andrade percebeu que um caminho cênico era possível em relação ao último Ibsen, aquele que representa a posição trágica "do eu contra o eu", nas palavras de Raymond Williams: "A culpa, por assim dizer, tornou-se interna e pessoal, da mesma forma que a aspiração era interna e pessoal. A realidade interna, por fim, vem a ser a única realidade geral. O liberalismo, na sua fase heroica, inicia aquele que seria o seu colapso no século XX: o mundo isolado, culpado e encerrado em si mesmo; o tempo do homem como vítima de si mesmo".[278]

Como seu assunto se ligava à crise da visão liberal, a dificuldade de Oswald de Andrade – maldição para qualquer dramaturgo brasileiro do século XX – era encontrar a forma teatral capaz de não falsificar pela saída dramática a realidade dos embates do "eu contra o eu", tal como eles poderiam se dar no Brasil.

Sua tentativa no terceiro quadro de *A morta* foi fazer a síntese entre os aspectos negativos e positivos até então aflorados na vontade dramática do Poeta. O ambiente do quadro tende para a negação cômica: é um céu-cemitério (parecido ao de *O homem e o cavalo*) povoado de figuras patéticas como a Dama das Camélias, a Senhora Ministra, o Atleta Completo, e frequentado por outras mais grotescas, como a família de cadáveres que foi "suicidada" pelo pai (a gás), ou o Urubu de Edgar Allan Poe, que espreita tudo de uma árvore. O mote da comicidade é a própria indefinição dos cadáveres putrefatos, a deformidade temporal, imposta pela condição eterna. Aos mortos restam jogos de passatempo e a incerteza sobre os fatos empíricos, e a técnica conversacional é tratada como objeto de sátira, diante da confusão entre o som do helicóptero e o da mosca:

O RADIOPATRULHA - Ouve-se já o ruído do motor!
A DAMA DAS CAMÉLIAS - Escutem!

---

277 Oswald de Andrade, "Casa de boneca", *Diário de S. Paulo*, 20 fev. 1946.
278 Raymond Williams, *Tragédia moderna*. Trad. Betina Bischof. São Paulo: Cosac Naify, 2002, p. 136.

O ATLETA COMPLETO - Não é!
A SENHORA MINISTRA - É uma mosca.
O HIEROFANTE - Não.
O ATLETA COMPLETO - Agora é!
A DAMA DAS CAMÉLIAS - Não.
A SENHORA MINISTRA - A mosca.
O HIEROFANTE - O autogiro de Caronte...
A SENHORA MINISTRA - É uma mosca no interior do meu nariz!

A indefinição tola inviabiliza a própria conversação. Não é possível matar o tempo morto:

O HIEROFANTE - Aqui é impossível ler-se a mão a alguém.
A DAMA DAS CAMÉLIAS - Por quê?
O HIEROFANTE - Porque não temos mais linhas nas mãos tumefactas... (*Todos examinam as próprias mãos.*) Está tudo esgarçado pela morfeia lenta e definitiva da morte. Vivemos na negação.

Quando o Poeta enfim surge em cena, levado por um aeroplano a outro reino de negação, sua dificuldade será reconhecer a Beatriz também desfigurada:

O POETA - És a máscara de um ser que se dispersa. Teus olhos deliram enquanto a tua boca amarga sorri. Tens os cabelos do homem de Neandertal, coroados de espinhos!
BEATRIZ - Sou o primeiro degrau da vida espiritual!
O POETA - O que me chama é o drama. Drama, desenvolvimento do próprio ser universal!
BEATRIZ - Quero *plata*...

A última tentativa de persistir no drama sexual com a Beatriz esbarra no pedido mundano de "*plata*". A cena é ainda mais distanciada e conduzida ao ridículo através de um recurso épico pelo qual todos os cadáveres, em seguida, se "organizam dificultosamente" e descem da cena para a primeira fila da plateia do teatro, onde se sentam para "não perder a grande cena" amorosa.

No primeiro quadro, "O país do indivíduo", o espetáculo envolvia a plateia num mesmo ambiente lírico, e a mecanicidade das falas nos microfones criava uma estática estranhável. Em "O país da gramática", o recuo formal vinha da suposição de que uma ação concreta se passava no palco, quando as figuras de cena apenas assistiam ao espetáculo interno e aos debates superficiais entre vivos e mortos. Já em "O país da anestesia", o recurso de fazer com que as figuras de ficção atravessem para a realidade retoma a perspectiva crítica ao produzir uma contraposição narrativa. Nesta cena curiosa, enquadrada pelo olhar de um público de mortos, interessados em ver como "um poeta ama", o protagonista percebe, enfim, a desfiguração de sua musa:

O POETA - Quero o marfim quente de teu corpo! Mas os teus olhos se evaporam! Que boca angustiada!

Com o retorno dos cadáveres ao palco, entretanto, a constatação de que Beatriz é uma morta, imersa em letargia, logro dos sentidos, pretende ser levada mais a sério pela peça. É o momento em que o dramaturgo decide reverter, outra vez, em positivo o comportamento de seu Poeta, que enfim deve proclamar uma lição poética:

O POETA - Morta! Beijei inútil a labareda extinta de teu corpo! Por isso guardavas dentro do peito uma humanidade diversa, atraente e terrível! [...].
O POETA - Queimarei a tua carne dadivosa! Não se poupa o nada!

A saída alegórica será tomar, na mão, o facho que estava aceso, incendiar a Árvore da Vida e meter fogo na própria Beatriz, de modo a "devorar o trecho noturno da vida" para ser "fiel aos arrebóis do futuro".

Esse heroísmo súbito do Poeta, através do qual ele realiza, com a cremação pelo fogo, o ato dramático de "aclarar o mistério", queimando a própria alma, completa-se na fala do Hierofante, no epílogo, também envolvida em ambiguidades: "Respeitável público! Não vos pedimos palmas, pedimos bombeiros! [...] Somos como vós mesmos, um imenso cadáver gangrenado! Salvai nossas podridões e talvez vos salvareis da fogueira acesa do mundo!".

Tendo evitado o drama ao fazer de sua busca vã um assunto da peça, Oswald de Andrade não resistiu, por fim, a uma solução de certo modo dramatizante que retrocede, em certa medida, em relação à negatividade geral da peça. E o que se percebe é que a forma negativa não impõe totalmente uma evolução que ainda almeja a resolução teleológica do *ato teatral*.

Nessa escolha, o vigor voluntarista de certas falas poéticas, tão altissonante em suas lamentações (e que já foi tratado como patético), se converte numa retórica cênica da esperança de um futuro coletivamente mais ativo. Positividade discutível, que nega o antipositivismo das sátiras anteriores e unifica a plateia numa ação ilusória, por mais que a fala do Hierofante tente repor a oposição à moralidade burguesa de ares fascistas.

São conformações próximas de um barroquismo, tal como filtrado pelo expressionismo, segundo a observação de Walter Benjamin, desvios de poetas que se preocuparam mais com o "instrumento linguístico" e com os exageros da linguagem do que com a realidade dos materiais: "Essas produções não brotam do solo de uma existência comunitária estável; a violência voluntarista de seu estilo procura, pelo contrário, mascarar, pela literatura, a ausência de produções socialmente válidas. Como o expressionismo, o barroco é menos a era de um *fazer* artístico que de um inflexível *querer* artístico".[279]

A principal qualidade de *A morta* subsiste, porém, na sua pesquisa negativa do indivíduo brasileiro, na sua compreensão daquilo que Sérgio Buarque de Holanda descreveu como "virtudes essencialmente inativas, pelas quais o indivíduo se reflete sobre si mesmo e renuncia a modificar a face do mundo".[280]

Numa saudação feita para o escritor Albert Camus, no final de sua vida, Oswald de Andrade, elaborou elogios que lhe poderiam ser atribuídos acerca de *A morta*: "Sendo o mais vivo dos escritores, sois um amigo da morte. Sendo o mais claro dos filósofos, sois um técnico do absurdo".[281] É essa técnica do absurdo que faz com que, no auge da emoção espetacular, no calor das labaredas libertadoras desencadeadas pelo Poeta, haja espaço para um comentário de comadre:

---

279 Walter Benjamin, *A origem do drama barroco alemão, op. cit.*, p. 77.

280 Sérgio Buarque de Holanda, *Raízes do Brasil*. 6ª ed. Rio de Janeiro: José Olympio Editora/Instituto Nacional do Livro, MEC, 1971, p. 9 ss.

281 Centro de Documentação Cultural Alexandre Eulálio, Instituto de Estudos da Linguagem, Unicamp, registro OA 1044.

O POETA - [...] Não mais estes símbolos dialéticos do sexual perturbarão a marcha do homem terreno. Foge ave do Paraíso!

O URUBU DE EDGARD - Os cemitérios são combustíveis. Não há salvação!

A SENHORA MINISTRA - Sempre disse que essa vela aí era um perigo.

5.
A CONCEPÇÃO CÊNICA DE *CAFÉ*, DE MÁRIO DE ANDRADE

Todas as obras de arte, meu Deus!
São obras em que o artista fracassou.
Mário de Andrade

"Mário só navegou mar grosso uma vez, foi quando...".[282] O manuscrito, interrompido no meio da frase, não permite avaliar o rumo que tomaria o argumento de Oswald de Andrade ao rebater a ideia de que Mário de Andrade não era um teatrólogo. Nesse rascunho, escrito nos últimos anos de vida, ele lembra que qualquer avaliação de um dramaturgo depende do conceito de teatro.

É muito provável que o poema-libreto *Café* – projetado para ser uma ópera coletivista, que seria musicada por Francisco Mignone – fosse essa experiência teatral de "navegação tempestuosa", para além dos cursos tranquilos da cabotagem dramática. Em seu projeto cênico, Mário de Andrade conheceu problemas semelhantes aos de Oswald de Andrade no que se refere a uma representação cênica com conteúdos sociais manifestos.

As metas, vagas e derivas da navegação do *Café* estão documentadas em cartas e artigos escritos ao longo de anos. Tanto a concepção do espetáculo como os poemas tiveram um longo período gerativo. Entre 1933, quando idealizados, e outubro de 1942, quando iniciada a última fase de redação, que seguiu por dezembro daquele mesmo ano, até atingirem a forma com que aparecem nas *Obras completas* (publicadas postumamente, em 1955), esses escritos ficaram sempre operando e "voltando à tona da consciência" de Mário de Andrade. Sintetizam suas reflexões sobre a participação social do artista, expressão de uma fase pessoal de politização, chamada por ele de "fase sócio-estourante", comum a muitos escritores de sua geração que, nos anos da crise mundial do liberalismo, se viram diante da exigência de posicionamento político entre o comunismo e o fascismo. Época da vida definida por Oneyda Alvarenga como a da "angústia do artista que se achava no dever de participar das lutas pela melhor organização social do mundo, mas que se via peado ainda pela sua formação burguesa".[283]

---

282   "Resposta a um crítico", manuscrito original de Oswald de Andrade, reproduzido nos anexos deste livro.

283   Cf. Oneyda Alvarenga, *Mário de Andrade: um pouco*, Rio de Janeiro: José Olympio; São Paulo: Conselho Estadual de Cultura, 1974, p. 77.

Para além da reflexão sobre o processo de escrita em cartas e artigos, o resultado artístico do *Café* dá testemunho da difícil proletarização da consciência do intelectual e da complexa pesquisa estética decorrente da nova perspectiva. Tal como veio a lume nas obras completas, o *Café* é uma peça literária composta de duas partes de relativa independência: a "Concepção melodramática", em que o escritor descreve, em poucas páginas, o espetáculo operístico imaginado, bem como suas motivações em relação à história; e o "Poema", que tem como subtítulo "tragédia secular", composto de 22 escritos breves, que dão a base textual para os três atos, subdivididos em cinco cenas.[284]

Mais do que um dualismo entre a visão da cena e a literária, existem mesmo contradições de perspectiva estética entre a ópera prevista na "Concepção melodramática" e aquela que se lê no "Poema". Apesar de complementares, as duas partes algumas vezes não se combinam, e tendem, no seu conjunto, a travar uma estranha luta. Essa irresolução projeta a leitura do *Café* para além da própria obra, para a vida do artista, ou para um outro espetáculo (e uma outra dramaturgia) a serem inventados a partir dos materiais recolhidos da peça-processo. Uma das principais qualidades estéticas do *Café* é sua capacidade de expor o trabalho artístico e suas tensões ideológicas no resultado, fazendo com que as contradições e incompletudes fiquem visíveis e, desse modo, disponíveis para uma reinvenção.

---

284 Quando escrevi a primeira versão deste estudo não tive acesso ao *plano de marcações* feito por Mário de Andrade, que constitui uma terceira parte do material diretamente ligado ao plano cênico, nem aos desenhos de cena para o *Café*, e também desconhecia a última versão do texto, do Natal de 1942, redigida alguns dias depois daquela publicada por Diléa Zanotto Manfio, do começo de dezembro. Essa versão final do *Café*, que contém diferenças pequenas em relação à anterior, somente se tornou pública em 2013, na seguinte edição: Mário de andrade, *Poesias completas I*, edição de texto apurada, anotada e acrescida de documentos por Tatiana Longo Figueiredo e Telê Ancona Lopez. Rio de Janeiro: Nova Fronteira, 2013. Na época, eu sabia, porém, que um estudo detalhado do projeto e de seu libreto pediam uma comparação dos muitos materiais de arquivo. Como meus objetivos, então, eram apenas analisar aspectos gerais da forma cênica e dramatúrgica, e debater o "drama" como categoria desejada e impossível para a geração modernista, pareceu-me suficiente o material da edição crítica de Diléa Zanotto Manfio. Volto ao tema no comentário final sobre a encenação de 2022 no Theatro Municipal de São Paulo.

Nos últimos parágrafos da "Concepção melodramática" encontra-se uma figuração íntima do mar grosso da escrita, que talvez ajude a compreender a irresolução decorrente do embate entre espetáculo projetado e material literário. Para Mário de Andrade, era penoso e ao mesmo tempo necessário enveredar pelo que nunca deixou de lhe parecer *poesia de circunstância*: "Há de ser sempre amargo ao artista verdadeiro, não sei si bom, mas verdadeiro, sentir que se esperdiça deste jeito em problemas transitórios, criados pela estupidez da ambição desmedida".[285]

O escrito confirma um sentimento de desperdício estético no trato com "problemas transitórios", e ao mesmo tempo o desejo de uma arte que, "social sempre", tivesse a liberdade estética dos tempos de paz. Não por acaso, a ópera termina com as palavras *força, amor, trabalho* e *paz*.

Reflexões daqueles anos, dentre os quais se destacam a "Elegia de abril" (1941) e a conferência "O movimento modernista" (1942), mostram que sua posição artística não hesitava mais diante da escolha, imposta pelo capitalismo, entre os despossuídos e os "donos da vida". Era preciso tomar partido na luta de classes. Ganhava nitidez a percepção de que a obra de arte é sempre política e, "quando não serve a uma ideologia, serve a outra, quando não serve a um partido, serve ao seu contrário".[286] O que, na sua resistência íntima, podia significar também: "Ou você não conformisticamente se inclui na coletividade ou conformisticamente se vende à chefia", como registra numa carta a Fernando Sabino.[287]

Nunca tendo se assumido como intelectual comunista, Mário de Andrade aproximou-se de um "socialismo-comunístico" como convicção da "inteligência raciocinante"[288] a que chegou pelo senso moral e pela necessidade histórica. Não se considerava, porém, capaz de

---

285 Todas as citações do *Café* aqui utilizadas provêm da edição crítica de Diléa Zanotto Manfio, em Mário de Andrade, *Poesias completas*. Belo Horizonte: Vila Rica, 1993, pp. 399-449. Daqui em diante aparecem sem notação de rodapé.

286 Mário Andrade, *Entrevistas e depoimentos*. Org. Telê P. A. Lopez. São Paulo: T. A. Queiroz, 1983, p. 108.

287 *Cartas a um jovem escritor: de Mário de Andrade a Fernando Sabino*, Rio de Janeiro: Record, 1982. p. 86.

288 Cf. "Carta a Carlos Lacerda", 5 abr, 1944, em *71 cartas de Mário de Andrade*. São Paulo: Livraria São José, s.d., *op. cit.*, p. 90.

incorporar no seu trabalho a reflexão marxista sobre a luta de classes na sua inteireza metodológica ou em suas implicações de confronto, e algumas das hesitações formais do *Café* podem ser creditadas à parcialidade de sua reflexão sócio-histórica diante de assuntos que pedem uma radicalização política maior, no exame das contradições das forças coletivas representadas. A decisão de produzir arte com assuntos sociais manifestos se apresentava a ele como uma espécie de sacrifício cristão de capacidades, o que, num espírito tão vasto e contraditório como o de Mário de Andrade, tinha sentido também de desafio existencial, de expansão necessária de potências humanas, motivo de acordo e desacordo para consigo, e talvez por isso ele combinasse a sondagem das causas econômicas dos atos sociais com uma indignação antiburguesa moralizante. Escreve numa carta a Manuel Bandeira: "Eu me degrado justo fazendo aquilo que eu mais sou: arte interessada, poema de circunstância. Não: arte interessada não, não me degrada, mas precisa esperar até que chegue o momento de o fazer, como no caso do poema coral do *Café*, que esperou sete anos".[289]

A escrita do *Café* exerceu sobre ele uma atração dolorosa por tanto tempo. "Jamais me vi tão humilde e indeciso diante duma obra minha", confidenciou a Drummond.[290] Não aceitava a tendência aparentemente comum de rebaixar a força da poesia para que ela possa tratar de "sofrimentos criados artificialmente pelos homens". Daí tantos debates sobre as dificuldades técnicas com que se deparou na formulação do seu teatro cantado.

A relativa dualidade estrutural do *Café* – entre a "Concepção" e o "Poema" – indica um embate ideológico que não se dá apenas no íntimo do artista que se politiza. Traduz uma tensão estética irresolvível apenas com os elementos registrados no papel, numa obra à espera de uma música e de uma cena real, que a dinamize e complete. Assim, algumas das imagens "melodramáticas" da "Concepção melodramática" se organizam de modo convencional, enquanto soluções líricas

---

289 *Correspondência Mário de Andrade & Manuel Bandeira*. Org. Marcos A. de Moraes. 2ª. ed. São Paulo: Edusp/Instituto de Estudos Brasileiros, 2001, p. 670.
290 *A lição do amigo: cartas de Mário de Andrade a Carlos Drummond de Andrade, anotadas pelo destinatário*. Rio de Janeiro: José Olympio, 1982, p. 210.

projetadas pelo "Poema" se mostram teatralmente libertadoras, em dimensões que estão, de qualquer modo, imbricadas numa interação inédita. *Café* é um projeto de ópera extraordinário em todos os sentidos, sobretudo em relação à experiência cultural com a qual dialoga. É uma obra que organiza nada menos do que uma cena de intervenção sobre a tragicidade da revolução. Algo que só um artista da grandeza de Mário poderia fazer.

Teatro cantado

A "Concepção melodramática" do *Café* sugere um espetáculo operístico de amplos movimentos cenográficos, orquestrais e coreográficos, para dezenas de atores, cantores, músicos, dançarinos e contrarregras, o que faz supor que tenha sido concebido para uma grande cena cúbica de palco italiano, e mesmo para o Theatro Municipal de São Paulo. O ponto de partida de Mário de Andrade era, contudo, a busca de uma reviravolta na forma da ópera burguesa. Pretendia utilizar os recursos da cena cantada em contraposição ao individualismo predominante na cultura operística, com sua história de valorização tecnicista dos solos virtuosos.

Nos comentários paralelos ao *Café*, Mário diz que sua proposição artística mais avançada foi a pesquisa de uma forma coletivista para a ópera. Sua "originalidade mais atrevida" seria a forma anti-individualista:

> Não se tratava apenas de fazer um libreto que pudesse interessar coletivamente a uma sociedade, mas que tivesse uma forma, uma solução técnica derivada mesmo do conceito de coletividade. Uma ópera coral, concluí. Um melodrama que em vez de lidar com indivíduos, lidasse com massas; [...] em vez de solistas, coros: em vez de personagens solistas, personagens corais. Enfim uma ópera inteira exclusivamente coral.[291]

---

291 "Psicologia da criação", *Folha da Manhã*, 11 out. 1943, republicado por Jorge Coli no livro *Música final*, Campinas, SP: Editora da Unicamp, 1998, p. 105.

A pedra fundamental do *Café* era, portanto, das mais radicais como teatralidade modernista. A necessidade ética de esquerdização da poesia leva o escritor a procurar um assunto contemporâneo, que lhe é sugerido pela crise econômica de 1929, com a explosão do desemprego e a absurda queima de sacas de café. E o mais inesperado é que a representação da vida social não se restringe ao tema da peça, pois deve conformar a própria técnica de escrita:

> Então me veio a ideia vaga de um drama cantado mais diretamente baseado nas forças da vida coletiva, e como então andava escrevendo o meu ex-romance *Café*, me lembrei do mesmo *Café* como base, mas com assunto que nada tem a ver com o romance. E logo, a ideia de tocar um assunto de vida coletiva é que me deu a ideia que, esta sim, me parece uma invenção minha e de certa importância: fazer uma ópera inteiramente coral. Em vez de personagens-solistas, personagens-massas.[292]

As reflexões paralelas à composição do *Café* partem todas de uma crítica antiburguesa da ópera, gênero inventado nas cortes do século XVII, e que se tornou, na visão do escritor, um lugar de culto às "primas-donas" e de aristocratismo de plateias de alta classe. Para ele, a decadência do teatro lírico só será revertida se for possível refazer conexões entre o teatro cantado e seu passado popular, numa espécie de reavivamento das relações da arte comunitária, anterior às especializações que separaram a forma espetáculo das festas. A aposta conceitual de Mário de Andrade era a de que a socialização da ópera só poderia ocorrer como um retorno às fontes primitivas do teatro, como uma retomada de modos totalizantes produzidos em épocas e culturas com uma vida socialmente integrada.

A combinação de teatro, música e dança – artes historicamente apartadas no processo geral de especializações da sociedade burguesa – teria enorme potencial coletivizador caso feita numa perspectiva ética e popular comum a "todo o grande teatro social da Antiguidade", o que inclui as tragédias de Atenas, as danças mascaradas das civilizações asiáticas, as celebrações de rua do cristianismo, as cenas "folclóricas"

---

292 *A lição do amigo: cartas de Mário de Andrade a Carlos Drummond de Andrade, op. cit.*, p. 209.

nacionais, e tudo aquilo que é "realmente do povo": "É que o teatro cantado sempre existiu e com dignidade humana. Se chamou Tragédia Grega, se chamou Cheganca e Bumba-meu-Boi, Teatro Nô etc. e tal. Até que um dia, perdendo validade social, também careceu mudar de nome e se chamou 'ópera', *Tosca* e *Manon*. Como tornar à dignidade e eficiência humana do teatro cantado, em referência ao nosso tempo?".[293]

Antes da degradação elitista da ópera, o teatro cantado foi, para ele, a mais *funcional* das artes, a mais apta a constituir um *ethos* civilizador. A força socializadora do teatro depende, assim, da capacidade da cena falada de se recombinar à música e à dança.

Ainda que essa busca de uma "dignidade e eficiência humana" contenha um olhar idealizado sobre o passado, Mário de Andrade percorria esse caminho atento, também, a alguns modelos operísticos mais recentes, que partilharam do mesmo objetivo de coletivização da forma, no intuito de uma reintegração artística, de implicações sociais, entre eles o *Boris Godunov*, de Modest Mussórgski.[294] E apesar de ter uma visão muito crítica da concepção cênico-operística de Richard Wagner, procurou na obra dele modelos de trabalho. Assim que começou a escrever o *Café*, porém, verificou a dificuldade técnica que limita todo projeto de uma forma artística da coletividade: as experiências modernistas que pretenderam, no teatro, recuperar elementos de tradição popular ou religiosa, tiveram que superar o fato de que essas manifestações ligadas à festa e ao rito não respeitam a mesma distinção estética entre espectadores e atores do teatro especializado. As separações entre comportamento ativo e contemplativo e entre a realidade e a ficção são

---

293 Carta de Mário de Andrade a Paulo Duarte de 18 out. 1942, em *Mário de Andrade por ele mesmo*, São Paulo: Hucitec, Secretaria da Cultura, Ciência e Tecnologia, 1977, pp. 253-4.

294 O historiador Jorge Coli, em *Música final, op. cit*, pp. 321-32, demonstra que nessa época a teorização de Mário de Andrade é devedora da leitura que o russo Glebov fez, em 1928, do *Boris Godunov* de Mussórgski, segundo a qual este teria ultrapassado Wagner ao realizar um "drama musical popular", em que não é o indivíduo que conduz a ação, mas "a luta dos elementos sociais no organismo político". Jorge Coli mostra ainda os vínculos d'*O café* com o *Grand Opéra*, encenações de teor histórico que tentaram trazer o grande movimento nacional "para o frontispício da peça". Adiante retomaremos algumas dessas questões.

pressupostos formais da cena da visualidade no palco italiano. O material cênico popular, oriundo de manifestações participativas, depende, portanto, de uma reinvenção crítica para encontrar seu lugar na encenação moderna.

As dificuldades cênicas do *Café* começam neste ponto, em que o ideal de forma coletivizadora esbarra na escolha da *relação espetacular*. Para organizar em cena suas "personagens-massa" e assim descortinar as potências arcaicas do teatro cantado, Mário de Andrade teria que fazer uso de algum modo atual de cena à italiana, de alguma organização apropriada às suas intenções. E a imagem de abertura do espetáculo dá indício da disposição imaginada. De acordo com a "Concepção melodramática", com a subida do pano, vemos em cena um armazém do porto, sombrio:

> [...] apenas no fundo a fresta da vasta porta de correr. As pilhas de sacas de café sobem até o teto no fundo, dos dois lados. Na frente, as sacas se amontoam mais desordenadas, às quatro, às três, outras sozinhas. Sobre elas, deitados, sentados, aos grupos, os estivadores quase imóveis esperam. Mais deixam raivar o turbilhão que têm no peito do que esperam, esperar o quê! A um lado, junto à ribalta, um grupo deles no chão quer matar o tempo no jogo do truco. A vestimenta de todos é a mesma, calças escuras, largas, e as camisas de meia com lista vivamente coloridas, vermelho e branco, azul marinho e branco, amarelo e roxo, verde e encarnado.

Ao avançarmos na descrição, fica evidente que é uma cena relativamente estática, cujos movimentos futuros serão dos cenários ou da coreografia: à certa altura, a grande porta do armazém se abre e assistimos à entrada de um coro "delirante" de mulheres que invade o mundo do trabalho masculino, para gritar por pão.

Mesmo que não haja ações individualizadas estruturando a imagem, tal concepção cênica tende a projetar uma recepção individualizada, na medida em que o ponto de vista que organiza o espaço-tempo é pictórico e conforme à tradição da perspectiva cênica, em que as figuras e o fundo mantêm uma relação que pressupõe um ponto de fuga, projetado pelo olhar do espectador. O quadro inicial se compõe, assim, em consonância com a expectativa operística tradicional, de sentimentalização dramática e plástica. O lamento dos estivadores pela perda do valor do café é, contudo, entremeado com o "truco disfarçador", e

228   PARTE 2: TENTATIVAS DE UMA DRAMATURGIA SOCIALIZANTE

tudo está delimitado pelo ambiente das sacas acumuladas. A tristeza coletiva é acentuada quando não chegam as boas novas do jornal trazido da rua, algo que prepara a tensão maior introduzida na imagem pelas mulheres, com a invasão do armazém parado. A entrada dessas "delirantes", que mimetizam um *párodo* trágico, aumenta a intensidade do sentimento coletivo, antes da conciliação dos opostos num inconformismo comum, que se direciona de vez à crise social produzida fora de cena. Se não considerarmos a música que poderia modificar essa sucessão de estáticas comoventes, é possível dizer que elas convergem para a união das consciências num oratório cantado final, nascido das tensões entre as pessoas que expõem e aquelas que disfarçam seu sentimento de dor. A atmosfera religiosa final é movida por um sentimento místico em relação aos valores perdidos do "grão pequenino". A constituição da imagem expressa, de outro lado, antes da resolução sacra, uma disposição de rebelião.

Sentimento plástico

O espetáculo previsto na "Concepção melodramática" parece, portanto, compor-se de uma série de telas pintadas, de *quadros* vivos, um padrão recorrente na tradição cúbica do palco à italiana. As descrições detalhadas das cores, dos fundos cênicos e da distribuição das figuras pelo espaço indicam que os ambientes cênicos preexistem em relação aos homens, que os campos visuais antecedem as ações das personagens. As pessoas surgem como funções dos ambientes, e assim interferem pouco na construção do espaço ficcional. As centenas de sacas de café empilhadas no armazém são tão ou mais ativas para a cena do que os grupos de estivadores. Num gesto melodramático de efeito quase patético, todos "contemplam as pilhas mudas de sacas [...]. As mulheres se aproximam das sacas, se abraçam com elas, contando os seus segredos de miséria, acarinham o grão pequenino que não falhará".

As pilhas de café não estão em cena como imagens da sobrecarga desumanizadora dos carregadores da estiva. Simbolizam, ao contrário, um valor social perdido, a mercadoria tornada inútil, como as pessoas, projetando a esperança de salvação regressiva: sua função plástica parece coincidir com um sentido ambivalente que o *Café* assume no plano melodramático, como imagem de um trânsito vital que comunica um passado e um futuro "civilizatórios", e que faz do "grão pequenino" o protagonista oculto do espetáculo.

É possível dizer que Mário de Andrade concebeu uma obra com poucas ações relacionais que surgem das intenções das personagens. São as imagens em quadro que interagem. Cada acontecimento e gesto grupal é imaginado na "Composição melodramática" de maneira relativamente estática, como parte do mural grandioso.

Entretanto, a radicalidade de sua hipótese sobre essas massas cênicas de personagens-coro estava em afirmar a atividade coletiva sobre as ações individuais, estava na procura formal de vitalizar gestos sociais. Na contramão disso, sua concepção cênica muitas vezes parece impor às personagens – sejam corais ou individuais – a imobilidade constitutiva, na medida em que o enquadramento se põe hierarquicamente acima das personagens e relações.

Tal escolha não foi inconsciente. Num artigo sobre *Café*, com o nome eloquente de "Psicologia da criação", ele afirma que estava "convertido às imagens":

> Somente isso, a preocupação derivada das minhas ideias sobre teatro, que tem de ser, preliminarmente e sobretudo, espetáculo, uma coreografia plástica, despreocupada de realismo, tendendo à formação de visões plásticas. O espetáculo é uma seriação de quadros-vivos, em que cada quadro-vivo corresponde a um momento dramático que se quer salientar, se movimenta em seguida e vai formar novo quadro-vivo. E cada quadro-vivo correspondente a cada momento importante de significado do enredo, tem todas as exigências de um quadro de pintura: exige composição e equilíbrio (este especialmente dinâmico no seu ritmo, pois que o quadro é vivo e vai se movimentar para a formação de outro novo) de cores, de volumes, de claro-escuro. Só ecoava em mim agora o sentimento plástico.[295]

O princípio do arranjo visual grandioso, organizado de modo transcendental aos homens da cena, e na perspectiva do espectador individual, rege também os outros quadros. A segunda cena se passa no

---

295   "Psicologia da criação", em Jorge Coli, *Música final, op. cit.*, p. 107.

cafezal da Companhia Cafeeira S.A. numa fazenda que está na iminência de paralisar sua produção, durante uma pausa para almoço, intervalo da colheita. Ao descrever a cena, Mário nomeia o artista plástico que orienta sua visão pictórica: "Os colonos estão por ali, terminando de almoçar. É fácil de perceber idade e condição deles pela roupa. As moças solteiras estão de vestido vermelho, cor sexual de quem deseja homem na vastidão dos campos. [...] As mulheres casadas relembram a *Colona sentada*, de Cândido Portinari, a saia de um vermelho já bem gasto e lavado [...]".[296]

As imagens do mundo do trabalho cafeeiro, tal como retratadas por Portinari em telas e afrescos-murais, povoam o *Café* de Mário de Andrade, e também as visões fantasmagóricas dos camponeses retirantes pintadas pelo artista. Quando se anuncia, no fim do segundo ato, que o trem de segunda classe não virá mais à Estação Progresso, surgem, no fundo da cena, caminhantes em êxodo, uma multidão desfigurada, espectral. Eles "parecem monstros, pencas de monstros, aos três, aos quatro, se ajudando em grupo, que ninguém pode consigo mais". Assim como algumas telas de Portinari talvez possam apaziguar o contemplador ao separar o fundo da figura, ao tornarem os problemas humanos estranhos ao espaço, o que faz com que certa crítica especializada enxergue nelas a ausência de um "drama" que se estenda ao todo,[297] a estruturação pictórica do espetáculo descrito no *Café* corre o risco de domesticar as tensões coletivas pelo enquadramento na moldura plasticamente harmonizada. Mas se Portinari procurou, de qualquer modo, uma ótica da estranheza por meio de detalhes improváveis que contradizem a estabilidade do conjunto, Mário de Andrade também quis constituir dinâmicas de atrito, na alternância dos estados sentimentais, ou mesmo dadas por alguns "gestos fora de lugar" no conjunto

---

296 A tela *Café*, de Portinari, que parece inspirar a cena da Companhia Cafeeira S.A. é de 1935, enquanto o mural com o mesmo título é de 1938. Neste último, existe também uma "colona" sentada, com roupa vermelha.

297 "Essa violência que não nos violenta, que nos põe ao abrigo de seus efeitos – como se isso fosse possível – tem desdobramentos no interior das próprias pinturas de Portinari. Raramente suas figuras conseguem comunicar ao espaço de todo o quadro o drama que em princípio seria seu traço fundamental." Rodrigo Naves, "O enigma Portinari", *Veja*, 23 jun. 1993, pp. 108-9.

cênico estável. Isso se vê, por exemplo, no contraponto entre a brincadeira erótica dos camponeses jovens, em torno de uma inesperada banana, no começo da cena da estação, e o cortejo mortuário do final, polos extremos do Eros e do Thanatos de um progresso falhado. Sem a prova de uma encenação, porém, é difícil verificar a força dinamizadora dessas alternâncias e desses gestos incomuns. No todo, a descrição do poeta tende a procurar o equilíbrio estético, o acordo da beleza plástica dos elementos díspares, e a sugerir que a música, as cores e os movimentos de grupo se organizem, mesmo que de modo extremado, em uma emoção unificadora confinada pela moldura individualizadora da boca de cena. Algo que, em certa medida, contradiz o projeto radical de um teatro cantado socializante.

Constância coreográfico-dionisíaca

Além de pictórica, a "Concepção" espetacular do *Café* é coreográfica. Como se viu, Mário de Andrade tomou grande cuidado com os aspectos macroestruturais de transformação de suas cenas, com as modulações e variações dos estados. Alternou ambientes rurais e urbanos, procurou manter crescente a gradação emocional e justificar a explosão revolucionária no fim. E talvez por isso tenha escolhido chamar sua concepção de melodramática. Pelo jogo diferencial dos estados – também musicais –, ele queria infundir dramaticidade às suas sequências. Poucos dramaturgos pensaram com tanto cuidado nos possíveis efeitos psicológicos que a disposição dos elementos da cena poderia causar. Esteve, por isso, atento também a uma evolução que só poderia ser produzida internamente, ritmicamente, não só pelas alterações espaciais, mas também pela movimentação coletiva e dançante dos artistas e cantores.

Sua visão de espetáculo combinava, assim, uma base pictórica a variações corais, com vistas a um encaminhamento *melo-dramático* que, por outro lado, dialogava com uma visão trágica da forma literária e do processo político. Tinha a intenção de realizar um teatro coletivista e popular, ativamente ligado a matrizes tradicionais, devedor da vitalidade cênica espontânea dos cantos e folguedos das ruas, e que, em alguma medida, teria que dialogar com a tradição plástica e comovente da ópera, com a tragédia antiga e com o criticismo da cena de vanguarda politizada.

Em relação ao estilo procurado, surge, assim, no projeto do *Café*, uma outra crença: a de que era necessário para a forma (em que pese o sentimento de alguma degradação pessoal neste propósito) encontrar a justa medida da "boa demagogia" no trato com o espectador, um gesto que seria esteticamente desculpável por não contrariar a tradição clássica da "funcionalidade educativa do teatro".[298]

Esse ideal de uma pedagogia coletivizante move alguns dos fios da concepção espetacular que, em nome disso, recorre a artifícios retóricos recorrentes na tradição da cena demagógica. O uso consciente do melodrama burguês, através do princípio da variação da *sentimentalidade*, se explica, assim, pela facilitação didática supostamente necessária. De outro lado, e como que na contramão disso, procura movimentos coreográficos mais livres e imprevisíveis, e faz uso de modelos antigos do "entusiasmo" e do "êxtase" dançante, em particular o da tragédia ateniense, com sua coralidade dividida, feita de comoções excessivas, às vezes semelhantes ao transe.

Outro modo de superar as comoções demagógicas do estilo melodramático, talvez o mais eficaz no *Café*, vem da ironia e da sátira farsesca. Ao mostrar em cena certos tipos grotescos da elite econômica e política do Brasil, Mário de Andrade se aproxima da pesquisa da vanguarda internacional, em particular daquela que procurava combinar, de modo experimental, o teatro e a dança.

Oneyda Alvarenga chama a atenção para um modelo cênico direto do plano do *Café*. Ela afirma haver uma "influência do admirável balé moderno *La Table verte* [A mesa verde], criado pelo Ballet Joss e por este conjunto apresentado no Rio e em São Paulo, em julho de 1940. Entrando num daqueles seus entusiasmos enormes diante do que o tocava muito, Mário ficou tomado de amor por *La Table verte*, uma fustigação

---

298   "Teatro é fundamentalmente e essencialmente povo, e se um de nós, ressequidos de cultura e erudição, é mais ou menos refratário a essa funcionalidade educativa do teatro, eu não queria e não quero esquecer que fiz uma obra voluntariamente popular. Pra povo. Pouco importando mesmo a possível perfeição estética dos versos." Carta a Antonio Candido de 18 jan. 1943, em *71 cartas de Mário de Andrade*, *op. cit.*, p. 54.

social cheia de legítima beleza. [...] Pelo menos o 'Câmara Balé', segundo ato do *Café*, tem claras marcas de *La table verte* [...]".[299]

Essa exceção coreográfico-cômica, encravada como corpo estranho em meio às ordenações gerais do espetáculo, é um dos pontos avançados da "Concepção melodramática", por desconcertar mais radicalmente o esquema pictórico. Seu único grande precedente, nesse sentido, é o conflito entre os colonos e os patrões na cena da Companhia Cafeeira, notável pela ironia discursiva, que opõe o idealismo hipócrita e canalha dos donos da terra à raiva materialista e histórica dos camponeses. Poucos momentos do libreto são tão inteligentes, divertidos e vivos no que se refere à compreensão do momento social brasileiro da crise do café. Já no quadro da "Câmara dançante", com seus deputados escatológicos, serventes enfatuados, secretários cansados e jornalistas patéticos, a conexão com o país real é formalmente mais agressiva, ainda que ali o poeta não recorra ao diálogo e prefira a desfaçatez retórica e a violência de tipo fascista. A cena tem a virtude de explicitar um imobilismo constitutivo que se oculta no todo. Torna a paralisia seu tema. E sua dimensão grotesca permite, inclusive, a entrada inesperada da personificação mais individualizada e comovente do *Café*, a Mãe, sem que isso pareça inverossímil, em virtude das coordenadas intensificadas que regem o quadro. Aqui, a alternância entre a graça e a comoção produz um contraste artístico vibrante, sem suavizações dramáticas de qualquer tipo. E talvez essa não conciliação na forma do "quadro" contribua para a beleza insuperável daquele que é o único solo real do "Poema", o canto inconformado da Mãe do Povo, escrito com a sinceridade poética mais tocante e portador das imagens mais belas e inquietantes do *Café*.

Curiosamente, o que pode ser considerado exceção coreográfico-farsesca, que afasta a "Concepção melodramática" da teatralidade cúbica oitocentista e que a torna, enfim, modernista, pela força do desvio não melodramático, contém uma influência pós-wagneriana. Kurt Joss, o coreógrafo de *A mesa verde*, foi discípulo de Rudolf Laban, por sua vez próximo da pesquisa de movimento humano desenvolvida no centro de estudos de Hellerau, na Suíça, lugar onde trabalharam juntos Jaques-Dalcroze e Adolphe Appia. O balé expressionista de Joss,

---

299 Oneyda Alvarenga, *Mário de Andrade, op. cit.*, p. 57.

de grande importância na história da dança moderna, provém de uma tradição que aplicou vários dos princípios estéticos enunciados por Richard Wagner às técnicas de movimentação coral. O próprio Mário de Andrade, antes mesmo de estar à frente do Departamento de Cultura de São Paulo, incentivou projetos de ensino da música que combatessem a "virtuosidade individualista" por meio de técnicas de corêutica de Jaques-Dalcroze.[300]

A filiação estético-filosófica é importante na medida em que a concepção do espetáculo *Café* como "coreografia plástica" e como "tragédia secular" dialoga contraditoriamente com o pensamento de Wagner – sobretudo em sua época de afinidade com o jovem Nietzsche de *A origem da tragédia* – também em outros níveis.

A questão da boa demagogia ressurge aqui de modo ambivalente. A supremacia do rito plástico-coreográfico sobre a ativação subjetiva dos processos coletivos da peça parece se conectar também a um certo populismo wagneriano que orienta a visão teatral de Mário de Andrade. Nos textos sobre a necessária renovação da ópera pela tradição do teatro cantado, ele estabelece diferenças críticas contundentes em relação ao projeto de Wagner, com quem, de qualquer modo, dialogava.

Para Mário de Andrade, a reforma wagneriana da ópera foi "capaz de intervir política e coletivamente, mas como um instrumento francamente dominador".[301] Sem pretender o controle ideológico do público, distante de qualquer vontade reacionária de ser "arianamente eficaz", Mário parecia acreditar que esse modelo poderia ser regenerado pela busca de assuntos contemporâneos e por interações mais igualitárias com as fontes populares do teatro cantado.

Na fatura de *Café* havia um assunto de esquerda, contemporâneo e inovador em relação à tradição operística, capaz de desequilibrar a expectativa de unificação controladora do público, algo que já o distancia da visão arcaizante de Wagner, para quem o ritmo, com seu poder totalizante, é o elemento essencial na fusão das linguagens da cena e na unificação emotiva do público. Muitos dos versos e da estrutura cênica mostram, de outro lado, afinidades com essa perspectiva, o que acaba

---

300   *Ibidem*, p. 50

301   "Teatro cantado", *Folha da Manhã*, 04 nov. 1943, em Jorge Coli, *Música final, op. cit.*, p. 101.

por produzir uma imagem da coletividade que não provém sempre da pressão da luta de classes ou de uma ação socializante consciente.

A forma pesquisada por Mário de Andrade no *Café*, a partir desse ambivalente diálogo com Wagner e com o expressionismo cênico, se torna, assim, afeita também a um outro assunto, menos materialista, sutil, que se apresenta quando nos aproximamos de certos versos que refletem de maneira transcendental sobre as formas da coletividade. Esse tema inaparente, arcaico e – em si mesmo – mutável de *Café* – e que também aparece no ideal plástico e coreográfico da forma cênica – é o próprio *dionisismo*.

"Desde muito que os donos da vida andavam perturbando a marcha natural do comércio de café" é a frase inaugural de um roteiro que não se desenvolve, deliberadamente, em perspectiva histórica. A suposição de uma "marcha natural" do comércio corresponde à imagem das trocas primitivas orientadas ainda pela relação com a natureza. E, se os ciclos naturais entrelaçam vida e morte, a própria arte que os representa também pode ser compreendida como um reflexo místico dessa experiência arcaica da humanidade, no momento em que a possibilidade do comércio surgia como uma expansão ainda "natural" da vida obtida na relação com a Terra. É dentro desse campo ideológico que o texto, por vezes, se propõe a transitar.

Na imagem do Porto Parado, em que homens e mulheres abraçam as sacas e invocam o "grão pequenino", fica mais ou menos evidente que a "preciosa rubiácea"[302] não está ali, amontoada, só por seu valor decadente no mercado do capitalismo periférico, e muito menos como um símbolo do escravismo colonial agroexportador. O café indestinado, preso nas sacas, é evocado como uma divindade portadora de um valor social perdido. Sua ressurreição, pela qual é necessário lutar, é cantada na "Imploração da fome":

> Não dorme na paz falsa da morte, a fome indica os caminhos
> A fome vai fatalizar os braços
> Grão pequenino do café!
> Pois não escutas o rebate surdo das ventanias? Grão pequenino

---

302 Expressão com a qual o poeta Ribeiro Couto, ligado ao grupo modernista, costumava pedir café nos bares.

Não vês o clarão breve dos primeiros fogos? Grão pequenino
Logo eu te acordarei da paz falsa da morte
E tu reviverás, razão da minha vida,
Grão pequenino do café!

Mário de Andrade confirma essa intenção ao dizer que a matéria social do libreto, a "depreciação econômica dum valor econômico fundamental", serve, para ele, de suporte a outro tema menos apreensível: o dos ciclos míticos de morte e ressurreição. A tragicidade da ação social é análoga à das mutações da natureza ao guiar-se pela necessidade. É como se o poema fizesse a justaposição de um assunto exterior, a crise econômica, mostrada do ângulo dos trabalhadores, e de um assunto interior, místico, sendo este o mais relevante do ponto de vista da forma:

> Quanto à solução artística do assunto, a própria história mais recente dramática do café se impunha como convite. A crise de 1929, a revolução de [19]30. É óbvio que desde logo afastei repugnado qualquer ideia de cantar historicamente uma revolução determinada. Sem que pusesse consciência nítida nisso, o que me determinava mais profundamente era aquele eterno e universal princípio místico de "morte e ressurreição" do deus da natureza, do sustento tribal, que está na base duma infinidade de tradições e costumes etnográficos e folclóricos, atingindo mesmo certas formas da sociedade civilizada. [...] Mesmo nos tempos policultores mais acertados de agora, e apesar de institutos, de armazéns reguladores e o diabo, se pode dizer que a oscilação da economia paulista determina-se pela morte e ressurreição ânua do café. [...] O importante, o que se impunha a mim naquele instante, era a tradução de toda essa mística complexa num princípio mais claro e apreensível a todos: desde que depereceu o produto que faz a riqueza normal duma terra, vem a insatisfação pública que acaba se revoltando e mudando o regime.[303]

A mediação estética encontrada por ele para criar essa determinação da metamorfose, que aproxima a vida e a morte, é a procura de uma atitude dionisíaca na condução dos gestos, vozes e movimentos, como resolução de impasses dualistas. Comportamentos delirantes, excessivos, inconscientes, aparecem em cada uma das cenas do *Café*.

---

303 "Psicologia da criação", em Jorge Coli, *Música final, op. cit.*, pp. 105-7.

O *dionisismo* é recorrente na vida e na obra de Mário de Andrade. Foi-lhe apontado diversas vezes como tendência poética, por Alceu de Amoroso Lima[304] e por Roger Bastide, que destacou as soluções "coreográfico-dionisíacas" na obra do escritor quando ela se vê diante do problema da "duplicidade inevitável" e da "verificação da simplicidade impossível", segundo os termos de Anatol Rosenfeld.[305]

Numa carta a Carlos Lacerda, Mário de Andrade explica a presença da zabumba em "O carro da miséria",[306] invocando a "constância coreográfico-dionisíaca que atravessa toda a minha poesia, e pra qual Roger Bastide já chamou atenção". Confirma a ideia de que em quase todos os grandes momentos extasiantes, na dor ou na alegria, eu "me dissolvo em dança".[307]

A interação entre a imagem *exotérica* (o café como riqueza econômica) e a *acroamática* (o café como símbolo dionisíaco do processo de renascimento) é tentada em muitas passagens do *Café*. Aparece quando os estivadores comparam sua depauperação à perda da "força grave da terra". O fruto não mais se metamorfoseia (verde, encarnado, preto) nem produz vida. Surge, ainda mais explicitamente, na personificação do herói da revolução social, figura cantada na cena da estação de trem e no "Ato final", que alude aos cangaceiros com sua estrela na testa, mas também a Dioniso:

Enquanto não nascer do enxurro da cidade
O Homem Zangado, o herói do coração múltiplo,
O justiçador moreno, o esmurrador com mil punhos.

Aparece ainda no *Coral do êxodo*, em que se diz:

---

304 "Está também certo que você encontre um certo e franco dionisismo na minha obra, isto é, não só uma vontade de gozar a vida, porém o gozo da vida." Carta de Mário de Andrade a Alceu de Amoroso Lima, 23 dez. 1927, em *71 cartas, op. cit.*, p. 17.
305 São expressões do excelente ensaio de Anatol Rosenfeld "Mário e o cabotinismo", *Texto/Contexto*. São Paulo: Perspectiva, 1969, pp. 185-200.
306 Um dos últimos poemas escritos por Mário de Andrade, no ano de sua morte (1945), e publicado *post mortem* junto a *Lira paulistana* em 1949.
307 Carta a Carlos Lacerda, 05 abr. 1944, em *71 cartas, op. cit.*, p. 89.

Eu não fui criado do abraço noturno dos pais e das mães,
Meu nome foi dito primeiro no sulco da terra profunda.

Está presente, ainda, na ideia reincidente de uma fatalidade imposta pela fome – não só a de pão, mas também a de justiça e de equiparação, essa fome que "fataliza os braços" e produz a revolução.

Assim, o inconformismo e a luta no *Café* parecem ser animados por um *daimon* trágico, uma manifestação da divindade, algo que se vê com mais força no ato "O dia novo". Ali, o combate transforma as mulheres operárias em bacantes, capazes de despedaçar um inimigo governista e "dançar" com o sangue dessa vítima sacrificial, numa imagem do êxtase arcaico atualizado pela fome nova. Os combates de rua dessa revolução sem história, que surge na cidade como um deus *ex machina*, aparecem também aos pedaços, sob o signo de uma fúria sagrada, dionisíaca.

Na procura de um estilo antinaturalista para suas canções corais, Mário de Andrade afirma ter "plagiado deslavadamente" os hinos dos bardos celtas, que lhe deram a inspiração para a forma elevada que procurava. Foi um poema celta de "invocação aos porcos" que lhe deu o padrão dos versos para a oração ao "grão pequenino" que se escutam no armazém do Porto Parado.[308] E muito do tom místico-telúrico de um poema lindo como o "Coral do êxodo" também provém daí.

De um modo geral, a junção de assuntos parecia perfeitamente possível na medida em que um dos autores favoritos de Mário, o alemão Ernst Toller, dos melhores dramaturgos do expressionismo, também associou revolta social e nostalgia da natureza, em nome de um acordo sagrado com a vida. Isso se vê não apenas em *Maquinoclastas*, mas também numa peça ainda mais religiosa de Toller, *Homem-massa*, uma "ópera vermelha" coreográfica e musical que, muito provavelmente, influenciou o conceito de "personagem-massa" do *Café*.

A visão algo expressionista de Mário de Andrade se manifesta, contudo, antes como "tendência do espírito" do que como escolha técnica ou estético-política,[309] no que não difere de outros artistas brasileiros que pretenderam resolver com um salto metafísico o problema da rarefação do indivíduo na sociabilidade do país, adotando a solução formal

---

308   Cf. Carta a Antonio Candido, 18 jan. 1943, em *71 cartas, op. cit.*, p. 56.
309   Devo essa ideia a José Antonio Pasta Jr.

de materializar na obra fragmentos extraídos das entranhas do sujeito poético, para em seguida dar lhes uma dimensão absoluta e universal.

A atenção incomum de Mário de Andrade aos detalhes vivos das situações ligadas ao mundo do trabalho e a enorme qualidade poética de seus versos, escritos para um canto coletivo, é que evitam a predominância da tendência à abstração, algo frequente em muitos expressionistas. O material de *Café* consegue se manter, assim, de modo geral, no nível da imagem concreta que resiste à ideologização, conquista raríssima na dramaturgia politizada.

Problema de assunto

Tanto os enunciados de alguns versos do "Poema" (não exatamente sua forma fragmentária) como as cenas tão bem descritas da "Composição melodramática" confirmam que Mário de Andrade procurou uma coerência íntima entre o espetáculo imaginado e seu assunto secreto. Nos momentos em que o modelo cênico algo demagógico prevalece com seu tom religioso arcaizante, o aristocratismo daí resultante entra em conflito com o propósito da forma coletivizada popular, ao menos quanto às possibilidades de mobilizar o público como "agente" da obra.

O ideal de uma forma espetacular wagneriana talvez possa ser descrito como o anseio de um melodrama absoluto, pois tenta adequar a prototipia coletiva arcaica aos padrões do espectador burguês isolado. Suas variantes do expressionismo espiritual, igualmente mais subjetivistas do que sociais, mais próximas dos mitos psíquicos do que da realidade empírica, projetam uma dissolução – sem síntese dialética, porque sem passado nem futuro – das tensões entre sujeito e objeto dos mitos configurados.

Que Mário de Andrade tenha fracassado nesse propósito de dissolução harmonizadora, e tenha sido menos expressionista ou wagneriano do que poderia, é coisa que deve ser pesquisada na multiplicação de pontos de vista formais, para além do unitarismo rítmico da composição pictórico-coreográfica, para o qual as cenas deveriam convergir. Em grande parte, isso provém da traição ao idealismo praticada pelo assunto transitório, a luta social. Muito da irresolução da forma do *Café*

240 PARTE 2: TENTATIVAS DE UMA DRAMATURGIA SOCIALIZANTE

provém do fato de que o café (como uma realidade econômica) e os trabalhadores insatisfeitos continuam a estar presentes no poema. O princípio – utilitarista, segundo Mário de Andrade – da depreciação do valor econômico fundamental, que provoca a insatisfação pública, continua a operar dentro da obra. E nenhum espectador deixará de ver a peça a partir de seu assunto mais apreensível – o da crise econômica aprofundada pelo comportamento ganancioso dos "donos da vida" no capitalismo, e as tensões sociais daí resultantes – nem de reagir à observação de que "não era mais possível não se revoltar".

A bem da verdade, Mário de Andrade pretendia fazer do *Café* uma peça *também* "comunística". E, como teórico da arte interessada, percebeu de modo arguto que a escolha do assunto tem um peso determinante na balança do potencial crítico de uma obra politizada. Sabia que os conteúdos socializantes podem ser inoperantes se a forma artística for despolitizadora, porque em arte a forma é um conteúdo superior. E sabia também que o assunto "evidente" de uma obra é importantíssimo, pois estabelece a base a partir da qual seu diálogo crítico se dá com o espectador comum.

Creio que uma das mais interessantes observações de Mário de Andrade foi a de que o "ideal duma vida milhar" pede a subversão dos virtuosismos tecnicistas que ainda sobrevivem no íntimo do artista, sem que isso implique descuido técnico de qualquer tipo. O que deve ocorrer é uma inversão da ordem da pesquisa: o valor estético da beleza deve ser consequência da solução do assunto.

Numa linda carta ao pintor Enrico Bianco, chega a afirmar o seguinte: em "arte, o 'artístico' é nós pormos o 'estético' a serviço dum assunto, isto é, duma funcionalidade humana. Pode ser até flor, não importa, embora tudo adquira valor político e de classe, até flor. Mas si você quer aceitar uma experiência muito sofrida de amigo, nunca se dê um problema de forma ou de cor, isto é: um problema de ordem estética. *Se dê sempre um problema de assunto*".[310]

Na fatura do *Café*, o artista não respeitou por completo seu conselho e, à exceção das cenas mais irônicas ou farsescas, desprezou parte dos problemas de assunto, sobretudo os ligados à causalidade econômica e política dos acontecimentos sociais mostrados. Acreditou que

---

310   *Carta ao pintor moço*. São Paulo: Boitempo, 1995, pp. 19-20. Grifo nosso.

era suficiente dinamizar o esquema pictórico-coreográfico com soluções melodramáticas, e sinalizar a esperança revolucionária mítica. Se isso representava um rebaixamento da própria tragicidade com que ele queria impregnar o espetáculo, parecia, contudo, uma escolha adequada ao triunfalismo populista que julgava, erroneamente, uma exigência da arte política.

Daí o tom particularista e individualizado da descrição do terceiro ato, desenvolvido em cena única, com movimentos diversos dos atos anteriores. No final melodramático desse ato de poucas canções e muitas ações cênicas, a peça se despolitiza quando opta pelo efeitismo comovente da dança reativa das mulheres, pela imagem do martírio cristão do lutador revolucionário, pela caracterização, sem real subjetivação, das figuras femininas, mostradas ora como Marias de um quadro da *Pietá*, ora como mênades devoradoras.

A tentativa expressionista de elevar ao plano trágico o sentimento melodramático se confunde com a vulgarização melodramática do sentimento trágico, pela qual uma fatalidade acidental governa os acontecimentos da luta. É o ato da revolução social, mostrada pelo viés de um pátio de cortiço proletário, à noite, com luzeiros ao fundo. As ações nascem no claro-escuro da cena, menos por atos coletivos do que por sentimentos individuais que conduzem a composição: a menina que ouve rádio, dois operários que arrastam o chefe, antes de sua morte nos braços de uma mulher. O gesto coletivo do coro é o mais reativo do espetáculo: o grupo de mulheres se move para repercutir a violência de fora antes de elas estraçalharem, "sanhudas", sem piedade, o combatente governista, como fizeram as mulheres de Tebas com Penteu sob a influência de um Dioniso vingativo. Na última visão da peça, uma Mãe no seu vestido vermelho rasgado, um seio à mostra, de pé sobre a beirada de um poço, com seu gesto à maneira de Delacroix, "tem aos pés o chefe que morreu, tem as irmãs em torno, todo o palco cheio de vitória. Os camarotes, frisas do proscênio são invadidos por mais gente da vitória com suas enormes bandeiras vermelho-e-branco oscilando".

A solução amplifica a comoção da vitória contra os opressores e envolve a cena numa imagem de violência fatal. De qualquer modo, já não estamos no terreno do melodrama absoluto, aristocrático-metafísico, mas sim no campo das alegorias da libertação e do elogio da mobilidade social, dimensão ampliada pela decisão cênica de expandir a imagem para a plateia, para frisas e camarotes. A despolitização relativa de um ato em que a revolução é mostrada sem as dificuldades da organização política não domina, entretanto, o conjunto, na medida em que o assunto social consegue vibrar de fora de cena, e de alguma forma aparecer como uma atitude extraestética.

O fatalismo ronda, de qualquer jeito, uma ópera imaginada como uma *tragédia secular*, que culmina numa dissolução do conflito social em dança dionisíaca violenta, e que tem parte de seus movimentos melodramáticos contemplados na distância da beleza plástica. O melodrama ameaça o jogo do hibridismo desta que é a cena menos "resolvida" do espetáculo, que aposta nos clichês românticos dos seios nus da "liberdade guiando o povo" e no imaginário cristão, apesar de ser vez ou outra estranhada por detalhes curiosíssimos, como o da almofada cor-de-rosa.

A intenção de acentuar a dramaticidade da luta e tematizar a violência revolucionária do ponto de vista de mulheres que, a princípio, não participam dos combates dos homens, obriga o poeta a uma caracterização relativa, a uma maior individualização do que aquela das mulheres que agem nos outros quadros (portuárias, camponesas, espectadoras da plateia da Câmara, Mãe). Não há espaço, entretanto, para ações intersubjetivas, e o conjunto desse quadro urbano se move num andamento a-histórico, mesmo quando a voz do rádio parece dizer o contrário. O preço dessa ambivalência é, contudo, menor do que o das cenas anteriores, quando a riqueza da terra cafeeira no passado era compreendida como socialmente normalizadora, como se a prosperidade anterior à miséria atual dos trabalhadores não tivesse sido construída com a exploração escravista, o que também pode ser lido como nostalgia da ordem oligárquica.

No ato da "Revolução", a relação mística alude a outras dialéticas: entre violência e desordem, consciência e inconsciência, terror e misericórdia, que se encontram em muitos processos da vida real: "as sociedades revolucionárias têm sido sociedades trágicas, numa profundidade e escala além de qualquer temor e piedade comuns".[311]

Muitas das revoltas sociais de maior impacto anticapitalista do Ocidente estavam ligadas a visões milenaristas, a crenças messiânicas,

---

311 Raymond Williams, *Tragédia moderna, op. cit.*, p. 103.

a anseios de retornos míticos.[312] Tais processos dependem, porém, de condições de longo prazo em razão das quais a resistência tradicionalista à nova ordem econômica pôde se converter em força cultural ativa para levantes e conquistas, alguns deles, inclusive, capazes de mobilizar as novas forças do trabalho nas cidades.

É importante, assim, lembrar que a conexão entre a luta social e a religiosidade mística não diminuiria a tensão politizante do conjunto se não estivesse amalgamada a alguns estereótipos da espetacularização melodramática que promovem ambiguidades paródicas, de efeito estetizante.

A estetização só é diminuída na comemoração da Vitória, antes do canto final – em que a voz do coro é também a do artista que sonha com sua arte e tempos de paz, em que seja possível um outro trabalho humano. A manifestação das bandeiras na plateia tem papel importante nessa abertura dos sentidos do quadro, porque instala maior contradição na imagem, atirando-a, com uma força incômoda, para fora da ficção. Não podemos esquecer que a simples menção a uma revolução sonhada por pobres e trabalhadores é subversiva no contexto da cultura nacional.

A mística revolucionária atua, de qualquer jeito, com força estrutural no conjunto da peça. A revolução resulta de uma sucessão mais ou menos expressionista de estáticas do conflito. Do sentimento da *fatalização* dos braços trazido pela fome provém a luta na cidade financeirizada, da qual recebemos notícias pela rádio ocupada por revolucionários que tocam valsas depois dos informes. A sugestão difusa de um telurismo, próximo da ideologia do Brasil como país de vocação agrícola, onde tudo estaria bem se a ordem senhorial fosse mais progressista, é abandonada neste ato final porque, sem que se saiba de que maneira, entre o passado e o futuro, provinda de um tempo não histórico e histórico, a Revolução toma as ruas da cidade terrível. Com a luta de classes deflagrada, com o sangue dos pobres derramado, os gigantes "donos da vida" são derrotados nos bairros dourados. Na imagem do suicídio dos ricaços, a peça justapõe outra nota grotesca a esse final de sonho, em que as bandeiras vermelhas e brancas são movimentadas nos camarotes

---

312   Cf. Michel Löwy, "Eric Hobsbawm e o milenarismo da revolução", *Folha de S. Paulo*, Caderno Mais!, 1 abr. 2001, pp. 16-7.

de uma casa de ópera dos ricos. A esperança do povo toma assim, simbolicamente, a cidade e a cena, numa imagem inédita no teatro e na sociedade brasileira.

Técnica contrapontada do "Poema"

Os escritos do *Café* não podem ser dimensionados por seus "equívocos" de vozes sobrepostas, suas ambiguidades intencionais. Suas contradições estão todas ligadas à grandeza do projeto de um dos maiores escritores da história brasileira, artista que sonhou com uma arte politizada inconcebível para os palcos de seu tempo.

No mesmo texto em que observou pela primeira vez o gosto dionisíaco de Mário de Andrade, a respeito da poesia de *Pauliceia desvairada* (1922), o sociólogo Roger Bastide destacou uma tendência literária complementar ao *bailado*, que seria a disposição do verso ao *diálogo teatral*. De um lado, observou, na sintaxe, um ritmo de dança, cadência que arrasta gentes e coisas quase à dissolução. Tudo é dança, tudo se dissolve em dança, é a poesia de Mário de Andrade e é também o destino do *Café*. Mas, ao mesmo tempo, tudo tende para a interlocução, a frase procura seu adversário, instaura a dualidade, age como num diálogo a uma só voz.

Esse dialogismo imanente, ao qual se junta um experimentalismo musical, não está muito evidente na "Composição melodramática". O que se destaca ali é o colorido narrativo, as vivíssimas descrições cênicas que se completam no comentário irônico e na palavra certeira, as proposições que fazem com que o leitor "escute" parte da música e pressinta as intenções nem sempre evidentes de uma cena que se queria mais do que bela. Mas, se a "Composição" tem algo de um assobio que é um "começo de canto", soprado em muitas direções, o "Poema" mostra os materiais concretos de trabalho a serem musicados pelo compositor. Nele se encontra o madeiramento do casco que permite ao espetáculo suas arremetidas por sobre o mar grosso da arte política. Suas microestruturas verbais têm focos múltiplos e duelam com a estaticidade coral visualizada nas estruturas cênicas. Por isso, a imobilização e o apassivamento religioso, relativos ao tema do renascimento do grão pequenino, não governam o todo estrutural do *Café*, que passa ao largo do oratório.

Em sua tessitura menor, o "Poema" realiza uma complexa experimentação de ritmos, harmonias e timbres de falas e cantos, que combinados às tentativas de embutir a fala dramática (relacional) na fala lírica (expressiva) expandem os sentidos possíveis e abrem brechas para que a utilidade crítica e estética da peça se manifeste acima da mística profética.

No interior da forma, não em seu assunto agrário, parece se travar um embate entre as realizações poéticas mais libertadoras ditadas pela música polifônica e pelo dialogismo (cada poema do *Café* contém em potência sua própria música) e aquelas mais organizadoras e populistas que vinham sendo ditadas pela pintura e pela dança. São essas contradições, tão perturbadoras para o escritor, que acabaram por deixar a obra irresolvida, e que permitiram uma traição dos materiais, decorrente do desequilíbrio gerado pelo assunto revolucionário. Existem brechas pelas quais o dionisismo espetacularizado (do teatrólogo iniciante) fracassa devido aos rasgos poéticos, desvios cômicos, diálogos estranhos, gestos concretos, dicções imprecisas (do poeta experimentado). Ocorrem, assim, certas ativações das forças sociais em jogo, que expressam movimentos reais da sociedade, em contraponto à sua simples identificação alegórica.

Um bom exemplo do fracasso do esquema imobilista, que me parece um grande acerto musical e teatral da obra, é o poema "A discussão", na cena no cafezal, entre os colonos e os proprietários rurais. Como já dissemos, é um momento de crítica cômica: o grupo da elite está dividido entre os antigos fazendeiros, que ainda não perderam o hábito de destratar os colonos, e os donos finais, que acabaram de comprar a fazenda. É o único momento da peça em que as modificações históricas recentes do capitalismo brasileiro são indicadas. Aqui, os proprietários dos meios de produção não são mostrados como "gigantes da mina" controladores de anões subterrâneos nem correspondem a estereótipos de fazendeiros incultos. Os "donos finais" da Companhia Cafeeira S.A. são identificados pelo trato elevado da linguagem, pelo ritmo das falas empoladas e pelo uníssono ligeiro. São eles que se preocupam em convencer e bajular, hipocritamente, os trabalhadores :

– Oh fecundos trabalhadores rurais! Vós sois a fonte de toda a grandeza de nossa querida pátria! Falafalar é prata, mas a paciência é oiro! Ora sulcamos o oceano encapelado duma crise mundial que ameaça subverter a santa ordem das cousas...

O "falafalar" é contraposto a frases curtas dos camponeses, comentários secos, de harmonias ligeiras, quase todos em tetrassílabos, mas desritmados pelo refrão "quem paga" e outras quebras métricas. Essa tensão sonora se acirra com a diferença de timbre entre homens e mulheres. A cena mostra uma atitude até certo ponto tranquila dos ricos proprietários diante da crise, apresentada como um sempiterno problema transcendental que será resolvido pelo Estado: "As Câmaras alvorotadas cuidarão do enigmático problema do café! Fé!...Fé...". A tensão do debate cresce até o desespero irônico dos camponeses:

AS MOÇAS (*caçoando, amargas*) – Vou fazer um vestido com a chita tristeza!
AS CASADAS (*avançando mais um passo, no rojão*) – Vou dar pra meu filho só leite tristeza!
CASADOS E VELHOS (*avançando também mais um passo, coléricos*) – Eu pago armazém com dinheiro tristeza!

E com o crescimento da raiva, o diálogo se conclui na fuga ridícula dos patrões, o que significa o abandono dos trabalhadores do cafezal à própria sorte. Considerada como interação realista, essa discussão seria impensável. Mas, se vista como partitura de ação verbal para uma música inventiva a ser composta, ela se constitui ponto alto das experiências do autor na representação de algumas tensões históricas entre trabalhadores e cafeicultores em São Paulo.

Mário de Andrade, em carta ao crítico Antonio Candido, mostra a dificuldade em compor o trecho. Anota que a cena guarda "o único diálogo de toda a obra" e talvez por isso ele não conseguiu lhe dar "valor poemático": "[...] acabei deixando a discussão no sensível desvalor em que está. Tenho outro consolo mais. Talvez que, posta em música, seja a mais 'vivente', vivificante das cenas, pela variedade de efeitos musicais, contrastes de timbres, processos vários de tratar polifonicamente o coral, riqueza de movimentos diferentes que colecionei aí".[313]

---

313   *Carta a Antonio Candido, 18 jan. 1943, op. cit.*, p. 58.

Vale objetar, ao comentário, que a teatralidade vívida não deriva de qualquer "desvalor" literário, mas da dimensão *relacional* dos clichês demagógicos pronunciados pelos capitalistas. Os camponeses são os outros a serem suprimidos pelos patrões.

O mesmo processo de sátira ostensiva da demagogia acontece na divertida cena dos deputados, em que a mentira da relação política surge do contraponto produzido pela polifonia das galerias, a partir da reação indignada dos espectadores da assembleia, que não se conformam mais em ouvir as grandes bobagens retóricas num tempo de miséria. São momentos em que a distância entre o sujeito e o objeto da visão social se estabelece, em que a demagogia e a imobilidade não são procedimentos do projeto do autor, mas assuntos críticos da obra.

Nos pontos em que o *Café* cria cisões internas, em que o aparente desvalor literário se torna valor teatral e musical, fracassa a unidade do ideal wagneriano de um ritmo universalizante como base para a ópera total. E é isso que abre a cena a dinâmicas gestuais.

Em seus estudos musicais, sobretudo naqueles em que se preocupa com os efeitos subjetivos no ouvinte, Mário de Andrade registra que a música, no seu elemento mais básico – o ritmo – tem um enorme poder no que diz respeito à organização psíquica da audiência. O ritmo pode introjetar padrões coletivos, concretizar medidas éticas sensíveis no espectador. Talvez por isso a música seja uma arte tão propícia ao engajamento social, útil em sua "dinamogenia" para a educação comunitária ou nacionalista do povo, em particular nos modos não especializados do teatro cantado: "A música, por causa do seu fortíssimo poder dinâmico sobre o nosso corpo, conseguindo ritmar um agrupamento humano como nenhuma arte consegue tanto, é de todas as artes a mais capaz de socializar os homens, de fundi-los numa unanimidade, num organismo só".[314]

Afortunadamente, o *Café* não sucumbe a esse ideal de uma "boa demagogia" e de apassivamento do público pelos poderes do ritmo, porque sua estrutura também é feita de contradições melódicas e harmônicas, mobilizadoras de respostas ativas. Na síntese que Jorge Coli faz desse princípio teórico de Mário de Andrade, "a música ordena dinamogenicamente o ouvinte, negando uma participação racional na

---

314 Jorge Coli, "Mário de Andrade e a música", *Cadernos Ensaio*, n. 4, 1990, p. 46.

ordem direta do crescimento de intensidade rítmica; e cria, na proporção da presença melódico-harmônica, uma disponibilidade psíquico-intelectual, que não propicia, mas exige necessariamente uma resposta".[315] Pensando a partir dessas categorias, é possível dizer que o feliz fracasso do ritmo dionisista e demagógico do *Café* decorre de uma pluralidade musical, que tende a criar dissonâncias nas formas teatrais e musicais do poema, oriunda de um olhar interessado em matéria viva, o que permite ações mais concretas das figuras.

Como pesquisa técnica da poesia, a perspectiva polifônica sempre interessou a Mário de Andrade, que no "Prefácio interessantíssimo" (de *Pauliceia desvairada*) anota a importância de se escrever versos não melódicos, com combinações de sons simultâneos, frases não assobiáveis, estranhas à harmonia tonal, dispostas de modo elíptico. Assim, "a palavra chama a atenção para seu insulamento e fica vibrando, à espera duma frase que faça adquirir significado e QUE NÃO VEM".[316]

Essa polifonia contrapontada é o antídoto poético ao "unanimismo psíquico popular" do esquema do *Café*. Resgatada pela polifonia, a matéria social como que se vinga do ritualismo mítico: desmecanizam-se algumas imagens e falas conservadoras, como a das mulheres assustadas pela batalha revolucionária. Sua vitalidade está na estrutura dos atritos sonoros do cânone. Da mesma forma, os corais de combatentes, sem a variedade polifônica, seriam vozes achatadas pela dura repetição de palavras de ordem.

O tremor do pensamento

No avesso do Ritmo sacralizante concebido como "formalização mística de uma organicidade coletiva", nos termos do romantismo,[317] *Café* contém outros modos que geram dialogismos, outros corpos de

---

315 *Ibidem*, p. 48.

316 *Poesias completas, op. cit.*, p. 69.

317 Para uma comparação com o romantismo, veja-se o estudo de Anatol Rosenfeld e Jacó Guinsburg, "Um encerramento", em Jacó Guinsburg (org.), *O romantismo*. 3ª ed. São Paulo: Perspectiva, 1993, p. 282.

estranheza em relação ao andamento coral das vozes. É como se a multiplicação *contrapontada* de cada parte do "Poema" produzisse diversas perspectivas, expressões incômodas de uma politização perturbada que, no limite, é a do próprio poeta. A voz do autor – em sua luta com a escrita da obra – se materializa na cena, de maneira sutil, não evidente, ao lado das falas cantadas dos coros. Os braços do poeta de certo modo estão *fatalizados* como os dos trabalhadores, tragicamente conduzidos à participação política. Essa presença surge, também, como elemento vivificador da forma.

Numa carta de 1944 a Carlos Lacerda, interlocutor a quem considerava um exemplo da jovem força de esquerda (o que a história mostrou ser um triste engano), Mário de Andrade fez uma confissão, a respeito do poema "O carro da miséria", que serve também à compreensão do *Café*:

> [...] drama que estava se passando em mim e que é o verdadeiro assunto (psicológico, entenda-se) do poema. Assunto que no momento eu não pude, nem podia, perceber, mas que só o ano passado, nas releituras do ano passado, se tornou claríssimo em mim. E esse assunto do poema, que agora vai esclarecer o sentido dele todo, é a luta do burguês gostosão, satisfeito nas suas regalias, filha-da-putamente encastoado nas prerrogativas da sua classe, a luta do burguês pra abandonar todos os seus preconceitos e prazeres em proveito de um ideal mais perfeito. Ideal a que a inteligência dele já tinha chegado por dedução, lógica e estudo, e que a noção moral aprovava e consentia, mas a que tudo o mais nele não consentia, não queria saber. Simplesmente porque estava gostoso.[318]

Ao rejeitar, no íntimo, o que lhe pareciam facilitações necessárias para que a obra chegasse ao povo, ao desconfiar dos próprios ritmos salvacionistas, que em seu juízo equívoco eram impostos a toda teatralidade politizante, o que o obrigava a recorrer a elementos de impacto "fisiológico" e palavras de ordem gastas,[319] ao resistir a um reducionismo

---

318 Carta a Carlos Lacerda, 5 abr. 1944, *op. cit.*, p. 58.
319 Num artigo de 1932 sobre a "Poesia proletária", Mário de Andrade já reduzia toda a arte de potencial político ao panfletismo estético. Acreditava que qualquer arte de intervenção crítica fazia uso da comoção proselitista: "Não é a beleza da poesia [...] nem a verdade possíveis neles que arrastam, mas sim certos elementos fisiológicos de

que, no entanto, está presente na estrutura geral do *Café*, o escritor é levado a se permitir também expor suas hesitações e abalos na forma, desvios pelos quais procura se realizar "sinceramente" na obra. A posição duvidante do poeta se espalha por muitos momentos do "Poema".

No lindo texto do "Coral do abandono", a voz coletiva dos colonos se dá na primeira pessoa do singular, numa mistura da expectativa da partida migratória com a pergunta sobre a "culpa" que leva à revolta. Mas qual é a voz que vai implorar de porta em porta o direito de vida? Os trabalhadores e o poeta parecem encontrar juntos sua "incapacidade de não se revoltar":

Um tremor me alucina o pensamento...
Nos meus pés indecisos vão rolar as estradas
A minha voz de porta em porta
Há de implorar o direito de vida...
[...]
No túmulo das estradas estão escondidos
Milhares de mortos de bocas abertas.
Qual a culpa que me castiga
Na eternidade desta boca aberta? ....
[...]
Muitas vezes a gente se revolta
Não que falte a paciência de lutar (da pobreza)
Muitas vezes a gente se revolta
Por incapaz de não se revoltar.

Ao trabalhar com polifonias por vezes cubistas, o "Poema", mesmo quando faz perguntas aparentemente individuais, se mostra mais anti--individualista do que a "Concepção melodramática". A voz lírica que

---

que eles se utilizam: o ritmo e a sonoridade. Estes são elementos dos mais universais, especificamente coletivizantes, por assim dizer. A expressão dos sentimentos, dos lirismos gerais, dos ideais e das ideias, valem um mínimo ou não valem nada nesses gêneros de pseudo-arte, que têm função coletiva. O que vale é o ritmo, o que vale é o som. [...] O único elemento que afora os fisiológicos tem valor na poesia social de circunstância são as palavras tradicionais, 'honra', 'pátria', 'nossos avós', 'conspurcar', por exemplo, é tiro e queda". Cf. "Poesia proletária", em *Táxi e crônicas no Diário Nacional*, *op. cit.* pp. 242-3.

indaga sobre a possibilidade de participação nos fatos sociais surge entrecortada por possíveis divisões corais. A forma expressa a dificuldade da ação coletiva e, assim, "enuncia" a necessidade da política.

Nas várias cartas em que relatou as dificuldades do processo artístico, Mário de Andrade referiu-se a versos escritos para se valerem por si, autônomos em relação à "impersonalidade geral do assunto". O principal deles, em que descobre, afinal, o tom poético do seu libreto, é o "Coral da vida", cantado na cena da estação de trem, entre o desespero e a esperança da migração para a cidade grande, essa metrópole que é "inimiga cinzenta" de tudo que é estranho:

> Mas eu entrei na cidade inimiga e os meus pés não queriam andar de saudade
> E a Terrível riu seu riso de garoa (pervertida)
> E me fez punir as sete provas.
> Ela me fez passar pelas sete provas da promissão.
> A primeira foi obedecer, mas eu me opus.
> A segunda foi mandar e então eu obedeci.
> A terceira foi sonhar, mas eu me equilibrei num pé só e não dormi.
> A quarta e a quinta foram roubar e matar
> Mas eu, cheio de fragilidade, beijei de mãos abertas.
> A sexta, a mais infamante de todas, foi ignorar.
> Mas eu, chorando, provei o pó amargo da rua e (me) alembrei.
> Então a cidade insidiosa, cheia de música e festa,
> Passou a mão de bruma nos meus olhos, me convidando a esquecer
> Mas eu com uma rosa roubada na abertura da camisa
> Gritei no eco do mundo: EU SOU!
> (*Eco fora de cena:*)
> - EU SOOOU! ... EU SOO OO OO OOOU![320]

Por excesso de cuidado artístico, Mário de Andrade temia estar contradizendo as intenções "povo" de seu libreto. Chegou a escrever que essa obra teatral seria "castigada" pela vaidade formal do escritor.

———

320 "É engraçado que todos os outros poemas diferem sensivelmente desse por certos detalhes sentimentais de fatura. Quase tudo, ou tudo, é de uma dureza quase ríspida de fatura, uma ausência enorme de adjetivos qualificadores, ao passo que a evocação de São Paulo se escarrapacha em mil e um qualificativos sentimentais. Mas tudo derivou dele." Carta a Antonio Candido, *op. cit.*, p. 57.

Supunha, talvez, que o grito pela realização do indivíduo prejudicasse os ideais coletivizantes de seu projeto operístico. Mas esta incerta afirmação do Eu era artisticamente honesta (se me permitem a expressão!), na medida em que encontrou sua forma vivificante. Não provinha de uma decisão teórica e mistificada sobre a importância de um teatro comunista.

Essa atitude ao mesmo tempo pessoal e coletiva se irradia também pelo incrível poema da Mãe, que combina a comoção religiosa da procissão da Paixão cristã ("Falai se há dor que se compare à minha!") à pergunta em que as consoantes exprimem o ritmo da luta social moderna: "Acaso não vedes que o ponteiro chega na hora do crime hediondo?".

Na sequência desse verso, os vocativos qualificam os "donos da vida" de modo mais e mais agressivo, e as nomeações os envolvem num imaginário coisificado e múltiplo, antes que a afirmação do EU, a da Mãe-poeta, anuncie uma profecia que é também uma praga:

Ôh grandavascos e vendidavascos
O vosso peito ladrilhado com pedrinhas diamantes
É concho e vazio feito a bexiga do Mateus
Monstros tardios sem olhos sem beijo sem mãos
O que fizestes do sentido da vida!
Ôh vós gigantes da mina e vós anões subterrâneos
Falai!
O que fizestes, o que fizestes do sentido da vida!...
EU SOU AQUELA QUE DISSE:
Raça culpada, a vossa destruição está próxima!

Café deve seus movimentos vivos à estranheza polifônica e gestual de versos e imagens que esboçam outras vozes da sociedade, que estilhaçam subjetividades onde elas não existem, porque não poderiam existir como sujeitos políticos. O autoexame do "Poema" parece contradizer a lógica dos quadros comoventes do espetáculo. Mas, em certos pontos, os vários níveis encontram sua unidade contraditória. Se, nas cenas pictóricas, as ações objetivas parecem, no mais das vezes, delineadas de fora, e portanto artificiais em relação às figuras corais, de outro lado as dramaticidades difusas espalhadas pelos versos repõem as ambivalências daquele mundo sem sujeitos, o Brasil. Em meio a isso, surge a dualidade incapturável da voz individual do autor, que se assume perdida, como um eco que vem de fora da cena e grita para o mundo que existe. É também a verificação da impossibilidade do drama que faz dessa peça uma "admirável moxinifada polêmica", na ótima definição de Manuel Bandeira, que a leu como parte de um ciclo iniciado na mocidade com o oratório profano *As enfibraturas do Ipiranga*,[321] obra em que a solista Minha Loucura, do fundo do vale do Anhangabaú, se confronta com vários coros de sátira social, e que se encerra em "A meditação sobre o Tietê".

Ao fracassar em seu ideal de forma integradora e absoluta, ao recusar, no íntimo da forma, o drama, o *Café* se apresenta como uma espécie de peça material, que pede, mais do que uma leitura ou interpretação, uma remontagem cênica de seus elementos, para que sua potência anticapitalista se desenvolva. Em sua incompletude, se oferece ao encenador e leitor como possibilidade útil para a construção de um teatro radicalmente crítico, e talvez de uma ópera nova.

Foi nessa desesperada vontade de vir a ser, pronunciada como grito pessoal – que se confunde aos corais dos trabalhadores –, que Mário de Andrade conseguiu, como poucos artistas, se pôr ao lado dos despossuídos e expressar o sentimento trágico da anulação social num país em que a precariedade do autorreconhecimento burguês levou a tantas outras indefinições sociais. É um grande gesto, por meio do qual a forma dramatúrgica deixa de mistificar antagonismos de classe. Gesto de um artista verdadeiro, de um infatigável experimentador, de um artesão de "coração humano", que procurou com o teatro proletarizar não apenas sua consciência, mas todo seu trabalho.

Não tenho dúvida de que *Café* é uma das obras teatrais mais importantes do Brasil no século XX, por sua coragem, beleza e sentido revolucionário.

---

321 Jorge Coli faz comentário semelhante em *Música final, op. cit.* p. 330.

A encenação de 2022 no Municipal

Encerro o comentário sobre o *Café* de Mário de Andrade tendo em vista a experiência de encenar a ópera no Theatro Municipal de São Paulo, vinte anos depois da redação dos parágrafos anteriores. Durante os ensaios, ocorridos entre março e abril de 2022, consultei este texto algumas vezes, o que me levou a suavizar algumas de suas ênfases, corrigir impressões e suprimir pequenas injustiças de avaliação.

O trabalho na cena do *Café*, no Theatro Municipal, teve música composta por Felipe Senna para a montagem. Foi a primeira vez que pude encarar o texto com o objetivo de uma encenação na forma à qual se destina, a ópera, o que me obrigou a um maior contato com sua "Concepção melodramática".[322] Não é o caso de relatar o processo da montagem histórica, a primeira realizada sobre o libreto na cidade de São Paulo, feita com o Coral Paulistano, a Orquestra Sinfônica Municipal e o Balé da Cidade de São Paulo, além de artistas convidados, entre eles a cantora popular Juçara Marçal, no papel da Mãe, o ator Carlos Francisco, o compositor Negro Leo e artistas de circo.[323] É importante, contudo, registrar que a experiência me permitiu verificar que minha análise neste capítulo – que faz a crítica da estabilização melodramática e de uma adequação às convenções do palco italiano – foi feita do ângulo de uma cena mais épica e participativa. Na época, eu não podia visualizar o quanto o projeto de Mário de Andrade depende, justamente, desse atrito com o sistema de expectativas da tradição formal

---

322   Tive prova da potência teatral do *Café*, pela primeira vez, ao escrever o roteiro de um espetáculo dirigido por Márcio Marciano, com alunos da Unicamp, em 2001, com direção musical de Walter Garcia. Na mesma época, dirigi uma *performance* com uma das canções do "Poema", apresentada diante de um quadro de Portinari, numa exposição sobre arte política, com artistas da Companhia do Latão, ao lado da cantora Ana Luiza e do músico Luís Felipe Gama. E, anos depois, voltei ao texto numa oficina pedagógica com integrantes do Movimento dos Trabalhadores Rurais Sem Terra (MST) e outros movimentos sociais, registrada no documentário *Ensaio sobre a crise*, exibido na TV Brasil em 2008. Foram casos em que fiz uso do material literário do "Poema" desconectado de seu projeto cênico, sem a perspectiva de uma montagem como ópera.
323   A ficha técnica completa se encontra no programa do espetáculo *Café, de Felipe Senna, ópera sobre libreto de Mário de Andrade adaptado por Sérgio de Carvalho*. São Paulo: Theatro Municipal, 2022.

da ópera, o que de certo modo exige que a cena se apresente em acordo parcial com a tradição elitista dos teatros de ópera. Mário de Andrade sabia com quem estava lidando.

Minha análise do *Café* destacava a contradição entre o plano cênico (com seus quadros vivos compostos "pictoricamente" e dinamizados dramaticamente) e a procura instável de uma *forma da coletividade*, que se materializa na organização coral e no uso livre e inventivo da técnica da polifonia. Mesmo o dionisismo coreográfico, que irrompe como uma espécie de tema interno, para se apresentar ocasionalmente na forma, me parecia ser mais da ordem da expressão de uma sentimentalidade ligada à tragédia (e portanto estabilizada como um *pathos* coletivo) do que indício de uma expressividade popular, capaz de pôr em crise o conjunto melodramático que se encaminha para uma imagem da revolução. Em meio a essas contradições, a verdade maior da obra, sua dimensão efetivamente revolucionária, aparecia, para mim, sobretudo nos desvios, nos lapsos gestuais, nos movimentos críticos e nas alternâncias da dicção poética, ou ainda nos ecos de uma individuação problemática, como aquela enunciada no grito – de muitos sentidos – do "EU SOU!".

Após o contato com o material de Mário de Andrade nas condições de um teatro de ópera, me vejo na obrigação de dizer algo mais. Tenho em mãos o lindo texto escrito por José Antonio Pasta para o programa de nosso espetáculo no Municipal. Ali, ele observa que existe no texto um "profetismo no plano da dicção e das fórmulas expressivas" que se relaciona à "combinatória complexa de tempos que se verifica no *Café*", essa temporalidade complexa em que "o passado frustro é, de algum modo, um passado que não passou, e que avança sobre o presente, pedindo consumação, nessa medida, embora passado, ele vige no presente, mas como projeção de um tempo inteiramente futuro".[324] Esse trânsito entre tempos da voz profética, para ele, não é apenas interno: combina-se a uma estrutura narrativa da ordem do mito, que põe ao lado, ao crescimento das aflições sociais, o desenvolvimento de um ciclo mítico da vegetação. Esse encaminhamento, ao mesmo tempo histórico e não histórico, corresponde à conjugação de temporalidades "incompossíveis" – na expressão de José Pasta – e à tentativa de dar ao

—

324 José Antonio Pasta Júnior, "Profetismo, mito, revolução: nota sobre a ópera *Café*, de Mário de Andrade", em *Café* (programa), *op. cit.*

país a sua revolução. Pois, naquela hora tardia da vida do escritor, Mário de Andrade percebia, que "os caminhos da alma, quem os abre, é a revolução".[325]

A beleza dessa análise traduz muitas das minhas experiências de sala de ensaio e contém algo que eu podia intuir mas não nomear. As ambiguidades e interações contraditórias do *Café* convergem para uma aproximação limite das dificuldades da alma "em ser" e a da revolução política. Desde o primeiro dia de ensaio, procurei expandir os impulsos da rebelião, indicar os elementos ativos do sentimento de revolta social, configurar uma dialética em que a tragicidade não se fecha em si, trabalhar a partir das dificuldades do processo político. Daí o recurso a uma ruptura metateatral no ato final, já quase ao fim da cena da revolução, algo que lança o nosso espetáculo – apenas aparentemente – *contra* o material de Mário de Andrade. Hoje vejo, a partir do escrito de meu querido orientador de doutorado, que a tentativa de afastamento dos excessos tragicizantes e míticos do original, a rigor, aprofundou a dinâmica formal dessa *dicção profética*, como no recurso ao rapsodo *motoboy*, com seus versos escritos por Negro Leo, ou mesmo na entrada coral do MST (Movimento dos Trabalhadores Rurais Sem Terra) pela plateia. Num caso ou noutro procurei uma estrutura de temporalidades múltiplas, perturbada pela presença das foices e dos facões de militantes reais de um movimento social combativo, cuja presença histórica e única no Theatro Municipal por si só desloca o sentido geral da ópera.

Também é preciso dizer que a consulta, realizada para a minha encenação, ao "Plano de marcação"[326] de Mário de Andrade – e que é parte fundamental de seu projeto – mostra o quanto sua "Concepção melodramática" se estrutura a partir da tensão com as convenções da ópera. Coisas que, no passado, pareciam ser limites conservadores de sua proposta cênica, como a procura da estaticidade comovente, são padrões de uma poética cênica de quadros vivos que, segundo a tradição, se habituaram a contrastar o individualismo abstrato do belo canto com o ambiente exótico. Mário de Andrade instala o padrão reconhecível para subvertê-lo pela estruturação coletivizada. Busca, assim, que o efeito imediato não seja de estranheza, pois já supõe o escândalo

---

325 *Ibidem*.
326 O texto do "Plano de marcações" está publicado nos anexos deste livro.

na ocupação do espaço do "belo canto" por temas e formas proletárias, tornado mais intenso quanto maior a consistência estética.

Nas descrições do "Plano de marcação" existe um ótimo detalhamento das ações mencionadas na "Composição melodramática", algo que demonstra o quanto ele imaginou dimensões gestuais semelhantes às das vozes "proféticas" que vão além da individuação corriqueira. Confirma-se ali, também, a importância das muitas interações entre os elementos trágicos e os farsescos, que se conectam através de concretizações sociais. É assim que, na cena do Porto Parado, um estivador, ao ver as mulheres chegando, "puxa irritado para fora os bolsos vazios da calça", antes que elas se dispersem pelo espaço e os obriguem a um "bolo masculino no centro". Ao final, antes de dizerem a frase "Fome de Fome", todos, homens e mulheres, "erguem duma vez só os gestos pro ar, mas com as palmas das mãos abertas, sempre olhando o público", numa alusão simbólica ao imaginário cristão da Verônica, feita como decisão representacional. Ao planejar gestos exatos e movimentos certos, unificações em crise e coreografias populares, é possível intuir que a dissolução em dança sonhada por Mário de Andrade no *Café* tem a complexidade que a grande forma simples procura almejar. Como fazem os maiores artistas populares, o escritor se aproximava das convenções da cena italiana para traí-las do ângulo de um trabalho comum, ficcional e não ficcional, o que se vê no jogo das ironias, nas passagens rápidas entre a sátira e as fatalizações tragicizantes, e mesmo nos desvios subjetivos das junções mítico-religiosas. A força do *Café* depende dessa aproximação à tradição operística e da indicação de um novo-velho rumo para o teatro cantado, sem a qual seu potencial de incômodo social não se realiza.

O que procurei na encenação do Theatro Municipal foi escutar esse vozerio múltiplo, polifônico, de contrapontos, e também a gestualidade dançante, autocrítica, entusiasmada, o que me levou, às vezes, a lançar a obra contra ela mesma. Algo que só foi possível porque nela existem tempos, lugares e gentes, de mundos diversos, que abrem caminhos de alma e de revolução.

ANEXOS

Teatro do Brasil[327]
Antônio de Alcântara Machado

A gente que se interessa por teatro brasileiro não deve perder a ocasião que tão a jeito agora se oferece para dar realidade ao que ainda não passa de mera suposição. O momento é excelente. Igual só virá quem sabe daqui a muito tempo ou nunca. É como apendicite: há uma horinha que é preciso aproveitar. Senão, adeus. Tudo perdido.

Já disse muitas vezes sem descobrir a pólvora que o teatro entre nós sempre andou na rabeira de todas as artes. Isto é: de primeiro estava na frente. Foi ele que principiou com Anchieta a literatura nossa. Mas logo em seguida a poesia lhe passou a perna. E ele foi perdendo terreno. De forma que a gente pode reunir numa antologia nacional vinte poetas ótimos, cinco ou seis prosadores bons, mas nenhum dramaturgo que pague a pena. Porque arte teatral brasileira nem tentada foi ainda. Antônio José era português e se meteu com a Grécia. No teatro do próprio Martins Pena só o assunto era nosso (e falo das comédias porque nos dramas que escreveu nem o assunto escapava). O resto não era nada. Magalhães continua sendo um dos sujeitos mais detestáveis que o sol do Brasil tem tostado. Alencar também não passou além do entrecho. E os outros todos *idem*.

Desde muito tempo a França vem estragando a cena desta terra. E que França, meu Deus. A das comediazinhas de situação e de sentimento, velhas de trinta anos pelo menos. Vimos e vemos até hoje o desfile fatal: o moço pobre que primeiro antipatiza mas depois casa com a moça rica, a mulher da vida e respectivos acessórios, a veneranda matrona, o velho e bondoso sacerdote, a criada metida a sebo e assim por diante.

Depois, não há homens de teatro. Há poetas, oradores, médicos ou desocupados que escrevem para variar, lá de vez em quando, uma

—

327 Publicado em novembro de 1928, na revista Movimento. Extraído de Cecília de Lara (org.), *Palcos em foco: crítica de espetáculos / ensaios sobre teatro (1923-1933). Tentativas no campo da dramaturgia*. São Paulo: Edusp, 2009, pp. 374-7.

peçazinha. E todos pretendendo salvar o teatro brasileiro. Essa história da salvação do teatro brasileiro é muito engraçada. Salvar o quê? Não existe nada. De maneira que os abnegados ficam na praia esbravejando. Para eles é indiscutível que um tipo assim e assim está se afogando. De repente o mais exaltado mergulha e vem com um sapato na mão. E grita: "já achei o sapato!". O sapato é colocado na areia. Logo mais, é outro que mergulha e traz um colarinho. Assim vão salvando o teatro brasileiro. A roupa já está secando. Mas o corpo, homem? Ah! O corpo? O corpo peixe comeu.

Não. Corpo nunca houve. A roupa veio aos pedaços do outro lado do mar. E é isso que se chama a teatro brasileiro.

No entanto o desejado indivíduo está aí no ventre da terra clamando por parteira. Está aí na macumba, no sertão, nos porões, nos fandangos, nas cheganças, em todos os lugares e em todas as festanças onde o povinho se reúne e fala os desejos e os sentimentos que tem. A música nova disso tudo misturado nasceu. Pois isso tudo misturado tem mais um filho. É o teatro bagunça, o teatro brasileiro.

Ponhamos de lado uma vez por todas a mania do distinto, do educado, do fidalgo.

Acabemos com o palacete do doutor Temístocles, as recepções em casa da baronesa Castro, o par de namorados se beijocando enquanto a orquestra nos bastidores suspira com abuso de violinos a serenata de Toselli. Tudo isso é imbecil e imbecil importado.

Nós não temos distinção alguma, somos muito mal educados e descendemos de imigrantes que ignoravam os gentis duelos à espada. O que importamos devoramos. Desconhecemos o assentado, vivemos na balbúrdia, a pândega é o nosso pão de cada dia e cada noite. Sujeito de polainas atrai moleque nas ruas. Macaco de luva continua a ser sinal de chuva. A regra nacional é deixar para amanhã o que se pode fazer hoje porque amanhã talvez não seja mais preciso fazer. Ainda não conquistamos a terra. Ainda não conquistamos nada. Só nos discursos existem princípios fundamentais.

Que espécie de teatro podemos ter? Nossas tragédias acabam em maxixe e dedo na boca. Dramas sociais onde é que estão? A chamada alta-comédia é uma bobagem e no Brasil então uma bobagem ridícula. Teatro de ideias? Não temos ideias: só temos ideais.

Depois não há nada mais cacete, mais artificial e lá fora mesmo mais desmoralizado. O teatro europeu por exemplo anda que anda louco atrás do princípio de onde veio. Para partir de novo em outra direção.

Ora, o que ele procura é o informe que nós somos. Não saímos até hoje do princípio. E o princípio é a farsa popular, anônima, grosseira. É a desordem de canções, bailados, diálogos e cenas de fundo lírico, anedótico ou religioso. Coisa que entre nós se encontra no circo, nos terreiros, nos adros, nas ruas, nas macumbas.

Remontemos à Grécia. Não. A viagem é longa e Coelho Neto é muito capaz de querer ir também. Remontemos à Idade Média. Que é que a gente vê? Na Itália, na França, na Inglaterra, na Alemanha o teatro ao ar livre alimentando-se de lendas e divertimentos populares e regionais até, as farsas ímpias dos mimos errantes e dos jograis (é Gaehde quem fala mas não quem rima) lutando contra o drama litúrgico isto é o teatro convencional, a representação igual do mesmo assunto. Era um ponto de partida. No fim do caminho Shakespeare e Molière esperavam a sua vez.

A esse ponto de partida procuram voltar na Europa os que anseiam pela liberdade e confusão iniciais. Nós estamos nele. Não precisamos procurar.

Vejam até que ponto a gente tem à mão elementos para a criação de um drama moderníssimo e originalíssimo.

Antes de mais nada, a teatralidade. Quanto a isso não pode haver dúvida. Decorre da própria natureza e pula no menor gesto do homem. Sempre com uma força trágica e cômica insuperáveis. A terra e a nação mudam a toda hora de cenário. A vida é uma surpresa cotidiana. O simples documento contém não só a essência como a estrutura do drama já desenvolvido. Nem é preciso inventar, apelar para o fantástico. Em tudo entra o dedo de São Benedito ou outro milagreiro invisível.

E a universalidade. A língua sem dialetos. Tudo junto. A religião unida ao patriotismo, a política navegando em plena poesia. Santa Dica dando o pontapé inicial num jogo de futebol, o governador do Estado fazendo de rei no drama. O *Amante da Rainha* (em benefício dos filhos dos tuberculosos pobres). A mestiçagem. A confusão das profissões, convicções, instituições. A possibilidade de reunir num chá dançante o presidente do Supremo Tribunal e o bananeiro da esquina. O maxixe ritmando tudo, mas tudo. Duas portas para os acontecimentos: a seção-livre e a canção de carnaval. A camaradagem. Ninguém se ofende. E todos são poetas.

Assim a fusão, (ensaiada por outros) de todas as expressões autênticas e mais ou menos disfarçadas de arte no teatro aqui no Brasil se verifica na vida. E em consequência o teatro nascido dessa fusão jogará forçosamente e naturalmente com ela. Esse recurso comum a geômetras e artistas – o absurdo – não é aqui invenção: é elemento da vida, intervém nela, é parte integrante dela. Este é o país sem lógica.

O material se apresenta tão rico e de tão fácil exploração que a revista carioca tem produzido sem querer (é a melhor maneira talvez) legítimas obras-primas, cenas curiosíssimas com diálogo, música e dança. E mesmo um autor de comediazinhas como Armando Gonzaga já nos deu *O mimoso colibri* que se pode comparar (é a opinião de Cendrars) ao que de melhor em matéria de banalidade divertida tem feito o moderno teatro russo.

Nem nos faltam atores. Os que possuímos vêm quase todos de um meio familiarizado com a poesia capadócia, o ritualismo das pajelanças, as desordens da vagabundagem suburbana, os hábitos e a língua da gente dos blocos, dos fusos, das sociedades recreativas e tal. É natural que fiquem ridículos e insuportáveis de fraque e V. Exa. para cá e V. Exa. para lá, parecidos com os coristas italianos que nas operetas costumam floridos e de luvas brancas dançar valsas na corte de Wurtenberg ou outra assim. Mas (como já me disse numa carta Manuel Bandeira) são admiráveis vivendo no palco a vida já vivida fora dele.

Tem mais isto: o que Copeau à semelhança do que já se fez há cinco séculos está agora tentando – dar ao ator maior liberdade, favorecer a improvisação, colaborar no texto, considerar a personagem independente de quem a imaginou – entre nós é costume corrente e enraizado. O ator inventa na cena, enxerta as réplicas que bem entende. A personagem fica viva, espontânea, a gente tem a impressão de que ela está ali por sua própria vontade ou obedecendo ao seu próprio destino.

Aí está por que nós temos alguns dos melhores elementos daquilo que hoje se entende por teatro puro (coisa aliás que só existe no papel).

Por mil e uma circunstâncias, sem a intervenção de nenhuma vontade orientadora, o que outros procuram nós temos mas não vemos. Tristeza.

A geração que explodiu em 1922 preferindo de novo e certamente com outra sinceridade a utopia da independência à certeza da morte (parece discurso mas é para parecer mesmo) bem poderia criar o teatro do Brasil. Aí, sim, o campo é inédito e livre. Sem regras e sem modelos. Uma bagunça. Um teatro bagunça da bagunça sairá.

Ça ira?

Resposta a um crítico[328]

Oswald de Andrade

[...] Veja você como a sua crítica totalmente contrária ao meu teatro, que foi o único teatro que deu o modernismo, é capaz de captar as minhas simpatias e o meu aplauso, mais do que os elogios corriqueiros que alinhavam os oportunistas, hoje em polvorosa, diante do constatado e autêntico valor histórico que foi a semana de 22.

Antes de mais nada, quero explicar a você por que não tentamos a realização cênica na década de 20. Simplesmente porque não tínhamos teatro, isto é, artistas e atores que pudessem se incumbir de qualquer esforço intelectual mesmo menor. Depois de havermos visto o canastrão Leopoldo Fróes viemos a ter o palhaço Procópio e só.

Como você sabe, foram Álvaro e Eugênia Moreyra que começaram a realizar teatro no Brasil. Mas isto já muito tarde, quando o modernismo se dividira em escolas opostas e tendências hostis.

Vocês que acordaram cercados de teatro, de atrizes, atores e encenadores de valor vário, desde Pascoal Carlos Magno até aquela besta do Celli do TBC, que encontraram levantados em seu caminho uma Cacilda Becker, um Sérgio Cardoso, além de outros, não podem fazer ideia alguma do que era o deserto dramático por onde passeavam folgados e aplaudidos aqueles supracitados camelos.

---

328 Este texto é uma provável carta aberta de Oswald de Andrade a um crítico não identificado. Não contém título no original. Trata-se de um manuscrito incompleto, escrito nos anos 1950, que se inicia na segunda página e se interrompe na quarta, no meio de uma frase sobre o teatro de Mário de Andrade, talvez sobre o *Café*. O escrito alterna letra de Oswald de Andrade e de sua esposa, Maria Antonieta D'Alkmin. Suprimi a primeira frase, sequência de um raciocínio iniciado à página perdida. Neste fragmento, o autor nomeia a publicação que teria motivado a réplica: "...da *Revista Branca* que merecem toda atenção e o crédito dos labutadores de 22". O original encontra-se no arquivo Oswald de Andrade do Centro de Documentação Alexandre Eulálio, Instituto de Estudos da Linguagem, Universidade Estadual de Campinas, localização OA 1004.

Quando escrevi teatro, tendo contra mim além de tudo a hostilidade trazida pela militância comunista, tentei inutilmente me fazer representar. O primeiro intento que foi montar *O homem e o cavalo* pelo Teatro de Experiência, de Flávio de Carvalho, deu no resultado conhecido. A polícia não se contentou em proibir a representação, mas fechou o próprio teatro. Depois disso vi com esperança que Álvaro Moreyra pretendia representar a mais viável das minhas peças, *O rei da vela*, que chegou a ser anunciada nos cartazes do Teatro Boa Vista, em S. Paulo. Mas Álvaro foi adiando o espetáculo e afinal o retirou completamente de qualquer cogitação de montagem. Soube muito mais tarde que a ilustre canastra Itália Fausta, que exercia grande influência na Companhia, ameaçou retirar-se da mesma caso a minha peça fosse somente ensaiada. Doutra feita deu-se curioso caso com Procópio. Este fez a leitura da mesma peça perante um grupo, afirmando que ia representá-la. Em meio do 2º ato teve um ataque de histeria e jogou os originais para o alto berrando: Isto também é demais!

Esses dois episódios talvez venham apoiar a sua tese de que minhas peças são irrepresentáveis. Ou é o Brasil que não está maduro para elas? De qualquer maneira, sou obrigado a constatar que tanto Procópio, como Itália Fausta, por mais idiotas ou incultos que tenham sido (não sei se algum deles ainda vive), representavam o que havia de melhor na nossa cena de então e tinham evidentemente autoridade para dizer da viabilidade cênica de qualquer trabalho.

O que me interessa no teatro, não é porém ver simplesmente uma peça minha em cena. Sou muito mais exigente. E por vantagem alguma realizaria as sórdidas concessões ao susto público e à pornografia privada que faz o Sr. Nelson Rodrigues, de quem você caluniosamente me chama de precursor. Precursor, uma barbatana!

Não sei por que você reclama Mário de Andrade teatrólogo. E é nisso que divirjo de você, e no conceito de teatro. Mário só navegou mar grosso uma vez, foi quando [...].

CAFÉ [329]
MARCAÇÃO

Primeiro ato – Primeira cena – "Porto Parado"

1 - Orquestra agitadíssima (1/2 minuto quando muito)

2 - O pano ergue rápido

3 - Os estivadores imóveis, em contraste violento com o que está sucedendo na orquestra, formando quadro vivo de abatimento. À direita (do espectador) assentados ou espichados no chão, um grupo deles joga truco

4 - Entra lento, sempre em contraste com a agitação sinfônica, pela fresta da porta do fundo, um estivador com um jornal aberto pendente duma das mãos, o arrastando. Vem para o centro da cena

5 - Movimento de interesse de todos os estivadores. Os jogadores de truco, mesmo do chão, sem se levantar, viram pro recém-chegado. Orquestra agitadíssima

6 - O recém-chegado faz gesto de desânimo, amarfanha o jornal e o joga com raiva no chão. A orquestra se acalma súbito

7 - Os estivadores, com gestos de desânimo e tristeza, se encostam por aí, formando novo quadro vivo mais apto pra cantar. Os do truco, sempre sem sair dos seus lugares, param melancolicamente de jogar, se deitando no chão

8 - CORAL DO QUEIXUME – "Minha terra perdeu seu porte de grandeza" (vozes masculinas)

    8 a) Ao verso "Que farei agora que o café não vale mais", dito pela primeira vez, pequeno movimento cênico, mudando um pouco o quadro vivo

    8 b) Para o grito coral "Café! Café!", novo pequeno movimento cênico, pra formar quadro vivo novo

---

329   Extraído de Flávia Camargo Toni, *Café, uma ópera de Mário de Andrade: estudo e edição anotada*. Tese (livre-docência) - IEB-USP, São Paulo: 2004, pp. 237-41.

8 c) Final do QUEIXUME. Os estivadores se movem e estão mais desanimados. Quase todos se estiram por aí, deitados, jogador sobre as sacas de café ou pelo chão. Outros sentam no chão, encostados nas sacas

9 - Interlúdio sinfônico pianíssimo (1/2 minuto talvez) de preparo. Os jogadores de truco retomam o jogo, sentados no chão. Alguns sapos se acocoram em torno, pra, se preciso, auxiliar no madrigal

10 - Um jogador, musicalmente, grita "Truco!"

11 - MADRIGAL DO TRUCO

11 a) Em qualquer passo do MADRIGAL, entra o jogo da morra, do outro lado da cena

12 - Aos sons finais do MADRIGAL aparecem umas mulheres de estivadores na fresta da porta de fundo. Apontam os maridos agitadas

13 - As mulheres correm com violência à porta de fundo, deixando uma abertura grande, por onde se enxerga cais vazio, mar vazio, céu claro e vazio. Porto parado

14 - As mulheres entram correndo e gesticulando raivosas para os homens, vêm se postar na boca da cena, formando um bolo feminino. Concomitamemente os homens se erguem dos seus lugares, os jogadores abandonam o truco e a morra, se erguem e se postam... conforme os seus timbres vocais

15 - CORAL DAS FAMINTAS (vozes femininas) – "Eu tenho fome!"

15 a) Os homens fazem gestos de impossibilidade. Um puxa irritado pra fora os bolsos vazios da calça

15 b) Quando entra, em prestíssimo, o *Tutti* do coral, "Não aguento a fome", os homens se aproximam das famintas e as cercam, procurando acalmá-las

15 c) Quando, em pianíssimo, os homens repetem feito um eco a última frase, cantada em ff pelas famintas, eles se voltam pra fora, dando as costas a elas, como envergonhados. Sucede que com isso os olhos deles ficam batendo naturalmente nas pilhas de sacas de café

16 - Interlúdio sinfônico (Minuto e meio). Todos estão indecisos. Mas os estivadores com os olhos parados, estagnados, olhando as pilhas de sacas. As mulheres, seguindo o olhar dos homens, também olham as sacas. Alucinadas, vão saindo meio mecânicas, fatalizadas do centro do grupo e se dirigem lentas para as sacas, estendendo os braços. Umas, as mais próximas da boca de cena, se ajoelham abraçando amorosamente

as sacas de café. Outras, de pé, mais atrás, também se abraçam com as sacas, acariciam-nas com as mãos, encostam sensualmente o rosto nelas. Formou-se o novo quadro vivo em que agora as mulheres é que estão dispersas pela cena e os homens formando um bolo masculino no centro. Os homens também estão concentrados, olhos enormemente abertos de êxtase quase místico, braços implorantes estendidos para as sacas de café

17 - IMPLORAÇÃO DA FOME – "Oh grão pequeno do café" (coral misto)

17 a) Durante todo o coral, todos estão imóveis, com ares de alucinados, eretos, cabeças erguidas, braços caídos ao longo do corpo, mãos abertas com as palmas para a frente, pernas entreabertas, homens e mulheres

17 b) Ao dizer a frase "Fome de fome!", todos erguem duma vez só os gestos pro ar, mas com as palmas das mãos abertas, sempre olhando o público

18 - À fermata final, o pano cai lentamente bem meditando

Segunda cena – "Companhia Cafeeira S.A."

1 - Prelúdio orquestral (dois, três minutos, quatro, pra disfarçar o tempo tomado com a mudança dos cenários)

2 - O pano se ergue a custo, sem vontade nenhuma

3 - Os colonos dão mostras que o almoço terminou, limpam a boca na manga da camisa, arrumam os pratos de ferro

4 - O menino arranca a laranja da árvore, fura com o dedo, chupa, faz a careta e joga fora a fruta, enquanto alguns colonos velhos se entremostram o que o menino está fazendo

5 - A risada (quando o curumim atira a laranja fora)

6 - CORAL DO PROVÉRBIO – "Laranja no café" – misto

6 a) A criançada pega os badulaques do almoço, põe nas cestas e sai com eles

6 b) Todos se erguem e pegam nos instrumentos de trabalho

6 c) Gestos de aborrecimento e melancolia diante do trabalho a iniciar

6 d) Os moços (rapazes e gurias) atacam o trabalho

6 e) No fim do coral, o velho mais da frente, contemplando o seu pé-de-café por colher, coça a cabeça exasperado e dá um pontapé na saia da árvore

7 - Mas já estavam entrando pela esquerda da cena os donos e comissários da Companhia Cafeeira. Enxergaram o pontapé do velho e gesticulam indignados

8 - A DISCUSSÃO – "A ordem é de expulsar..." (coral misto)

8 a) À frase dos comissários, "A paciência é a maior virtude do operário", um primeiro e outro depois, dois colonos que estejam mais próximos da laranjeira, impacientemente, sem atentar muito no gesto, arrancam cada qual a sua fruta, e as descascam agitados. E irão chupando, sem atentar nisso, o azedo insuportável da fruta

8 b) À frase das mulheres, "Mas vós tendes fome!", as mulheres todas avançam dois passos para os donos e comissários que estão sempre no lugar em que entraram e pararam com a discussão

8 c) À frase dos colonos rapazes, "Triste de barriga cheia", são estes agora que avançam dois passos para o lado dos chefões

8 d) À frase, "Vou dar a meu filho só leite tristeza", as mulheres casadas e só elas, avançam mais um passo contra os chefões

8 e) À frase "Eu pago armazém com dinheiro tristeza", são os homens casados e os velhos que avançam apenas um passo

8 f) Bagunça coral. Dois ou três colonos homens, mais detrás do grupo, visíveis bem ao público, se armam disfarçadamente de enxadas, paus

9 - O SILÊNCIO DA DECISÃO - (1/2 minuto de silêncio total), tanto das vozes como da orquestra)

9 a) Os colonos todos oscilam nas pernas, pra frente, pra trás, hesitando em avançar sobre os chefões

9 b) Donos e comissários recuam meio passo, levando a mão direita ao bolso traseiro da calça ou à cinta, onde têm os revólveres

10 - A decisão. Rajada orquestral e a frase dos colonos se despedindo da fazenda: "Eu sou aquele que disse: Não fico mais neste lugar maldito"

11 - Bagunça orquestral, comentando o desespero interior dos colonos. Enquanto ela, comissários e donos, meio amedrontados, precipitados, mas bancando gestos de indignação e de não-me-amolismo, atravessam toda a cena e saem. A orquestra se abate com rapidez, fica num desânimo apassivado

12 - Os dois colonos põem reparo que estão com as bocas azedas e jogam fora, com raiva, com nojo, as laranjas

13 - Transição musical, coral ou puramente sinfônica, recordando o provérbio

13 a) Todos vão recolhendo seus petrechos de trabalho pra partir

13 b) Num dos cantos da boca da cena, um rapaz e uma rapariga se encontram nesse recolher de coisas, esquecem tudo, agarrando na conversa enamorada

14 - CORAL DO ABANDONO – "Um trevor me alucina o pensamento" (coro misto)

14 a) À frase "No túmulo das estradas estão escondidos", as mulheres velhas principiam partindo pelo carreador do centro do palco, lentas

14 b) À frase "Esta boca aberta a que ninguém responde", são agora as colonas casadas e os colonos velhos que principiam partindo, na mesma direção das velhas

15 - O pano cai rápido, pondo as mãos nos olhos pra não enxergar

CAFÉ: MARCAÇÃO

REFERÊNCIAS

JORNAIS E REVISTAS

O Homem do Povo, coleção completa e fac-similar dos jornais escritos por Oswald de Andrade e Patrícia Galvão (Pagu). São Paulo: Imprensa Oficial do Estado, Arquivo do Estado, 1984.

Revista de Antropofagia, reedição da revista literária, primeira e segunda "dentições", 1928-1929, São Paulo: Abril Cultural/Metal Leve, 1975.

Terra Roxa e Outras Terras, reproduções fac-similares. São Paulo: Martins/ Secretaria da Cultura, Ciência e Tecnologia, 1977.

LIVROS

ANDRADE, Mário de. *A lição do amigo: cartas de Mário de Andrade a Carlos Drummond de Andrade, anotadas pelo destinatário*. Rio de Janeiro: José Olympio, 1982.

___. *A lição do guru: cartas a Guilherme Figueiredo, 1937-1945*. Rio de Janeiro: Civilização Brasileira, 1989.

___. *Aspectos da literatura brasileira*. 5ª ed. São Paulo: Martins, 1974.

___. *Carta ao pintor moço*. São Paulo: Boitempo, 1995.

___. *Cartas a um jovem escritor: de Mário de Andrade a Fernando Sabino*. Rio de Janeiro: Record, 1982.

___. *Cartas de Mário de Andrade a Álvaro Lins*. Rio de Janeiro: José Olympio, 1983.

___. *Cartas de Mário de Andrade a Murilo Miranda: 1934/1945*. Rio de Janeiro: Nova Fronteira, 1981.

___. *Cartas de Mário de Andrade a Prudente de Moraes, neto: 1924/1936*. Org. Georgina Koifman. Rio de Janeiro: Nova Fronteira, 1985.

___. *Contos de Belazarte*. 8ª ed. Belo Horizonte/Rio de Janeiro: Villa Rica, 1992.

___. *Entrevistas e depoimentos*. Org. Telê Ancona Lopez. São Paulo: T. A. Queiroz, 1983.

___. *Mário de Andrade-Oneyda Alvarenga: cartas*. São Paulo: Duas Cidades, 1983.

____. *O baile das quatro artes*. 3ª ed. São Paulo: Martins; Brasília: INL, 1975.

____. *Poesias completas*. Ed. crítica Diléa Z. Manfio. Belo Horizonte: Vila Rica, 1993.

____. *71 cartas de Mário de Andrade*. Seleção e notas Lygia Fernandes. São Paulo: Livraria São José, s.d.

____. *Táxi e crônicas no Diário Nacional*. Estabelecimento de texto, intr. e notas Telê Ancona Lopez. São Paulo: Duas Cidades/Secretaria da Cultura, Ciência e Tecnologia, 1976.

____; BANDEIRA, Manuel. *Correspondência Mário de Andrade e Manuel Bandeira*. Org., intr. e notas Marcos A. de Moraes. 2ª ed. São Paulo: Edusp-IEB, 2001.

ANDRADE, Oswald de. *Estética e política*. Pesquisa, org., int., notas e estabelecimento de texto de Maria Eugenia Boaventura. São Paulo: Globo, 1992.

____. *Obras completas VI: Do Pau-Brasil à Antropofagia e às utopias: manifestos, teses de concursos e ensaios*. 2ª ed. Rio de Janeiro: Civilização Brasileira, 1970.

____. *Obras completas VII: Poesias reunidas*. 5ª ed. Rio de Janeiro: Civilização Brasileira, 1978.

____. *Obras completas VIII, teatro: A morta; ato lírico em três quadros. O rei da vela; peça em três atos. O homem e o cavalo; espetáculo em nove quadros*. 2ª ed. Rio de Janeiro: Civilização Brasileira, 1976.

____. *Obras completas IX: Um homem sem profissão: memórias e confissões, v. 1: 1890-1919: sob as ordens de mamãe*. 3ª ed. Rio de Janeiro: Civilização Brasileira, 1976.

____. *Os dentes do dragão: entrevistas*. Pesq., org., intr., notas e estabelecimento de texto de Maria Eugenia Boaventura. 2ª ed. São Paulo: Globo/Secretaria de Estado da Cultura, 1990.

____. *Ponta de lança*. São Paulo: Globo, 1991.

____. *Telefonema*. Intr. e estabelecimento do texto Vera Chalmers. 2ª ed. Rio de Janeiro: Civilização Brasileira, 1976.

____; ALMEIDA, Guilherme de. *Obras completas: Mon coeur balance, Leur Âme*. Trad. Pontes de Palma Lima. São Paulo: Globo, 1991.

ARANTES, Paulo. *Sentimento da dialética na experiência intelectual brasileira: dialética e dualidade segundo Antonio Candido e Roberto Schwarz*. Rio de Janeiro: Paz e Terra, 1992.

ÁVILA, Affonso (org.) *O modernismo*. São Paulo: Perspectiva, 1975.

BASTIDE, Roger. *Poetas do Brasil*. São Paulo: Edusp/Duas Cidades, 1997.

BENJAMIN, Walter. *Essais sur Bertolt Brecht*. Trad. Paul Laveau. Paris: François Maspero, 1969. [Ed. bras. Ensaios sobre Bertolt Brecht. São Paulo: Boitempo, 2017.]

____. *Obras escolhidas: Charles Baudelaire, um lírico no auge do capitalismo.* Trad. José Martins Barbosa, Hemerson A. Baptista. São Paulo: Brasiliense, 1989.

____. *Obras escolhidas: magia e técnica, arte e política.* Trad. Sergio Paulo Rouanet. São Paulo: Brasiliense, 1985.

____. *Origem do drama barroco alemão.* Trad., apres. e notas Sergio Paulo Rouanet. São Paulo: Brasiliense, 1984.

BENTLEY, Eric. *O dramaturgo como pensador.* Trad. Ana Z. Campos. Rio de Janeiro: Civilização Brasileira, 1991.

____. *O teatro engajado.* Trad. Yan Michalski. Rio de Janeiro: Zahar, 1969.

____. (org.). *The Theory of the Modern Stage.* Nova York: Penguin, 1985.

BERRIEL, Carlos E. Ornelas. *Tietê, Tejo, Sena: a obra de Paulo Prado.* Campinas, SP: Papirus, 2000.

BORBA FILHO, Hermilo. *Diálogo do encenador.* Recife: Imprensa Universitária, 1964.

BRITO, Mário da Silva. *As metamorfoses de Oswald de Andrade.* São Paulo: Conselho Estadual de Cultura, Comissão de Literatura, 1972.

CANDIDO, Antonio. *A educação pela noite e outros ensaios.* 2ª ed. São Paulo: Ática, 1989.

____. *Literatura e sociedade: estudos de teoria e história literária.* São Paulo: Companhia Editora Nacional, 1965.

____. *O romantismo no Brasil.* São Paulo: Humanitas, FFLCH, 2002.

____. *Vários escritos.* 3ª ed. revista e ampliada. São Paulo: Duas Cidades, 1995.

CARLSON, Marvin. *Teorias do teatro: estudo histórico-crítico, dos gregos à atualidade.* Trad. Gilson C. C. de Souza. São Paulo: Editora Unesp, 1997.

CARVALHO, Flávio de. *Origem animal de Deus e Bailado do deus morto.* São Paulo: Difusão Europeia do Livro, 1974.

CASTRO, Moacir Werneck de. *Mário de Andrade: exílio no Rio.* Rio de Janeiro: Rocco. 1989.

COLI, Jorge. *Música final: Mário de Andrade e sua coluna jornalística Mundo Musical.* Campinas, SP: Editora da Unicamp, 1998.

____. "Mário de Andrade e a música", *Cadernos Ensaio*, n. 4, 1990.

COPFERMAN, Emile *et al. Teatros y politica.* Buenos Aires: Ed. de la Flor, 1969.

CORVIN, Michel (org.). *Dictionnaire encyclopédique du théâtre.* 2 v. Paris: Bordas, 1995.

COSTA, Iná Camargo. *A hora do teatro épico no Brasil.* Rio de Janeiro: Paz e Terra, 1996.

____. *Sinta o drama.* Petrópolis: Vozes, 1998.

DANTAS, Arruda. *Piolin.* São Paulo: Panartz, 1980.

DASSIN, Joan. *Política e poesia em Mário de Andrade*. Trad. Antonio Dimas. São Paulo: Duas Cidades, 1978.

DÓRIA, Gustavo. *Moderno teatro brasileiro: crônica de suas raízes*. Rio de Janeiro: Serviço Nacional de Teatro, 1975.

DUARTE, Paulo. *Mário de Andrade por ele mesmo*. 2ª ed. São Paulo: Hucitec/Secretaria de Cultura, Ciência e Tecnologia, 1977.

DUVIGNAUD, Jean. *Sociologia do comediante*. Trad. Hesíodo Facó. Rio de Janeiro: Zahar, 1972.

EAGLETON, Terry. "Capitalismo, modernismo e pós-modernismo", *Crítica marxista*, v. 1, n. 2, São Paulo: Brasiliense, 1995, pp. 53-68.

FERNANDES, Florestan. *A revolução burguesa no Brasil: ensaio de interpretação sociológica*. Rio de Janeiro: Zahar, 1975.

___. *Brasil: em compasso de espera*. São Paulo: Hucitec, 1980.

FERREIRA, Procópio. *Procópio Ferreira apresenta Procópio: um depoimento para a história do teatro no Brasil*. Rio de Janeiro: Rocco, 2000.

FONSECA, Maria Augusta. *Oswald de Andrade, 1890-1954: biografia*. São Paulo: Art Editora/Secretaria de Estado da Cultura, 1990.

___. *Palhaço da burguesia: Serafim Ponte Grande de Oswald de Andrade e suas relações com o universo do circo*. São Paulo: Polis, 1979.

GRAMSCI, Antonio. *Literatura e vida nacional*. 3ª ed. Trad. e seleção de Carlos Nelson Coutinho. Rio de Janeiro: Civilização Brasileira, 1986.

JACOBBI, Ruggero. *O espectador apaixonado*. Porto Alegre: Curso de Arte Dramática da Faculdade de Filosofia, URGS, s.d.

___. *Teatro in Brasile*. San Casciano: Capelli, s.d.

___. "Teoria geral do teatro", *Revista de Estudos Teatrais*, n. 3, set. 1958, pp. 2-10.

___. "Teoria geral do teatro", *Revista de Estudos Teatrais*, n. 4-5, dez. 1958, pp. 3-46.

LAFETÁ, João Luiz. *1930: a crítica e o modernismo*. 2ª ed. São Paulo: Duas Cidades/Editora 34, 2000.

LARA, Cecília de. *De Pirandello a Piolim: Alcântara Machado e o teatro no modernismo*. Rio de Janeiro: Inacen, 1987.

___. "Fundamentos do teatro brasileiro moderno", *Leitura Especial*, ano 19, n. 5. São Paulo: Imprensa Oficial, maio 2001, pp. 36-42.

___. "O rapsodo da imprensa", *Cult*, n. 47. São Paulo: jun. 2001, pp. 52-5.

LENIN, V. I. *Cultura e revolução cultural*. Trad. Lincoln Borges Jr. Rio de Janeiro: Civilização Brasileira, 1968.

LOPEZ, Telê Ancona. *Mariodeandradiando*. São Paulo: Hucitec, 1996.

LORENZO, Helena C. de; COSTA, Wilma P. da (org.). *A década de 1920 e as origens do Brasil moderno*. São Paulo: Editora da Unesp, 1997.

LUKÁCS, Georg. *Estudos sobre literatura*. 2ª ed. Trad. Leandro Konder. Rio de Janeiro: Civilização Brasileira, 1968.

___. *História e consciência de classe: estudos de dialética marxista*. Trad. Telma Costa. Porto: Escorpião, 1974.

MACHADO, Antônio de Alcântara. *Antônio de Alcântara Machado: obras, v. 1: Prosa preparatória e Cavaquinho e saxofone*. Dir. e col. Francisco de Assis Barbosa; texto e org. Cecília de Lara. Rio de Janeiro: Civilização Brasileira; Brasília: INL, 1983.

___. *Antônio de Alcântara Machado: obras, v. 2: Pathé Baby e prosa turística: o viajante europeu e platino*. Dir. e col. Francisco de Assis Barbosa; texto e org. Cecília de Lara. Rio de Janeiro: Civilização Brasileira: Brasília: INL, 1983.

___. *Cavaquinho e saxofone*. Rio de Janeiro: José Olympio, 1940.

___. *Novelas paulistanas: Brás, Bexiga e Barra Funda; Laranja da China:; Mana Maria; Contos avulsos inéditos em livro*. Belo Horizonte: Itatiaia; São Paulo: Edusp, 1988.

___. *Palcos em foco: crítica de espetáculos / ensaios sobre teatro / tentativas no campo da dramaturgia*. Org. Cecília de Lara. São Paulo: Edusp, 2009.

___. *Pressão afetiva e aquecimento intelectual: cartas de Antônio de Alcântara Machado a Prudente de Moraes, Neto, 1925-1932*. Org. Cecília de Lara. São Paulo: Giordano/Lemos/Educ, 1997.

MACHADO, Luís Toledo. *Antônio de Alcântara Machado e o modernismo*. Rio de Janeiro: José Olympio, 1970.

MAGALDI, Sábato. *Moderna dramaturgia brasileira*. São Paulo: Perspectiva, 1998.

___. *Panorama do teatro brasileiro*. 3ª ed. São Paulo: Global, 1997.

___. *O teatro de Oswald de Andrade*. Tese (doutorado em Literatura Brasileira) – Faculdade de Filosofia, Letras e Ciências Humanas da Universidade de São Paulo. São Paulo, 1972.

___; VARGAS, Maria Theresa. *Cem anos de teatro em São Paulo: 1875 a 1974*. São Paulo: Editora Senac, 2000.

MAGALHÃES JR., Raimundo. *As mil e uma vidas de Leopoldo Fróes*. Rio de Janeiro: Civilização Brasileira, 1956.

MAYAKOVSKI, Vladimir. *Mistério bufo: um retrato heroico, épico e satírico da nossa época (1918)*. Trad. Dmitri Beliaev. São Paulo: Musa, 2001.

MILARÉ, Sebastião. *A batalha da quimera: estudo sobre o teatro de Renato Vianna*. Rio de Janeiro: Funarte, 2009.

MILLIET, Sérgio. "Antônio de Alcântara Machado", *Leitura Especial*, ano 19, n. 5. São Paulo: Imprensa Oficial, maio 2001, pp. 16-23.

MOREYRA, Álvaro. *Adão, Eva e outros membros da família: 4 atos*. Rio de Janeiro: Serviço Nacional de Teatro, Ministério da Educação e Cultura, 1959.

___. *As amargas, não...: lembranças*. Rio de Janeiro: Lux, 1954.

NUNES, Benedito. *Oswald Canibal*. São Paulo: Perspectiva, 1979.

NUNES, Mário. *Quarenta anos de teatro*. 3 v. Rio de Janeiro: Serviço Nacional de Teatro, s.d.

OEHLER. Dolf. *Quadros parisienses (1830-1848): estética antiburguesa em Baudelaire, Daumier e Heine*. Trad. José M. Macedo e Samuel Titan Jr. São Paulo: Companhia das Letras, 1997.

OLIVEIRA, Francisco de. "Entrevista de Francisco de Oliveira", *Vintém: teatro e cultura brasileira*, São Paulo: Hedra, 2000, pp. 4-11.

OLIVEIRA, Valdemar de. *O teatro brasileiro*. Salvador: Progresso/Universidade da Bahia, 1958.

PASTA JR., José Antonio. *O trabalho de Brecht: breve introdução ao estudo de uma classicidade contemporânea*. São Paulo: Ática, 1986.

PISCATOR, Erwin. *Teatro político*. Trad. Aldo della Nina. Rio de Janeiro: Civilização Brasileira, 1968.

PRADO, Décio de Almeida. *O drama romântico brasileiro*. São Paulo: Perspectiva, 1996.

___. *O teatro brasileiro moderno: 1930-1980*. São Paulo: Perspectiva/ Edusp, 1988.

___. *Peças, pessoas, personagens*. São Paulo: Companhia das Letras, 1993.

___. *Seres, coisas, lugares: do teatro ao futebol*. São Paulo: Companhia das Letras, 1997.

___. *Teatro de Anchieta a Alencar*. São Paulo: Perspectiva, 1993.

PRADO, Paulo. *Retrato do Brasil: ensaio sobre a tristeza brasileira*. 2ª ed. São Paulo: Ibrasa; Brasília: INL, 1981.

PRADO, Yan de Almeida (publicado sob o pseudônimo MARTINS, Terêncio). *Circo de cavalinhos: crônica paulista de 1929*. São Paulo: edição do autor, 1931.

RÉMY, Tristan. *Entrées clownesques*. Paris: L'Arche, 1962. [Ed. bras: *Entradas clownescas: uma dramaturgia do clown*. São Paulo: Edições Sesc, 2016.]

RIBEIRO, Maria Lúcia C. da Rocha. *Oswald de Andrade: um teatro por fazer*. Rio de Janeiro: Diadorim/Editora da UFJF, 1997.

ROLLAND, Romain. *Théâtre du peuple: essai d'esthétique d'un theatre nouveau*. 2ª ed. Paris: Albin Michel, 1913.

ROSENFELD, Anatol. *Estrutura e problemas da obra literária*. São Paulo: Perspectiva, 1976.

___. *O mito e o herói no moderno teatro brasileiro*. 2ª ed. São Paulo: Perspectiva, 1996.

___. *O teatro épico*. São Paulo: Perspectiva, 1985.

___ . *Prismas do teatro*. São Paulo: Perspectiva, 1993.

___ . *Teatro moderno*. São Paulo: Perspectiva, 1977.

___ . *Texto/Contexto*. São Paulo: Perspectiva, 1969.

___ . *Texto/Contexto II*. São Paulo: Perspectiva, 1993.

___ . "Depoimento de Anatol Rosenfeld" (entrevistado por Eliston Altmann), *O Estado de S. Paulo*, Suplemento Literário, 17 set. 1966.

RUDNITSKY, Konstantin. *Russian and Soviet Theatre: Tradition and the Avant-Garde*. Trad. Roxane Permar. Londres: Thames & Hudson, 1988.

SARRAZAC, Jean Pierre. *O futuro do drama: escritas dramáticas contemporâneas*. Trad. Alexandra Moreira da Silva. Porto: Campos das Letras, 2002.

___ . "Realismo, crise do drama e nascimento da encenação moderna". Texto inédito a partir de conferência dada no ciclo *O teatro e a cidade*. Org. Sérgio de Carvalho. Departamento de Teatros da Secretaria Municipal de Cultura de São Paulo, out. 2001.

SCHWARZ, Roberto. *O pai de família e outros estudos*. Rio de Janeiro: Paz e Terra, 1978.

___ . *Que horas são?: ensaios*. São Paulo: Companhia das Letras, 1987.

___ . *Sequências brasileiras*. São Paulo: Companhia das Letras, 1999.

___ . "Roberto Schwarz". Em: *Outros 500: novas conversas sobre o jeito do Brasil*. Porto Alegre: Prefeitura Municipal, Secretaria Municipal de Cultura, 2000, pp. 176-210.

___ . "Tira dúvidas com Roberto Schwarz", entrevista a Afonso Fávero, Airton Paschoa, Francisco Mariutti e Marcos Falleiros, *Novos Estudos*, n. 58. São Paulo: Cebrap, nov. 2000, pp. 53-71.

___ . *Um mestre na periferia do capitalismo: Machado de Assis*. 3ª ed. São Paulo: Duas Cidades, 1998.

SEVCENKO, Nicolau. *Literatura como missão: tensões sociais e criação cultural na Primeira República*. 4ª ed. São Paulo: Brasiliense, 1999.

SILVA, Sérgio. *Expansão cafeeira e origens da indústria no Brasil*. São Paulo: Alfa Ômega, 1976.

SZONDI, Peter. *Teoria do drama moderno (1880-1950)*. Trad. Luís Sérgio Repa. São Paulo: Cosac Naify, 2001.

___ . *Teoría del drama moderno/ Tentativa sobre lo trágico*. Trad. Javier Orduña. Barcelona: Ensayos/Destino, 1994.

TELES, Gilberto Mendonça *et al. Oswald plural*. Rio de Janeiro: Ed. da Uerj, 1995.

___ (org.). *Vanguarda europeia e modernismo brasileiro: apresentação dos principais poemas, manifestos, prefácios e conferências vanguardistas*. 3ª ed. Petrópolis: Vozes; Brasília: INL, 1976.

VERÍSSIMO, José. *História da literatura brasileira: de Bento Teixeira (1601) a Machado de Assis (1908)*. 4ª ed. Brasília: Ed. UnB, 1963.

WILLIAMS, Raymond. *Cultura*. Trad. Lólio L. de Oliveira. Rio de Janeiro: Paz e Terra, 1992.

____. *Tragédia moderna*. Trad. Betina Bischof. São Paulo: Cosac Naify, 2002.

ZAMORA, Juan Guerrero. *História del teatro contemporáneo*. 5 v. Barcelona: Juan Flors, 1967.

SOBRE O AUTOR

Sérgio de Carvalho é dramaturgo, encenador e pesquisador de teatro. É fundador da Companhia do Latão, grupo teatral de São Paulo. É professor livre-docente na Universidade de São Paulo (USP), onde atua desde 2005 na área de dramaturgia e história. Foi professor de teoria do teatro na Universidade Estadual de Campinas (Unicamp) entre 1996 e 2005 e da Escola Livre de Teatro de Santo André entre 1992 e 1993. Mestre e doutor pela Universidade de São Paulo, graduado em jornalismo, realizou conferências sobre dramaturgia em Portugal, Espanha, México, Argentina, Cuba, Grécia e Alemanha (na Casa Brecht de Berlim, na Universidade Goethe de Frankfurt e na Akademie der Künste). Autor de diversos livros e espetáculos teatrais, dirigiu em 2022 a ópera *Café* no Theatro Municipal de São Paulo. Foi premiado como encenador, em 2008, pela União dos Escritores e Artistas de Cuba pela montagem de *O círculo de giz caucasiano*, de Bertolt Brecht. Em 2023, recebeu o prêmio El Gallo de la Habana, da Casa de las Américas de Cuba, pela contribuição da Companhia do Latão ao teatro latino-americano.

Fonte Gosha Sans e Garamond
Papel Pólen natural 70 g/m²
Impressão AR Fernandez
Data junho de 2023